本书是国家社科基金资助项目

|国|研|文|库|

多族群嵌入式社区构建研究

——基于融合视角

李松 —— 著

光明日报出版社

图书在版编目（CIP）数据

多族群嵌入式社区构建研究：基于融合视角 / 李松著． -- 北京：光明日报出版社，2021.6
ISBN 978 - 7 - 5194 - 6108 - 9

Ⅰ.①多… Ⅱ.①李… Ⅲ.①少数民族—社区管理—研究—中国 Ⅳ.①D669.3

中国版本图书馆 CIP 数据核字（2021）第 086296 号

多族群嵌入式社区构建研究：基于融合视角
DUO ZUQUN QIANRUSHI SHEQU GOUJIAN YANJIU：JIYU RONGHE SHIJIAO

著　　者：李　松	
责任编辑：史　宁	责任校对：李小蒙
封面设计：中联华文	责任印制：曹　净

出版发行：光明日报出版社
地　　址：北京市西城区永安路 106 号，100050
电　　话：010 - 63169890（咨询），010 - 63131930（邮购）
传　　真：010 - 63131930
网　　址：http://book.gmw.cn
E - mail：shining@gmw.cn
法律顾问：北京德恒律师事务所龚柳方律师
印　　刷：三河市华东印刷有限公司
装　　订：三河市华东印刷有限公司
本书如有破损、缺页、装订错误，请与本社联系调换，电话：010 - 63131930

开　　本：170mm×240mm	
字　　数：228 千字	印　　张：15
版　　次：2021 年 6 月第 1 版	印　　次：2021 年 6 月第 1 次印刷
书　　号：ISBN 978 - 7 - 5194 - 6108 - 9	
定　　价：95.00 元	

版权所有　　翻印必究

目 录
CONTENTS

绪 论 ··· 1

第一章 引 言 ··· 3
 第一节 问题的提出 ·· 3
 第二节 研究意义 ·· 4
 第三节 国内外研究现状 ·· 5

第二章 研究设计与理论选择 ·· 20
 第一节 研究设计 ·· 20
 第二节 居住融合理论选择 ·· 34
 第三节 文化融合理论选择 ·· 35
 第四节 经济融合理论选择 ·· 38

第三章 乌鲁木齐市典型社区居住互嵌性测评 ················· 41
 第一节 研究区概况 ·· 41
 第二节 嵌入式社区居住空间环境测评 ························· 45
 第三节 基于形式上的社区互嵌性测评 ························· 58
 第四节 基于内涵上的社区互嵌性测评 ························· 67

第四章 乌鲁木齐市典型社区文化互嵌性测评 ················· 76
 第一节 典型社区的选取 ··· 76
 第二节 指标体系建构 ··· 77

第三节　多民族社区文化融合度分析 ……………………………… 79
　　第四节　乌鲁木齐市典型社区文化融合度结果分析 ………………… 91
　　第五节　典型社区文化融合度评价 …………………………………… 95
　　第六节　文化融合辅助测评——族群通婚率 ………………………… 97
　　第七节　调查结论与构建机制启示 …………………………………… 100

第五章　乌鲁木齐典型社区经济互嵌性测评 …………………………… **101**
　　第一节　调查内容及问卷设计 ………………………………………… 101
　　第二节　多族群经济行为融合度评价 ………………………………… 106
　　第三节　基于商业布局的经济融合评价 ……………………………… 119

第六章　构建多民族互嵌式社区的机制分析 …………………………… **133**
　　第一节　居住空间视角下多民族互嵌式社区的机制分析 …………… 133
　　第二节　文化融合视角下多民族社区关系构建机制 ………………… 139
　　第三节　经济行为视角下的乌鲁木齐多族群融合机制构建 ………… 147

第七章　多民族互嵌式社区的优化路径 ………………………………… **160**
　　第一节　居住空间视角下多民族互嵌式社区的优化路径 …………… 160
　　第二节　文化融合视角下多民族互嵌式社区优化路径分析 ………… 173
　　第三节　基于经济融合视角的乌鲁木齐多民族互嵌式社区优化路径 … 182

结　论 ……………………………………………………………………… **188**

附录1　典型社区互嵌性测评调查问卷（内涵互嵌部分） ……………… 194
附录2　多民族互嵌式社区主观满意度指标权重打分表 ……………… 204
附录3　互嵌式社区居住空间环境客观记录打分表 …………………… 206
附录4　多民族社区文化融合现状调查问卷 …………………………… 208
附录5　多族群经济行为融合状况调查问卷 …………………………… 218

参考文献 ………………………………………………………………… **223**

绪　论

2014年第二次中央新疆工作座谈会上提出"要推动建立各民族互相嵌入式的社会结构和社区环境",新疆维吾尔自治区党委八届七次全委(扩大)会议上,将上述提法作为加强民族团结,构建和谐社会的重要指导,2016年李克强总理在第十二届全国人民代表大会第四次会议上再次强调了深入开展民族团结进步创建活动,推动建立各民族相互嵌入式的社会结构和社区环境,促进各民族交往交流交融。党的十九大报告提出"加强各民族交往交流交融,促进各民族像石榴籽一样紧紧抱在一起",推进各民族交往交流交融,提高民族地区的治理水平一直是我国边疆治理的重中之重。在此背景下提出基于居住空间视角的多民族互嵌式社区构建这一研究课题,是对民族工作"新常态"的解答。

研究基于居住空间视角从"形式互嵌"和"内涵互嵌"两个方面对多民族互嵌式社区的构建进行探索,从"居住空间环境""形式互嵌""内涵互嵌"三个维度对乌鲁木齐市典型社区进行测评,构建多民族互嵌式社区的互嵌性机制,即居住空间环境机制、居民空间结构调节机制和居住空间交往互动机制,其中居住空间环境机制是构建多民族互嵌式社区的保障,居民空间结构调节机制是构建多民族互嵌式社区的前提条件和基础,而居住空间交往互动机制是构建多民族互嵌式社区的手段和方法。提出以期增进各民族间的交往交流交融:利用步行空间创造交往互动活动,将人群带到活动中去;利用休憩空间延长交往互动的时间,将人群留在活动中;利用柔性边界和场所效益拉近人与人之间的距离,将交往互动程度深入化;最后运用社区语言景观营造文化氛围。

研究基于文化融合视角从行为意愿倾向、情感互嵌、通婚状况三个方面分析多民族社区文化融合状况；采用主因子分析法建立层次结构模型对居民行为意愿融合度、情感互嵌度进行测算，继而利用耦合模型测算不同维度的多民族社区居民文化融合度，根据数据及乌鲁木齐市的特性，将评价等级划分为5个等级。研究发现，多民族社区居民行为意愿满意度为0.546，在某种程度上解释为多民族社区居民在一系列具体行为上存在文化差异；多民族社区居民情感互嵌满意度为0.60左右，相对于行为意愿满意度分值较高，表明多民族社区居民在邻里关系、交往态度、互信能力、价值认同、居民参与等深层次的"价值认同"有着广泛的社会基础，为以后族群间文化融合发展提供基础。针对实证分析结果，从文化融合的角度，提出乌鲁木齐市多民族社区构建机制和治理路径，并为不同类型的社区治理提出几点建议：对于文化融合度较好的社区，要坚持社区文化教育与社区治理相结合，充分发挥文化教育的整合作用；对于融合度较低的社区，由于其社区内部凝聚力的缺乏，应开展各种有利于社区居民交流交往的活动，增强社区居民的参与度，提高参与感，逐渐培养其与现代文化的融合。

　　研究基于经济融合视角，运用消费者决策理论，对乌鲁木齐市不同民族消费情况进行调查，通过主成分回归分析分别对外在因素、内在因素与个人经济行为的关系进行分析，通过外在因素与内在因素对族群经济行为的影响度、经济交往的程度与关系的紧密度表征族群之间的经济融合情况。通过实地调研乌鲁木齐市典型道路餐馆布局，分析并评价研究区域经济融合状况。研究发现，乌鲁木齐市多族群经济关系与外在因素和内在因素均相关，外在因素影响下的多族群间经济融合程度较高，内在因素影响下的多族群经济融合度相对较低，反映出多族群经济行为主要受族群之间情感认知与经济关系的影响。进而分析影响族群经济融合的特性和机制，提出多族群经济融合路径选择，为乌鲁木齐市城市规划、社会规划及社区管理等提供理论支撑，为构建多族群融合关系奠定基础。

第一章

引 言

第一节 问题的提出

习近平总书记在2014年9月召开的中央民族工作会议上指出，城市民族工作要把着力点放在社区，推动建立相互嵌入式的社会结构和社区环境。新疆维吾尔自治区党委八届七次全委（扩大）会议上，将"推动建立各民族相互嵌入式的社会结构和社区环境，形成相互往来、邻里守望的友好关系"作为加强民族团结，构建和谐社会的重要指导。十九大提出要高举爱国主义、社会主义旗帜，牢牢把握大团结大联合的主体，坚持一致性和多样性统一，找到最大公约数，画出最大同心圆。深化民族团结进步教育，筑牢中华民族共同体意识，加强各民族交往交流交融，促进各民族像石榴籽一样紧紧抱在一起，共同团结奋斗、共同繁荣发展；加强社区治理体系建设，推动社会治理重心向基层下移，发挥社会组织作用，实现政府治理和社会调节、居民自治良性互动。积极探索基层社会治理体系与党中央治理现代化的顶层设计有效结合，将有效推动党中央"依法治疆、团结稳疆、长期建疆"的治疆方略落地生根。

"族群问题"长期以来是多族群地区关注的焦点问题，学者们对于多族群地区族群关系的研究不胜枚举。李俊清（2014）认为不同族群、不同宗教信仰的人群只有在长期共同生活和交流互动中，才能对彼此的文化、信仰、生活方式更加了解并相互尊重，从而和谐相处。相反，居住区域的隔离常常会加剧文化群体间的陌生与隔阂，进而导致族群间和不同宗教信仰群体间关系紧张。陈延斌（2015）提出各民族交往交流进而逐渐在民族关系上实现交融，使不同民族成员在纵向和横向维度上结成更广泛、更深入的合作关系，并在交往中不断加深彼此之间的认识和了解。"民族互嵌式"社区的提出是对民族工作"新常态"的解答（马晓玲，2016）。

乌鲁木齐市政府近年来微调的"互嵌式"和"插花式"住房政策行为干预，使得不同民族的人口开始有规律地居住在不同的区位，在不同程度上增强了族群间的居住融合，为各民族提供了良好的交流交往交融的空间；行政尺度上，各级政府不断改进工作方式和工作手段以期重构族群间关系，但是各民族深度、内涵式交往交流交融的困境依然存在，族群关系"应有"和"现有"之间仍存在差距，族群间的社会网络的"内卷化"（同族群间的交往与融合不断强化，不同族群间交往与融合不断弱化）现象仍然存在；而多民族社区作为承接不同族群的载体，其以"血缘、地缘、亲缘"为纽带联系的"社区共同体"重新建构，使得社区共同体意识的下降，影响着彼此的交流与融合。研究基于居住、文化、经济融合的视角，构建具有新疆特色的各民族相互嵌入式社区，正是打破不同民族间居住分异、文化差异、经济结构的状况，促进各民族相互了解、尊重彼此文化与生活方式、和谐共处的有效途径。

第二节 研究意义

一、理论意义

研究首次将"空间与交往"理论与"居住融合"理论相结合，提出"空间干预"理论，通过对居住空间的规划和干预来扩大不同族群的接触面，增加不同族群交往机会，减小各族群居住上的分异、文化认知上的差距，消除各族群间的隔阂，提出融合居住空间概念，探索多族群嵌入式社区融合发展的理论体系，丰富微观空间秩序理论，拓展了城市和谐理念。当前学者讨论的社区治理模式，诸如社区网格化治理、整合型治理、协同治理等，由于多民族聚居社区的多元性、复杂性、异质性，从文化融合的视角（软治理模式），通过构建社区治理目标和价值共识长效的沟通和信任机制，培育多民族社区文化认同，加强不同族群间对中华文化的认同，以此增强社区治理的内生动力，推动社区治理从浅层治理（外在化、强制性的政策手段）向深层治理（内生动力、柔性尺度）的转变，丰富我国多民族社区的治理理论。尝试结合行为经济学的助推理论、社会经济学的镶嵌理论、结构化理论等，在社会关系与社会环境的影响下，基于个人经济行为所反映的多族群经济融合状况及表征，对推进行为经济学、行为地理学、社会学等相关理论在诠释族群经济行为空间选择和融合有一定的补充作用。

二、实践意义

如何构建多民族地区和谐社区，达到"善治"的终极目标，已经成为政府和学术界必须回应和解答的时代课题。社区作为多族群聚居的最小单元，其经济环境的重要性，地理环境的特殊性，文化环境的特殊性，时间尺度的特殊性，其稳定对于国家稳定和少数民族地区可持续发展意义重大。在新环境、新元素、新政策背景下研究居住、文化、经济融合机制有助于更好地理解民族集聚社区社会格局变化的深层原因，也有助于优化社区社会、经济空间结构，调控社区的规划与建设，为社会规划、城市规划、住房规划提供理论支持。

第三节 国内外研究现状

一、国外研究现状

（一）社区与文化理论研究

社区研究起源于西欧，兴盛于美国；社区概念和社区理论的提出最早源于德国社会学家斐迪南·滕尼斯（Ferdinand Tonnies, 1877），他认为社区是由若干亲族血缘关系结成的社会联结，强调血缘纽带和联合，即共同体。20世纪上半叶，社区理论逐渐在美国兴起，出现较多学派，以桑德斯（Irwin T. Sanders, 1958）为代表的社会体系理论强调社区内部纵向格局和横向格局关系的层次性；英国社会学家马林诺夫斯基（B. Malinowski, 1920）、布朗（P. M. Brown, 1922）的结构功能理论主张理论与实地工作的结合，强调部分对整体的作用；以帕克（R. E. Park, 1921）为代表的人文区位理论在重视空间环境的基础上，强调文化和价值的核心作用，认为文化是一种习得性行为，对城市结构和功能的扩张具有促进作用；不同的社会学家由于研究对象的特性，他们从不同的视角和方向研究社区，对我们研究社区现象提供一些有价值的思路。此外，在一些社会学研究中还有一种以社团或职业性群体为基础划分的社区，如学术社区、华人社区、少数民族社区，这种社区含义的特点是超越了我们通常所指的社区地理范围，更多的是考虑它的社会性特征。社区作为人类社会文化的空间状态，是一种空间的文化，而民族社区文化更是由一定的空间范围和历史向度生成的。早期的人文区位理论在古典人文区位理论、社会文化区位理论、社会分析理论的基础上发展为社区的人口理论、文化理论和权力机构理论，逐渐从重视区位要素的分析变为考虑其社会要素，而社区的文化理论强调激发社区文化要素之间的整合性和功能性，来增强社区居民之间的认同感。作为早期社区文化融合的雏形，对其后续社区文化的研究具有指导性作用。

（二）同化理论与熔炉理论

国外学者对社会融合的研究主要是同化理论和熔炉理论，盎格鲁遵从理论认为在人类社会进化中，必然有一个优秀的民族在激烈的民族角逐中脱颖而出，这个民族就是盎格鲁-撒克逊民族，由于他们的人口和数量占据国家人口的多数，他们的文化又是社会的主流文化，其他民族的文化只能是亚民族或亚文化，换言之，不管拥有何种文化背景和种族特性，都必须结构同化与文化同化。甘斯（Herbert J. Gans, 1992）认为尽管美国素以"熔炉"著称，但纵观过去百余年的发展历程，实则是融合论和多元文化论思潮并存，不同时期重点有别，初始强调归化，即以欧裔白人文化为基准，同化异族文化；继而突出熔炉，主张不同文化之通过交流、碰撞而实现融合，并逐渐形成新的美国文化。20世纪初，"熔炉论"得到芝加哥大学社会学派帕克（1928）等人的推崇与发展，认为融合通常表现在新移民适应以欧裔白人为代表的主流社会文化，经历"接触、冲突、适应、融合"四个阶段，始于经济竞争，经过政治冲突和社会调适，终于文化同化。20世纪60年代，国外对社会融合的研究视角主要针对社会宏观层面、社会基层、社会群体的融入，推动力量主要以政府力量强制介入，但其中关于融合的思想也是值得关注的。

（三）民族融合理论

马克思的民族融合理论强调其融合的过程性，从人类共同体历史演进的角度分析雅典部落的离散聚合，将民族定义为政治共同体；在实现民族融合的原则或途径方面，列宁强调了"自由的、自愿的接近和融合"；斯大林认为"企图用上面下命令的办法，用强迫的办法来实现各民族的融合，这样的政策无异于同化政策"。马克思、列宁、斯大林的民族融合理论的引入对中国民族理论研究产生了重大的影响，近年来国家层面和社区层面加强民族交往交流及建立民族互嵌式社会环境和社区环境，加强各民族交往交流交融，尊重差异、包容多样，让各民族在中华民族大家庭中手足相亲、守望相助；加强各民族交往交流交融，促进各民族像石榴籽一样紧紧抱在一起的民族关系理论是对马克思、列宁、斯大林民族理论的继承与发展。

（四）社会融合测度的研究

帕克和伯吉斯是最早对社会融合进行测量的学者，他们将融合过程和内容系统地区分为四种主要的互动：经济竞争、政治冲突、社会调节、文化融合；兰德克（Landecker，W.S，1951）将社会融合分为文化融合、交流融合、功能融合和规范融合；甘斯（1992），提出"曲线型融合"（bumpy line theory）的研究范式，认为移民特别是二代及二代以后的移民会根据社会环境的变迁发展出多元的社会适应方式。荣格尔（Junger，2001）认为移民的社会融入由结构性融入、社会—文化性融入、政治—合法性融入三个维度构成，其中，结构性融入涉及移民少数族群在诸如教育、劳动力市场、收入与住房等方面的境况；社会—文化性融入主要体现为人们对于各种社会组织的参与、与外群体进行人际沟通能力的发展以及按照东道国的行为模式进行行动的过程；政治融入的重要指标就是是否获得了与当地社会公民同等的政治合法权利，如选举权、被选举权，是否在身份、政治待遇上给予同等对待。Entzinger（2003）在Junger-Tas的基础上提出了三个维度：（1）社会经济融入，主要是指移民在经济就业、收入水平、职业流动、社会福利与社会保障、社会性活动与社会组织参与等方面的改善；（2）政治性融入，涉及移民群体的合法政治身份（合法公民权）、移民的政治参与、移民的市民社会参与；（3）文化性融入（多元文化主义与同化主义之争），主要通过移民对流入地社会基本规则与规范的态度、配偶的选择、语言能力、犯罪行为等指标进行测量。

（五）族群融合模式研究

20世纪20年代，斯宾塞·帕克（Spencer J. Pack, 1985）在对美国东北部和中西部城市中操多种语言的各族群进行研究后，首次提出了种族或族群关系循环论，认为群体会经过一系列阶段最终达到同化。他把族群之间互动的过程分为相遇、竞争、适应和同化四个阶段。他认为，这四个阶段构成的循环适用于所有地方的种族关系，并且他将这一序列视为是递进的、不可逆转的。美国社会学家戈登（1998）在1964年出版的专著《美国人生活中的同化》中，描述了美国20世纪60年代以前的种族和历史，在书中他提出了"三阶段理论"，他认为族群关系研究应该从政治、经济和文化相关的变量做综合分析，从宏观角度来全面考量各族群交往互动状况，族际交往互动呈现出一定的结构特征，他强调结构同化比文化同化更难成功，因为其渗透于主体族群的社会组织以及交往网络当中。对此，他用七个变量来测度民族同化的过程，七个变量分别是文化或行为同化、结构同化、婚姻同化、认同同化、态度接受同化、行为接受同化、市民同化。国外族群融合问题研究始于19世纪90年代芝加哥学派对欧洲移民在美国城市适应和融入的关注，学者主要从经济学、人口学、社会学等多领域对移民群体融合状况展开研究。

（六）族群社会分层研究

辛普斯和英格尔（Simpson, G. E. and J. M. Yinger, 1985）认为族群经济结构的分层影响社会发展水平，出于对自身利益的考虑，需要加强经济的健康发展。他们第一次提出诸多指标体系进行量化分析，这种方式提高了族群关系研究的科学性和严谨性，使族群关系在研究过程中更容易入手操作，得到的分析结果更准确且具有说服力。沃特斯（Mary, C. Waters, 1990）认为族群子女之间的通婚，由于族群之间经济结构分层的存在，族群之间通婚取向并不是自由的而是考量各族群所处的社会经济地位，这也是美国族群通婚的困惑所在。族群间通婚会考虑现实条件等因素，经济结构的分层也会影响族群的关系。涂尔干（Durkheim, 1912）认为，在现代社会中身份不仅由民族形成，而且日渐由职业来形成。经理和工人、专家和官僚都是根据职业脚本来行动的。他证明了在现代社会中出现的日益精细的经济惯例。他表明，职业网络正变成经济惯例与意义的根源，而后者被韦伯（Max Weber）视为现代经济行为之核心。劳动分工创造了一个与职业网络重叠的复杂罗网，每一个网络都有传输特定工作习俗的精巧社会化过程。

（七）居住空间的研究

早期的社会学学者大多从组织机构、文化认同、社会关系、经济关系等方面对社区群体关系进行研究，很少关注社区空间对人际关系的影响；而从空间角度研究社区的建筑学家、城市规划师等，其研究大多专注于建筑的美观以及空间实用性或舒适性，同样很少关注社区空间与人的关系。20世纪初，芝加哥学派从人口与地域空间的互动关系入手探讨城市社会结构和空间结构关系，认为城市空间布局和人口居住形式是个人通过竞争谋求生存的结果。虽然芝加哥学派的社会生态理论将人文区位的形成过分归咎于社会阶层和经济因素，但其提出的"社会空间"概念却打破了社会学学者长期以来对"空间是社会活动的外在客观载体"的固化认识，并引发了思考："空间不能简单地被认为是社会、经济和政治过程的媒介。同样，它也是以自己的方式对城市发展模式和在城市内不同社会群体的人们关系属性有重要影响"（杨上广，2006）。

20世纪后期，社会空间统一理论（Soja, 1980）更加清晰地阐明了城市空间与人们社会生活之间双向连续作用的关系：一方面人们创造和改变着城市空间，另一方面他们也被自己所生活和工作的空间以不同的方式支配。哈马贝斯（Jürgen Habermas, 1994）在其交往行动论中表示"生活世界"既是交往行动的前提和基础，又是交往行为的结果，这里的"生活世界"指的就是人们生活中语言沟通和交往的世界，而"生活世界"的存在不仅需要空间作为载体，更因空间的外部作用向更好或更坏的方向发展。扬·盖尔（Jan Gehl，2002）从人文角度，在《交往与空间》一书中表明，生活不仅限于室内，室外空间的生活对于人际交往有着必要的联系，空间是人们发生接触的必要前提，而户外空间质量则是影响人们接触程度的重要因素，即物质环境能不同程度地影响居民的社会状态。此外，关于"户外空间生活是一种自我强化的过程"的理论强调了居住空间对人们社会关系发展的重要性。西美尔（Georg Simmel，2002）将空间的社会属性与人们的社会关系联系在一起，认为空间与个体行为是相互作用的，他甚至给予空间社会属性很高的定位："空间的社会属性高于自然属性。"

（八）格式嵌入性研究

嵌入性这个词源于波兰尼（Polanyi），并将此概念用于经济理论分析，格兰诺维特（Granovetter，1974）对嵌入性提出了新的认识，强调一切经济活动都是嵌入社会生活中的，我们无法假定存在着只为满足个人物质欲望的"纯经济"活动，就像我们不能假定存在只为满足个人性欲的家庭。决定贸易、货币运行和价格机制的因素中，重要的是由风俗习惯、公共义务、政治权威、法律行政要求、社会认同等构成的社会规范。嵌入性理论同梅奥（G. E. Mayo）的"社会人假设"相近，将人们的行为放入所处的社会情境和关系网络，从社会关系网的角度进一步补充理性经济人假设的不足，是一种"关系理性"。他认为工作场所和职业网络形塑了行为，决定了人们可以想象的经济行为的种类，并限制了他们可以从事的经济行为的种类。格兰诺维特（1994）认为嵌入产生的网络机制就是信任，即人们对所处的社会网络关系产生了信任，而信任防止了欺诈。人们的交往行为往往是建立在一定程度的信任之上，每个人都倾向于和拥有良好信誉的人交往。不仅是经济行为嵌入于社会关系网络中，而且经济行动所依赖的市场也是嵌入于社会中的，市场不仅是简单供需求关系和交易发生活动的无形场所，而且是一种特定的社会结构，处于其中的行动者不断互动、往来和影响着市场的规范和秩序，是社会不断建构的结果。在现实生活中，人们更加乐意接受的是嵌入社会结构和关系网络中的经济活动，人与人之间紧密联系的纽带使得理性的经济行为变得更加可靠。

左坤和迪马桥（Zukin and Dimaggio，1990）将嵌入这个概念扩展为"经济活动依存于认知、文化、社会结构和政治制度的状态"，并提出四种向度的嵌入机制，分别为认知嵌入、文化嵌入、结构嵌入以及政治嵌入，其中认知嵌入是指经济主体在经济行为选择时对周围环境和自身固有意识的限制与引导；文化嵌入指行为主体在经济活动过程受区域文化、价值观等影响；结构嵌入沿袭格式嵌入观，当下的人际关系与经济交易的情景化效应；政治嵌入是指行为主体所处的政治环境、政治体制对主体行为形成影响。

哈格多恩（Hagedoorn，2006）在组织间分工合作的研究中，提出嵌入性分为三个层次直接影响组织间合作关系的形成，即环境嵌入性、组织间嵌入性与双边嵌入性，他认为三个层次的交互作用对于企业发展合作关系的形成有重要的影响作用。

（九）结构与行为的互动关系研究

理查德·泰勒（Richard H. Thaler，2009）在其标志性作品《助推》一书中提出助推理论，书中提出观点：看似微不足道的社会现象会对人们的行为造成很大的影响，其实助推力无处不在，只是容易被我们忽略。他的助推理论可以运用到多族群城市商业设施构建之中，当现有经济学理论不能很好地指导我们决策的时候，应该关注人的经济行为，不断思考以弥补现有经济学理论的缺陷。德国社会学家格奥尔格·西美尔（2001）对社会距离概念进行了发展，认为社会距离就是人与人之间"内在的屏障"。安东尼·吉登斯（Anthony Giddens，1998）的结构化理论针对社会学传统中的主观主义和客观主义，努力实现二者的统一。他认为，社会结构可以区分为"社会整合"与"系统整合"，它们相互统一于整个社会结构之中。所谓"社会整合"就是个人如何与微观社会环境实现统一。他用社会结构的"二重性"概念来取代社会学"二元"方法论以实现社会学方法论中个体主义与整体主义的统一。他认为，微观的个人行动和个人间面对面的社会互动与宏观的社会制度、社会结构和社会变迁之间的关系，一直是社会学理论界的一个主要课题。林南（Lin Nan，2001）在其代表著作《社会资本》中开篇就指出："在我看来，社会学是在社会关系中选择行为的研究。"即社会学视野中的选择行为是在社会关系中展开的,要坚持在结构与行动的互动关系中开展对社会资本的研究。从个体行为出发研究社会资本超越了传统社会学的理论局限。从群体、组织、阶层、阶级和社会关系等所谓社会层面上开展社会学研究。在资源、社会结构和个体行动三个基点之上,他提出四个理论假设(图1-1)。综合来看,他认为个人社会网络中的社会资源、权力、财富和声望,并不为个人所占有,而是通过个人直接或间接的社会关系来获取的。

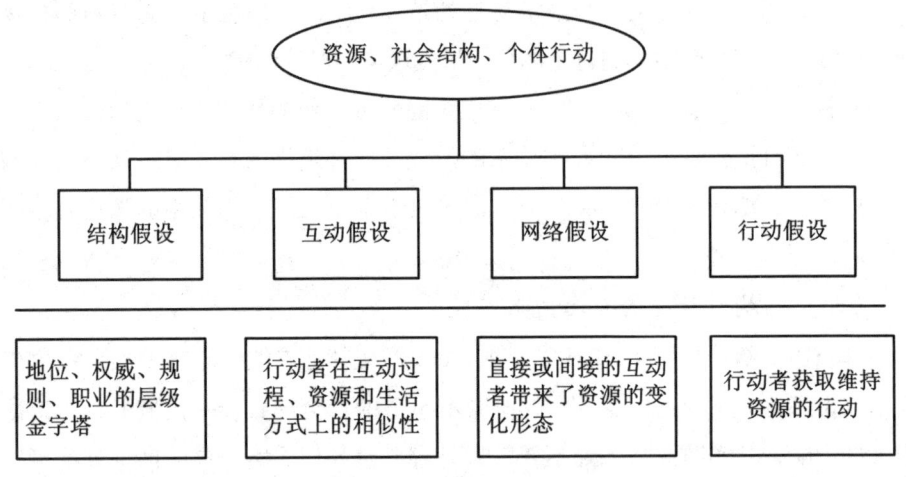

图1-1　四个理论假设

二、国内研究现状

20世纪30年代初,费孝通等燕京大学社会学系学生在系统介绍和引进西方社会学经典时,将德国社会学家滕尼斯著作《社区与社会》(原德文书名为 *Gemeinschaft and Gesellchaft*)中的"Community"译为"社区",自此"社区"这一概念引入了中国。关于社区的定义,国内学者多半参考国外经典,也有根据研究区域的特殊性给予特定含义的,如宋伟轩(2013)在对社会空间分异的研究中将封闭社区定义为"但凡城市住区外围采取封闭的空间形式,设置门禁措施,雇用物业管理人员的,都属于封闭社区",在其研究中,城市中新建住宅、独栋酒店式公寓、组团式居住社区都属于封闭社区。《辞海》(1989)中给出的社区的定义是：居住在一个地区进行共同生活的人群，即在相互联系的经济和政治活动中形成一个具有一定程度上相同的价值观和相属的认识意识，以及相应的实体单位。《民政部关于在全国推进城市社区的意见》中将社区定义为：聚居在一定地域范围的人们所组成的社会生活共同体。可见"在我国现实'语境'中，'社区'一词更强调其行政区划的地域性，而并不强调对认同感和情感归属的培养"（马晓玲，2016）。

社区空间研究中的"空间"含义有多重性，既指社区中的物理空间，也指社会空间，还包括互联网形成的网络空间与现实空间的交叉重叠。我国学者更关注因社会分层、经济差距引起的居住分异，如李志刚（2008）通过对社会群体的分异度以及住房分布对广州市居住空间结构进行研究。英成龙（2016）通过分析1982—2010年的数据，对乌鲁木齐市民族居住格局及演变机制进行研究，并得出"乌鲁木齐市民族居住格局由简单、同质性向复杂、异质性演变，各民族之间的融合性有了较大提高"的结论。顾慧君（2010）虽然关注了社区居住空间的作用，但其研究的侧重点仍在于社会资源的分配与流向。与李志刚、顾慧君等人不同的是，过甦茜（2015）将视线从社会层级、经济差距等方面转移到居住空间本身，更加关注居住空间如何满足人与人的交往需求、如何改变人与人的交往行为。这种研究视角更加凸显了空间物理性以外的价值，这也正是研究的方向。王平、李江宏等人（2013）在多民族混合社区的研究中同样认为创造和提供有利于民族交往的社区居住空间对促进各民族融合有着重要意义，各民族融合不能在城市空间上泾渭分明。

从居住空间视角出发，目前乌鲁木齐市多民族互嵌式社区构建存在的问题主要表现在整体和个体两个方面。就乌鲁木齐市整体层面而言，各族居民空间结构分布相对不均衡，还需要花费更大力气和更长时间去构建多民族互嵌式社区空间结构基础。就乌鲁木齐市现有的多民族互嵌式社区个体而言。一是外部居住空间环境基础供给不足，主要表现为部分公共服务设施密度小，服务半径过长；二是多民族互嵌式社区包容性、开放性表现不足，多民族互嵌式社区具有较为丰富的民族成分，不同生活习性和传统风俗的民族在相同空间接触、交流、生活，各民族间需要更多的包容，包容彼此的不同和差异，同时还需要更多的开放性，以此来交换彼此好的能量，在长此以往的交往互动下形成各民族团结和谐、繁荣稳定、文明进步、安居乐业的社会局面。

（一）民族社区研究

我国关于社区的概念是费孝通先生1933年提出的，他认为社区主要是以地区为范围，人们在地缘基础上结成的互助合作的群体，用以区别在血缘基础上形成的互助合作的亲属群体。郑杭生（2003）认为，社区是指居住在一定地域的，以一定的社会联系和社会关系为纽带，以同质人口为主体的人群生活的共同体，是一个相对独立的地域社会。单菲菲（2014）认为，社区就是居住在一定地域范围内由一定数量人口组成的具有社会互动关系，并形成特定文化心理的相对独立、稳定的社会生活共同体。近年来，随着社区理论的研究的深度和广度，诸多学者开始关注民族社区发展与治理，而多民族社区内部不同民族间的融合更是重中之重。民族互嵌式社区理论应运而生，刘宜璇（2015），杨志（2015），赵福君、王党飞（2015）等认为，文化融合作为民族认同和国家认同的中介，是调节民族间因文化差异而产生民族矛盾的基础，包括少数民族在内，任何民族都有自己的特质文化，正是因特质文化的存在而形成民族心理差异；这种差异是内在的，而且能够深深烙印在民族个体心中，不会因为服饰、语言等外在的民族特征的改变而消失。但是，这种心理差异能够随着民族文化的深度融合而消解，因此推动文化的深度融合，有利于形成共同的文化和信念，从而提升民族的国家认同。娄馨（2017）等认为运用马克思交往理论对新疆多民族文化融合问题探析，可以进一步促进新疆的稳定和长治久安，尽管存在族群差别和诸多分岔，群体关系从相互分异到相互嵌入，是社会融合的核心所在。王世靓、王伯承（2017），姚珣、张明善、马晓玲（2018），乔国存、康旭、包格乐（2018），平维彬（2018）认为民族互嵌式社区建设应在空间、社会网络、文化嵌入的基础上更加注重"心理认同"，以此促进民族交往交流。

（二）民族社区文化融合研究

周俊利、张书军（2015）从语言、经济社会地位、生活习俗、政策法规、精神意识五个方面对成都市民族散居区做了问卷调查，认为成都市民族散居区文化融合程度高于冲突程度，整体状态基本良好，其中以政策法规认同度较高，生活习俗、语言次之，而精神意识差别最大。语言是文化的外在表现，精神意识属于内在层面，精神意识的差异在一定条件下可能成为造成冲突的重要因素。来仪、马晓玲（2016）认为城市的民族互嵌式社区建设是提升民族关系质量的方式和路径。通过对成都市民族互嵌式社区的观察与分析，发现民族之间普遍存在的邻里关系、商家与消费者的关系、业主与管理人员的关系、同学关系、朋友关系、婚姻关系等社会关系，互嵌式的民族居住格局为增进不同民族居民之间的"三交"创造了真实的生活环境，而民族之间的交往交流交融是具有内在逻辑关系的三种不同的民族关系的层次和状态，当前在民族互嵌式社区建设过程中，不同民族居民之间的"三交"还处于浅层次的接触，更多表现的是民族之间的交往和交流而非民族融合。杨鹍飞（2017）认为当前边疆地区民族互嵌型社区建设存在民族间学习机制不完善，不利于各民族情感交流；住房市场的"阶层过滤"机制，加剧城市空间分化；东部城市就业政策不到位，少数民族大学毕业生"返流"挤压本地就业市场等四个方面的困境，不利于城市各民族交往交流交融。因此，要尽快建立健全各民族相互学习语言文化的机制，建立"28规律"式的"房价—民族互嵌度"逆向调整机制，鼓励各民族"空间互嵌"，支持各民族"心理互嵌"，促进少数民族融入东部城市。

（三）关于"融合测度"的研究

李俊峰、梁梦鸽（2017）针对女性失地农民这一特殊群体，从经济、社会和文化三个层面构建城市融合度模型和评价指标体系，对芜湖市女性失地农民的城市融合度进行评价，运用三维立体模型从经济、社会、文化三个方面分别测算芜湖市女性失地农民的城市融合状态。李扬、张建军、李向辉（2017）运用主成分分析法（PCA），构建基于离差系数最小化的融合度模型，采用数理统计中的离差系数来推导基于离差系数最小化的融合度模型，离差系数被定义为一组数据的标准差与其相应的均值之比，它能够较好地衡量随机变量对其均值的离散程度，离差系数越小则意味着该组数据越集中，反之则越离散。

（四）多民族社区治理研究

张志泽、高永久（2016）认为传统民族社区治理现代化过程中社会组织的发展具有明显的强政府弱社会风格，部分社会组织参与社会治理的主动性意愿有待加强,理论研究与实践滞后于现实社会发展对传统社会组织治理参与功能的现实需求;外生性制度阻滞与内生性动力不足并存导致传统社区社会组织的整体整合能力较弱;传统民族社区治理现代化过程中党的领导、政府施政与社会组织自律的关系有待进一步规范化、制度化。魏冰(2016)认为多民族互嵌社区建设必须要充分考虑以下因素:一是社会组织及其行为嵌入的合理性是引入理论的关键,若互嵌方式是不合理的,多民族互嵌社区建设或将是徒劳;二是互嵌因素的多维性,这就要求我们在建设过程中充分考虑到各方面的影响因素,积极建构多元的治理格局;三是本土化的重要性,嵌入性理论在应用于中国实践过程中必须立足本土,结合民族社区特色以及我国社区建设的经验,创造性地在多民族互嵌社区建设实践中加以拓展和应用。

(五)不同历史时期民族经济关系表现形式

我国的多族群经济关系主要指汉族与其他民族的经济交往,也包括各少数民族之间的经济交往。这种经济关系的主要内容是经济往来,是不同民族在交往中形成的利益关系。民族经济关系主要以民族成员之间的经济接触、经济互动为途径,大多数时候以个人关系的形式表现出来,经济关系的友好发展是民族融合的重要表现形式。杨清震(2003)分析了民族贸易与全面小康的关系,认为民族贸易可以缩小各民族之间的差距,是必须贯彻执行党的民族平等、民族团结的政策。顾元吉(2016)依据民族经济的特点划分,认为历史上各民族经济交往的形式主要有贸易、人员迁徙、战争、和亲等。丝绸之路是人类文明之举,由丝绸之路沿线多民族共同创造,不仅实现了不同民族之间的商品交流,也实现了文化交流。贸易是多族群经济交往的主要形式,茶马贸易除了以茶易马的交易外,也包括边疆游牧民族与中原汉族之间交换生产和其他商品的广泛贸易活动。人员迁徙主要有两个原因,一是战争因素,二是部落族群为更好地生存与生活更换居住环境。古代的朝贡是族群间经济交往的特殊形式,是多族群上层之间的经济交往与文化交往,为加深族群长久的友好关系起关键作用。唐朝时各部落对王室定期进贡各部落特色商品,王室宫廷礼尚往来进行回馈,通过商品的交换维系两族群间的和谐关系。古代的族群交往大多发生在地域相邻的民族之间,基本上追逐物质利益。古代经济关系有通过生产交换的方式交易，也有不同政体之间的经济往来，换取彼此需要的物资等方式，还有通过战争抢夺的方式获得物资供应，也属于特殊的族群经济关系。

在当前社会主义市场经济中，不同族群之间的经济交流实现优势互补，在探索共性与合作过程中合作互利，实现共赢共存。杨明霞（2014）认为市场背景下的多族群经济关系，除了合作关系还存在竞争逐利的关系，这是经济发展的规律，是无形市场对不同族群和谐共赢的潜在贡献，是防止文化干扰接纳经济融合的必要条件，是帕累托最优对多族群社区的另一种解释，是保持不同族群间和谐竞争关系的主要动力。

（六）经济行为的社会嵌入研究

应千飘（2003）是在用社会学的宏观视角介绍嵌入理论的同时，将经济行动视为社会行动的特定模式，是经济社会学中最基本的理论前提之一。经济行动是在大的社会环境中发生的，无法脱离人与人的社会关系和客观的社会条件，因为整个经济行为活动过程是嵌入在整个社会结构中，除了受到行为者自身因素影响，还受到政治、文化等诸多社会因素影响的社会行动。吴义爽（2010）对嵌入性有自己新的理解，基于对人的经济、社会双重理性及其交互作用的讨论，从经济行为对社会结构的反作用角度提出相关假设性检验命题，他主张经济行为与社会结构的关系是相互嵌入的关系。黎橙橙（2016）对社区的经济融合提出自己的看法，她认为，经济互嵌是指多民族社区的各族成员共同参与产业发展，大家相互扶持，合作互利，增加多族群之间的经济交往与交流，最终在经济领域形成你中有我、我中有你的经济交融关系。经济融合是实现社区结构互嵌、文化互嵌以及心理互嵌的物质基础，是构成民族团结的重要手段。在经济互嵌的社会结构中，不同族群成员间便有了更多的利益关联、社会关联，在族群之间的经济交往中互信互尊，更能提升族群之间的宽容度与认同感。

陈延斌（2015）提出经济生活互嵌是各民族在经济领域交往交流进而逐渐在民族关系上实现交融，使不同民族成员间在经济活动的纵向和横向维度上结成更广泛、更深入的合作关系，并在交往中不断加深彼此之间的认识和了解。吴建平（2006）认为嵌入性概念，主要是围绕行动者的经济行为是如何嵌入在具体的、持续的社会关系网之中展开的。在研究方法上，反对以往研究者所秉持的原子化个体预设，即将个体从其所处的具体社会关系中抽离出来。他研究了涂尔干将教育组织与制度的演变嵌入宏大的历史和社会结构环境中来考察的过程。李培林（2001）结合国外学者的思想，在证明理性的社会选择何以成为可能时指出，阿罗的"不可能性定理"并没有错，但证明的只是有条件的（在决策信息缺乏情况下的）不可能性，它的欠缺是没有充分考虑个人理性选择所依赖的信息基础，随着个人获得信息的增加，人们对持续获益的途径会有更清醒的理解，达到社会理性选择的可能性也在不断增加，自由、民主、共同体、合作、社会公正都是在相互获得信息的增加中实现的。臧得顺（2010）认为"资本主义是历史上的一种非常规现象：因为在此之前，经济关系是嵌入社会关系的，而资本主义产生以后，这种关系颠倒过来，社会关系反而要用经济关系来界定"。在研究族群关系方面，马戎（2003）认为在经济上，两个族群呈现互助合作关系，在文化上追求一致，但容许差异的存在，多元包容关系在族群变迁过程中，从历史的观点、动态的观点、多元影响的观点和比较分析的观点分析族群关系。

三、国内外研究述评

通过梳理国内外民族融合理论、社区治理等相关研究，相互嵌入式民族社区建设文献的分析与梳理，可以发现国外对社区的研究要先于国内社区研究，但两者理论研究脉络发展都呈现出相同的趋势，即随着时间的推移，学者们思想交流和研究方向日渐清晰，研究领域不断拓宽，学科领域不断拓展，学科合作日益增多，民族互嵌式社区建设得到一定发展。在相关领域的理论基础、融合度测度评价、社区治理模式等方面均取得了重大成果，在研究方法、研究尺度和研究领域等方面也有了进一步的拓展，但是也存在一些局限。

国内外对于多民族互嵌式社区建设的研究尚处于发展阶段，相关理论尚不成熟，尤其是国内关于多民族互嵌式社区的研究仍处于起步阶段，基本概念没有权威性界定，研究方法虽有多种多样，但科学性有待考证。对民族地区现有的实地调研情况研究不足，缺少实证性研究。学科交叉趋势不强，社会学学者对社区的研究偏向于心理层面、社会关系，认为空间上的聚居或隔离是不同社会关系、经济分层的结果，而城市学学者对社区的研究则侧重于空间的宜居性，很少关注人的心理层面和交往交流的需求。对社会融合的研究区域较为集中，尺度较为单一，目前关于社会融合的案例区较大，主要集中在整个社会的宏观层面，但是碍于数据在小尺度上的获取性难度较大，在更小尺度社区方面的研究比较少，如对多民族社区文化融合、经济融合。对多民族社区文化融合的研究成果较少，大多数文献都只是从研究的背景、研究意义、保障措施上论述，缺乏对多民族社区内部融合度的测评。对多民族社区文化融合的研究较少。多民族社区的研究起步较晚，发展的时间较短，目前国内研究只有少数。

第二章

研究设计与理论选择

第一节 研究设计

一、基本概念

（一）族群、民族内涵

族群（ethnic group）一词最早出现在英语用词中，20世纪30年代用以代替英语中 tribe（部落、部族）一词；20世纪50年代族群的相关研究在西方学术界兴起，90年代成为中国学界的热点研究问题。国外关于族群的定义主要有：安东尼·史密思（Anthony D. Smith，1993）使用了"ethnie"或"ethnic community"一词，以区别于"nation"，他给"ethnic"下的定义，即一个具有名称的有着共同祖先和传说、共有的记忆和文化因素的人群，一种与历史的领土或家园有关的联系，一个团结的度量；M. G. 史密斯（1983）强调共同祖先、族群内外认同的族群概念；挪威人类学家弗雷德里克·巴斯（Fredrik Barth，1969）在他著名的《族群与边界》一书中提出从生物自我延续性、文化价值统一性、建立交流共享领域和内外认同的类型形成四个方面来定义族群。国内关于族群的定义主要有：王明珂（1997）在他的《华夏边缘：历史记忆与族群认同》中提出强调族群边界、祖源记忆、情感与文化维系的综合性族群概念；罗瑛（2016）认为族群是：在较大的社会文化体系中，由于客观上具有共同的渊源和文化,即称为族群。综上所述,族群(ethnic group 或 ethnicity)是指一群人,他们认为彼此共享了相同的祖先、血缘、外貌、历史、文化、习俗、语言、地域、生活习惯与国家体验等,因此形成一个共同的群体,是一种文化现象。

民族是在历史上形成的一个有共同语言、共同地域、共同经济生活以及表现于共同文化上的共同心理素质的稳定的人群共同体,具有政治属性。民族和族群的区别:族群强调的是文化性、学术性;民族强调的是政治性、法律性;而我国政府把各个少数族群都称作"民族",其理论依据还是斯大林关于"民族"的定义和民族产生的历史阶段的观点。

研究落脚于多族群社区,即运用民族概念也运用族群相关的概念内涵,将具有同一文化特征的群体划分为某一族群,如族群交往、族际通婚等词则表现出强烈的文化色彩;基于此,本文民族≈族群,在概念运用上既考虑到学术规范,也顾及阅读习惯,便于理解。

(二)社区

社区概念的提出为人们研究和解决社会问题提供了重要的分析依据,并拓展了新的社会研究领域,但由于国内外学者研究视角、方法、理论背景等差异,所提出的社区概念可以说是各种各样,莫衷一是。1955 年,美国社会学家希勒里(George Hillary)在各种社会文献中发现至少 94 种社区定义。1981 年,美籍华裔社会学学者杨庆坤通过整理文献发现至少 140 多种社区定义。在这些定义中,社区被定义为群体、过程、社会系统、地理区划、归属感和生活方式等。德国社会学家滕尼斯就将社区定义为群体,认为社区是具有相同价值取向、人口同质性较强的社会共同体。《辞海》也将社区定义为人群和单位实体。郑杭生在其著作《社会学概论新编》中则将社区定义为人类生活群体及活动区域。根据不同学者给出的定义,结合研究区域及研究对象,我们将社区定义为:相互间有着不同程度的交往及社会互动联系,并且生活在同一个物质基础相对齐全的区域中的群体。给出的社区定义具有三个特征:一是生活在同一区域的群体;二是这些群体相互间具有不同程度的社会关系和交往;三是该区域具备提供该群体生产生活的物质基础。

(三) 居住空间及社区居住空间

居住空间首先是一个相对概念，与"私人空间"概念相对。百度词条中对居住空间的解释分为狭义和广义两种，狭义上的居住空间指那些供城市居民日常生活和社会生活公共使用的室外及室内空间。广义上的居住空间不仅仅是个地理的概念，更重要的是进入空间的人们，以及展现在空间之内的广泛参与、交流与互动，这些活动大致包括公众自发的日常文化休闲活动，和自上而下的宏大政治集会。社区居住空间的研究对象则是狭义上的居住空间，准确地说是社区范围内的居住空间，即供社区居民进行日常生活、社会交往使用的室外及室内空间。

(四) 多民族社区

从社区的社会属性出发认为多民族社区是指居住在某一特定区域，成员以单一的少数族群如汉族、维吾尔族等族体，或是以某个少数民族族群为主体，多个族群聚居的具有某种互动关系和共同的文化认同感而强有力地联系在一起的群体构成的区域。也可以理解为就是由两个或两个以上族群居民构成的地域性社会生活共同体，并且作为组成部分的任意一个族群，在人口上都形成了一定规模，能够参与共同的社会生活，以本民族特色（如文化）对社区生活产生影响。强调社区不同民族的人口规模的平衡性及其对社区文化的构造能力，即社区内任一族群对本社区的性质、社会结构、社会关系、文化等方面能够产生重大影响。多族群是社区最基本的特性，主要表现在三个方面：第一是人员构成以多个族群为主；第二是语言一般使用两种语言即民族语言和国家通用语言；第三是居住环境具有鲜明的族群文化特点。

(五) 民族互嵌式社区

魏冰（2016）认为民族互嵌式社区是建立在民族社区内涵基础上的，想要厘清什么是"民族互嵌式社区"，首先要弄清楚什么是"民族社区"。郑杭生（2005）曾在其著作《民族社会学概论》表明："民族社区是居住在某一特定地域，成员为单一少数民族，或是以某个少数民族为主体，几个民族杂居的，具有某种互动关系和共同文化认同感而强有力地联系在一起的群体构成的区域。"新疆工作座谈会提出构建互嵌式社区后，学者们纷纷展开了对"民族互嵌式社区"的研究和探讨，虽然研究刚刚起步，现有成果集中于宏观的定性研究，针对不同地区、不同民族具体的案例研究较少，但仍然涌现出不少独到的见解。张会龙（2015）通过吸取总结国外各民族互嵌式社区建设的经验，将民族互嵌式社区定义为建立在一定地域基础之上，由不同民族成员组成的，多元文化之间平等相处、彼此尊重的社会利益共同体。裴圣愚教授（2015）对"嵌入"的民族学运用进行了思考，认为相互嵌入是不同社会主体在社会互动中的相互接纳、吸收和依赖并形成共同体的过程，同时他给出了四个维度来建设互嵌式社区环境。而闫丽娟等人（2015）认为民族互嵌式社区的构建强调中华民族共同体认同的培养，各民族成员个人弱化本民族观念，强化民族融合意识，应注重社会大环境的改变，而不仅仅寄希望于各民族群体。综上，除了具备单一民族社区特征，民族互嵌式社区还包括独特性特征，即形式互嵌；民族互嵌式社区以各民族良好互动、彼此融合为目的，即内涵互嵌。结合"相互间有着不同程度的交往及社会互动联系，并且生活在同一个物质基础相对齐全的区域中的群体"的社区定义，我们认为民族互嵌式社区中的群体是两个及以上的按一定比例居住在同一区域的民族群体，民族互嵌式社区中的区域应考虑不同民族的生活习性并提供相应需求。简而言之，多民族互嵌式社区就是两个及以上的按一定比例居住在同一区域，且相互间淡化族际界限，能够形成良性信息互换的民族共同体。

（六）多民族社区文化

吴文藻（1990）认为，文化最简单的定义可以说是某一社区的居民所形成的生活方式，也可以说是一个民族应付环境——物质的、象征的、社会的、精神的和环境的总成绩，他把文化分为物质文化（物质环境的产物）、象征文化（语言文字）、社会文化（应付社会环境的产物）、精神文化（应付精神环境的产物），精神文化固为文化的重心，但不是独立的，而是与文化其他方面如物质文化、象征文化、社会文化交互作用、互相维系的，发生作用时，不是局部的而是全部的；文化是智慧族群内的一切族群社会现象与族群内在精神的既有传承、创造和发展的总和。具体文化内容是指族群的历史、地理、风土人情、传统习俗、工具、附属物、生活方式、文学艺术、规范、法律制度等。爱德华·

伯内特·泰勒（Edward B. Tylor，2005）对文化的描述："文化或文明，就其广泛的民族学意义来说，是包括全部的知识、信仰、艺术、道德、法律、风俗以及作为社会成员的人所掌握接受的任何其他的才能和习惯的复合体。"这个描述说明了文化的复杂性。文化是带有人的痕迹的一切，它以有形和无形的方式渗透到人们社会生活的方方面面，构成了个人、民族、国家的血脉。于显洋（2005）认为社区文化可以看成是社区中的人在其社会生活中所创造的、所使用或所表现的一切事物的总称，是具有社区特征的文化风貌。社区文化对其居民的心理、性格、行为有深刻的影响，不同的社区文化特质不仅造就了人们特殊的习性，而且在一定程度上决定着人们的价值取向。多民族社区文化分为显性文化和隐性文化，显性文化作为"海面之上冰山之形"，直观可见，隐性文化作为"海面之下的冰山底座"，需仔细品味。

多民族社区文化是在特定的民族社区内长期形成的，在某种意义上也是可以表征该社区成员特有的行为特征和倾向性的相对稳定的社区文化。因此，民族社区文化更应突出其地域性，它是一定民族社区内的一种具有高度认同和共同一致的社区文化，是有别于其他文化的独特的行为系统，有着明显的居住形式、特殊的语言、特定的经济体系和社会组织及某种价值观念，特定的民族社区文化是本社区居民共同创造、共同享有的，它主要包括社区文化体系的物质层面（社区的人文景观、社区的布局）、社区文化体系的行为层面（社区成员的交往、学习、娱乐等过程产生的文化活动）、社区文化体系的制度层面（社区生活规范、约定俗成的风俗习惯等行为规范）、社区文化体系的观念层面（价值观、精神追求、风俗习惯），多民族社区文化体系的各个部分休戚相关，物质文化是社区的外表，行为文化是社区的载体，制度文化是社区的保证，精神文化是社群的灵魂。

（七）多民族社区文化融合

陈振国（2012），戴庆中（2013），腾驰、乔志龙（2014），李松、张凌云等（2015）认为，文化融合是实现民族融合的重要途径，具有加强文化空间的凝聚和融合作用；司马云杰（2011）认为文化整合是指不同的文化相互吸收、融化，调和而趋于一体化的过程，原来渊源不同、性质不同以及目标取向、价值取向不同的文化，经过相互接近、彼此协调，在内容与形式、性质与功能以及价值取向、目标取向等方面不断被修正，发生变化。特别是为共同适应社会的需要，往往渐渐融合，组成新的文化体系。基于学者对文化融合概念的把握，研究认为多民族社区文化融合是不同族群为了满足个人发展及适应社会发展需求，通过对中华优秀文化的学习，进而在交往、交流中不断吸收、借鉴中华传统优秀文化的成果，不断调适自身的行为规范、移风易俗，不断与现代文明相适应。文化的融合不是整合形成单一的另外一种文化，而是在中华文化的影响下赋予原有文化生命力和发展动力的有层次性的互动过程。它主要包括三个过程：（1）交往（接触），都市文化、现代传媒、市场发展等因素驱动着不同民族间主动或被动地进行文化接触；（2）交流（撞击与筛选），由于不同民族在规范、风俗上存在大量甚至是基础性的差别，如习俗、生活习惯等，这就导致了同质个体性，使得在交流的过程中不断地进行调适、筛选；（3）融合（整合），在适应中华文化发展的潮流中，对不同民族的行为规范、风俗习惯在交流和交往的基础上进行价值筛选，使之积极与主流价值观、主流文化融合，从而适应现代生活需要。

（八）经济行为的概念

经济行为是指经济主体参与经济法律关系的过程中，为达到一定经济目的、实现其权利和义务所进行的经济活动。它包括经济管理行为、提供劳务行为和完成工作行为等。个人经济行为是作为生产、分配、消费主体的个人在经济活动中的经常性决策倾向和对社会环境、经济条件变化的有目的反应。个人不同的行为方式和行为后果，对社会经济运行的有效性和社会经济秩序的状态会产生不同的影响。郝云宏（2002）在文献中指出个体经济行为是在一定外界刺激及观念支配下，为满足个体经济需求和心理欲望而进行的一系列有组织、有意义的经济活动。它不仅指人外在的、可见的经济活动，如消费、投资、储蓄、生产等，还包含需要、动机、情感、态度等内在的心理活动。个体经济行为并不单独指个人，区别于集体经济行为，它强调的是个人或者少数人为一个体的时候，在经济范畴中的表现行为。消费是个人经济行为中最主要的表现形式。消费者行为是个人在日常生活过程中满足欲望和需求形成的解决问题过程。

Engel, J. F. 和 Kollat, D. T. (1983) 提出消费者行为是一种过程, 包含了所有与购买相关的决策活动, 强调的是人们为购买到心仪的商品采取的评估、获得及使用的过程, 以及在此过程中采取的行动与决策活动, 强调了个人直接参与商品经济或者服务的获得、使用与处理的活动。当消费者在购买商品时, 会提前在脑海中对商品进行信息筛选, 在分析各种影响因素之后做出最终选择, 消费者行为本质上是一个持续的过程, 是对产品筛选之后最终做出选择的过程。

二、研究内容

立足于"居住融合"和"交往与空间"、"互嵌式社区构建"理论和"多元一体格局"理论, 认为社区居住空间不仅具有物理空间作用, 还具有更大的非物理作用价值, 好的社区居住空间不仅能够为居民提供舒适的生活环境, 更能引导各民族同胞交往交流交融, 创造更加和谐稳定的社会环境。各民族互嵌式社区包含形式互嵌及内涵互嵌两个部分。对形式互嵌的研究, 主要从乌鲁木齐市典型社区各民族空间结构进行分析, 认为按乌鲁木齐市民族比例居住且居住分布均匀的空间结构是最符合各民族互嵌式社区构建的居住格局, 也是最优的形式互嵌。交流交往是各民族间语言相通、文化相融、习俗相近的外在表现, 能够交流则表明语言方面能够达到最基本的相互了解, 相互间能够建立长期交往关系则说明彼此间在生活习惯上相近、文化上已达到相融、认同上能够达到基本一致, 所以对内涵互嵌的研究, 主要从各族居民在社区居住空间内交往的主动性、内容、频率以及交往程度等要素进行分析, 认为形式互嵌是各民族间内涵互嵌的前提和基础, 各民族间能够主动交流, 且交流内容广泛, 能够建立长久的相互影响的交往关系, 则达到了我们认为的最优内涵互嵌。

立足于理论, 认为多民族社区文化的融合不仅会促进社区内部不同族群之间的相互认知、相互交流, 形成融合共生的体系, 还将激发多民族社区的社区治理的内生动力, 实现社会稳定与长治久安。根据学者们对文化的定义及内涵与外延, 研究将多民族社区文化融合分为各族群居民行为意愿融合及情感互嵌融合, 居民行为意愿融合主要从各族群居民的饮食、家居、衣着、出行、语言、风俗习惯等外在行为文化偏好度进行分析; 而情感互嵌则从各族群间的邻里关系、价值认同、互信能力、社区参与等深层次的互动与交流进行分析,居民间较强行为意愿融合将会促进深层次的情感互嵌,如果各族群居民在行为意愿上表现出强烈的不认同、排斥的意愿,那么深层次的情感互嵌就无从谈起。而族群行为规范等的影响往往是潜移默化的,更受周围族群关系的影响,如果社会上对族群之间的交流与交融保持一种宽容的态度,那将会对多民族社区的文化融合起到示范作用,如族群之间的通婚状况往往受家庭的影响,族群之间的通婚状况,说明对彼此间的文化情感保持认同,是衡量民族融合的一个重要标志;多民族社区内部不同族群成员之间的通婚状况更是民族社区文化融合的"晴雨表"。

第一章对多民族互嵌式社区的研究意义及研究现状进行概述。第二章对研究设计框架和理论选择及应用进行梳理。第三章为重点章节,分别从居住空间环境、形式互嵌与内涵互嵌三个方面对多民族互嵌式社区互嵌性进行测评。第四章为本研究的关键内容,分别从居民行为意愿、情感互嵌、通婚状况三个方面对多民族社区文化融合度进行测评,进而基于案例分析进行补充说明。第五章通过对乌鲁木齐市多族群进行个人问卷调查,了解多族群个人经济行为感知、认知及消费态度等情况,以街道为单位,实地调研访谈并拍照,旨在了解中、西餐馆以及民族特色美食餐馆的分布状况,计算得出研究区域的融合指数。第六章通过对第三至五章得出的测评结果进行归纳分类,得出目前乌鲁木齐市多民族互嵌式社区的互嵌性机制,包括居住空间环境机制、居民空间结构调节机制、居住空间交往互动机制,其中居住空间环境机制又包括一般性环境机制、特殊性环境机制,居民空间结构调节机制包括民族结构机制、空间结构机制,居住空间交往互动机制包括不良交往互动抑制机制、交往互动创造机制、交往互动辅助机制等。通过对不同社区文化融合度,得出构建乌鲁木齐市多民族社区构建的三维机制,包括空间辅助机制、行为构建机制、关系互动机制;经济行为——结构融合机制、经济行为——情感认知融合机制以及经济行为——关系融合机制等。第七章基于居住、文化、经济融合视角对乌鲁木齐市多民族互嵌式社区空间塑造、行为构建、关系纽带等方面提出优化路径。

三、研究方法

文献法。通过学术期刊网、中国社区学网,查阅和学习大量优秀的经典著作以及国内外各类有关互嵌式社区及社区居住空间的优秀硕博论文等文献，了解居住空间、社区人际互动等相关研究内容的主要发展脉络，系统地梳理了国内外关于社区发展研究和居住空间与人际互动、文化融合、经济融合等研究理论框架。通过剖析为数不多的多民族社区实证案例，明确了居住、文化、经济对于多民族互嵌式社区构建的重要性。

问卷调查法。问卷调查法也称为"书面调查法"，或称"填表法"，即用书面形式间接收集研究材料的一种调查手段。通过向调查者发出简明扼要的征询单（表），填写对有关问题的意见和建议来间接获得材料和信息的一种方法。为了收集相关实证数据，文本通过问卷调查法，对乌鲁木齐市各市区中典型社区居住融合、文化融合、经济融合表征指标进行调查分析。

访谈法。访谈法，即研究性交谈，以口头形式对被采访对象进行提问，并根据被询问者的答复收集客观的、不带偏见的事实材料，以准确地说明样本所要代表的总体的一种方式。运用访谈法对乌鲁木齐市各市区典型多民族社区工作人员及居民进行访谈，关于社区居住空间环境的评价；关于社区居民间交流交往情况的评价；关于多民族互嵌式社区构建的对策；关于社区居民行为意愿的评价；关于社区内部不同族群关系的评价；关于构建和谐族群关系的对策。

观察法。受主观态度及个人情感的影响，通过问卷调查法和访谈法所得的数据具有主观倾向大于客观实际的不足，无法对社区居住空间环境的优劣以及社区居民间交往情况进行客观实际的评价，在一定程度上存在偏差。所以在对乌鲁木齐市典型多民族社区进行问卷和访谈调查的同时采取观察记录法，主要观察两个部分：一方面是对居住空间环境现状的观察，详细记录社区必要设施的有无、数量、分布及使用等情况；另一方面是对社区居民在居住空间的活动和互动情况进行实际观察，对居民交流互动情况的观察主要从活动时间、交流方式、交往程度以及居住空间使用频率等内容进行。

PSPL调研法。本研究对多民族社区内部采用PSPL调研法（Public Space - Public Life Survey，即"公共空间—公共生活调研法"），该方法旨在通过对社区居民的访谈、行为的观察，了解和掌握不同族群居民在公共空间及公共交往中的社交网络的深度和泛度，进而从小尺度范围内为不同族群居民的行为、关系、空间生活的融合完善路径。

标准差系数法。标准差系数是将标准差与相应的平均数对比的结果。标准差和其他变异指标一样,是反映标志变动度的绝对指标。它的大小,不仅取决于标准值的离差程度,还决定于数列平均水平的高低。计算公式为:

$$x = \sqrt{\frac{\sum_{i=1}^{n}(R_i - \bar{R})^2}{n-1}} \tag{2-1}$$

R_i 指每一个调查对象对第 i 个指标所打的分数,$\bar{R}$ 指第 i 个指标所得分数的均值,n 表示指标个数,这里 n 为常数 14。

模糊综合评价法。模糊综合评价法是一种基于模糊数学的综合评价方法。该综合评价法根据模糊数学的隶属度理论把定性评价转化为定量评价,即用模糊数学对受到多种因素制约的事物或对象做出一个总体的评价。它具有结果清晰、系统性强的特点,能较好地解决模糊的、难以量化的问题,适合各种非确定性问题的解决。运用模糊综合评价法对多民族互嵌式社区居住空间环境的主观满意度部分进行测算。

融合指数。用于测算多个族群间相互交往程度。计算公式为:

$$mP_n^* = \sum_{i=1}^{1}\left|\frac{n_{im}}{N_m} \cdot \frac{n_{in}}{N_i}\right| \tag{2-2}$$

mP_n^* 是指少数族群 m 成员接触多数族群 n 成员的程度,i 表示族群 m 中第 i 组成员,n_{im} 表示 m 族群中第 i 组成员数量,n_{in} 表示 n 族群中第 i 组成员数量,N_m 表示总人群中 m 族群的数量,N_i 表示总人群中 i 组成员的数量。mP_n^* 值在 0 至 1 之间,数值越大表示两个族群之间融合程度越高。

因子分析—AHP 客观赋值法。采用主因子分析法建立层次结构模型,由主因子的贡献率确定准则层对目标层的各项权重,进而通过 AHP 客观赋权,得到指标层对于准则层的权重系数,相比于专家打分法更为客观;通过不同维度的测量,分别对小区—市区的居民行为意愿融合度进行运算,继而利用耦合模型求得不同维度的多民族社区居民文化融合度,根据数据及乌鲁木齐市的特性,将评价等级划分为五个等级,对不同维度的多民族社区居民行为意愿融合度、情感互嵌度评价，进而对多民族社区文化融合度评价。

耦合指数。耦合指数是将各个系统的评价值综合处理的结果，得出的数据较为客观。计算公式为：

$$C = \frac{S_1 \times S_2 \cdots \times S_m}{\left\{ \frac{1}{m} \times [(S_1)^m + (S_2)^m + \cdots + (S_m)^m] \right\}^{\frac{m-1}{m}}} \quad (2-3)$$

C 为系统耦合指数，$S_1 \cdots S_m$ 为各个系统的综合指数，m 为系统个数。

四、研究总技术路线

研究总技术路线如图 2-1 所示。

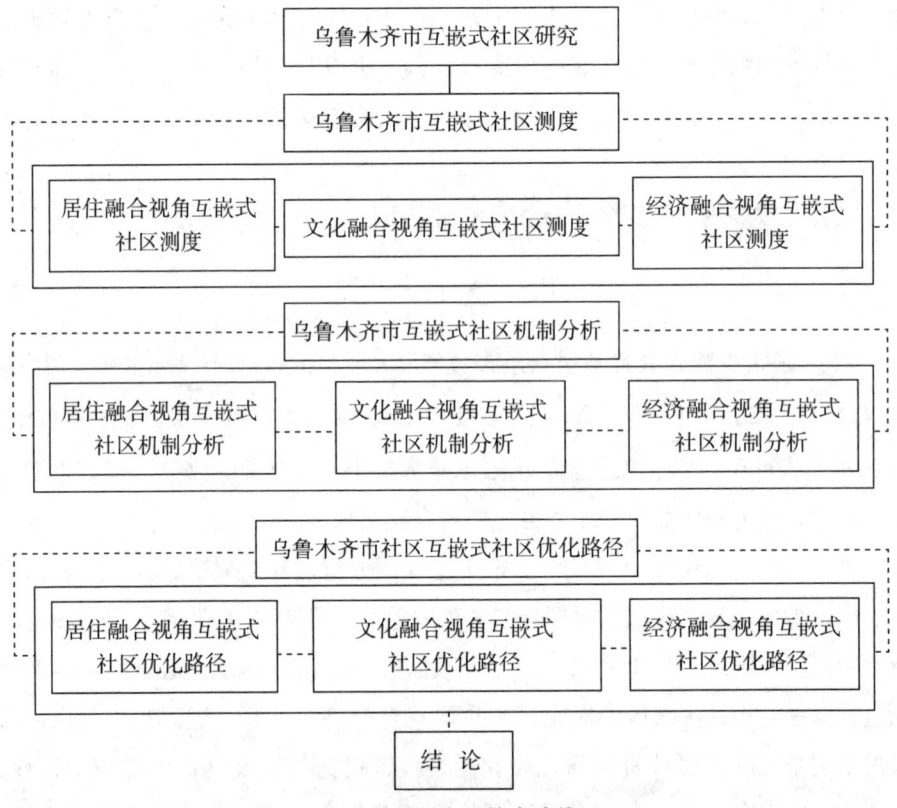

图 2-1　研究总技术路线

五、居住融合技术路线

居住融合技术路线如图2-2所示。

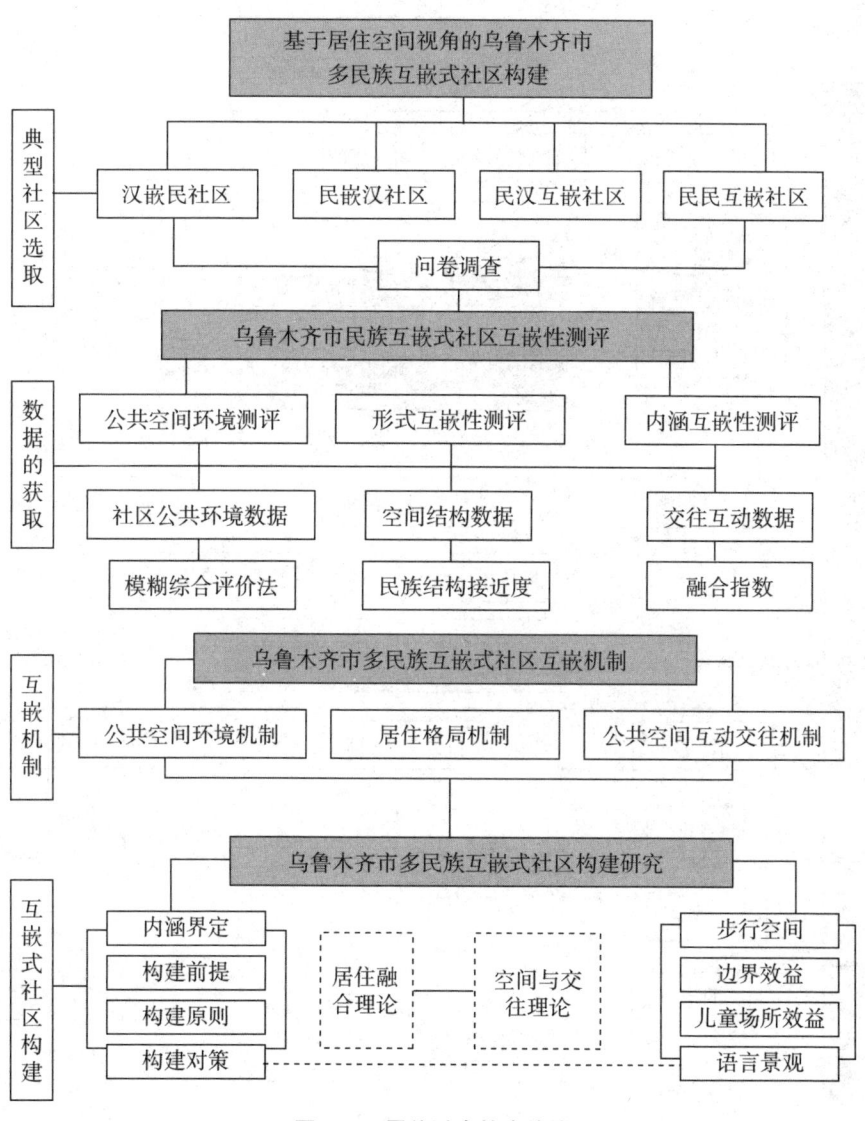

图2-2 居住融合技术路线

六、文化融合技术路线

文化融合技术路线如图2-3所示。

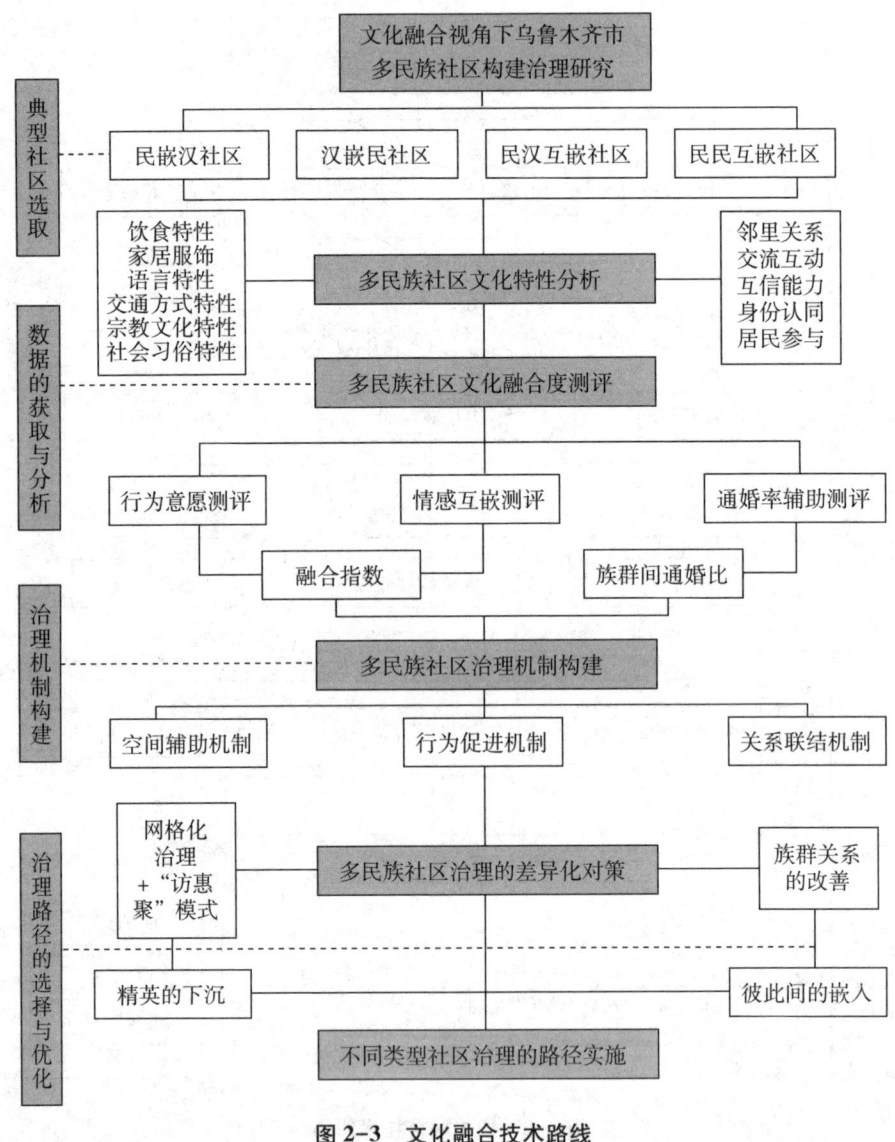

图2-3 文化融合技术路线

七、经济融合技术路线

经济融合技术路线如图 2-4 所示。

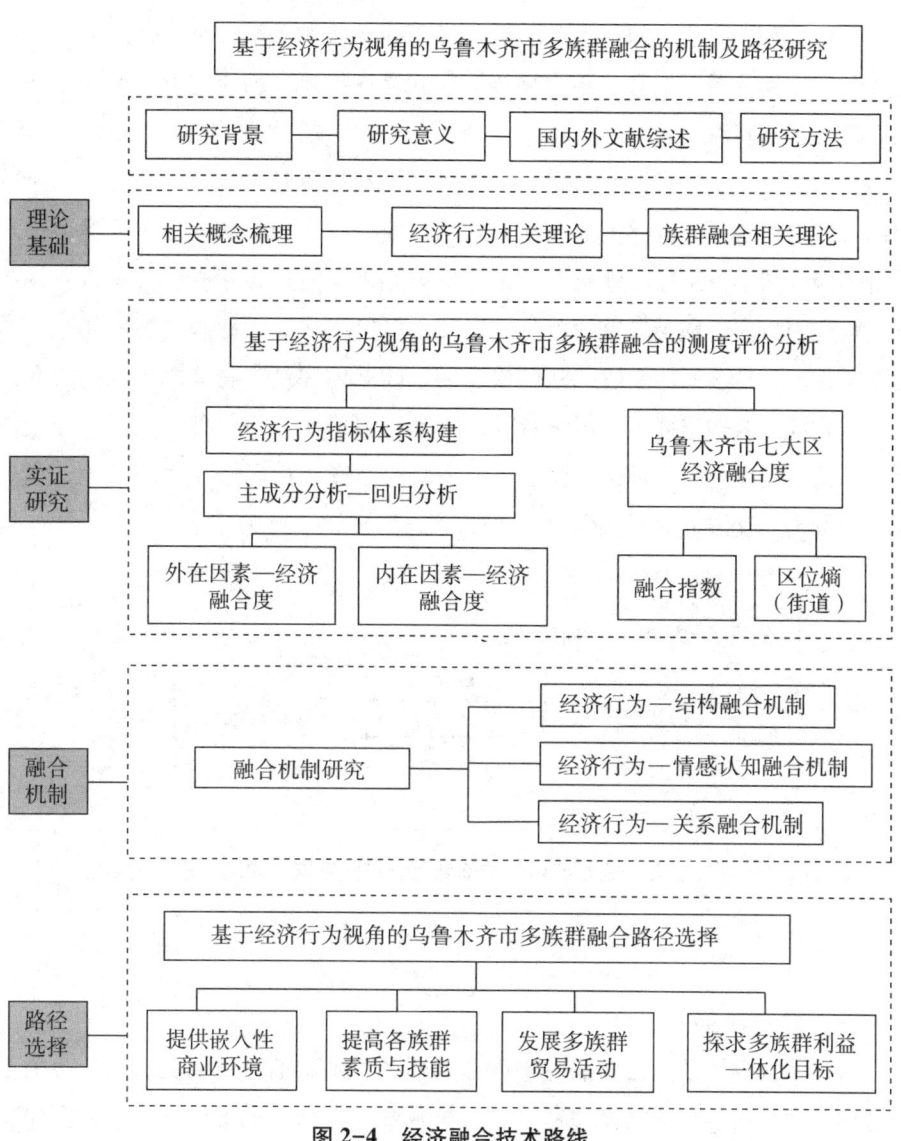

图 2-4 经济融合技术路线

第二节　居住融合理论选择

多民族互嵌式社区的构建过程需要经历两个阶段。初级阶段，即来仪教授所指的"空间关系"阶段，指多民族互嵌式社区构建之初应完善的空间基础和物质基础，我们称之为形式互嵌；最终阶段，即来仪教授所指的"心理和情感"阶段，指多民族互嵌式社区在完备的空间基础和物质基础之上，各民族间应达到的心理上的认同、情感上的互动的阶段，我们称之为内涵互嵌。虽然形式互嵌并不能等同于各民族间情感上、精神上的互嵌，但形式互嵌在多民族互嵌式社区构建中扮演着举足轻重的角色。它既是多民族互嵌式社区达到内涵互嵌的必要条件，又是多民族互嵌式社区构建的空间载体和基本物质基础。因此多民族互嵌式社区的构建并不是纸上谈兵，而是有着坚实可靠的理论支撑，即居住融合理论、交往与空间理论。综上，将多民族互嵌式社区居住空间环境、形式互嵌以及内涵互嵌的关系梳理如下（如图2-5所示）。

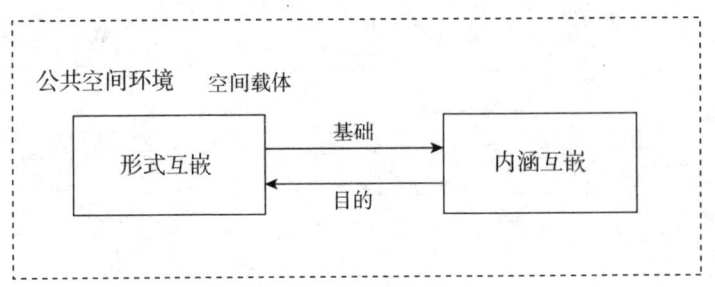

图 2-5　多民族互嵌式社区居住空间环境、形式互嵌、内涵互嵌的关系图

一、居住融合理论

居住融合理论认为社区居住空间是物质的、基础的，是承载居民社会关系的载体，好的居住空间不仅能够满足居民日常交往活动的多样性需求，还能影响居民的心理和社会活动。形式互嵌是多民族互嵌式社区构建的必要前提，只

有在空间结构上融合，各民族间的交往交流交融才能向更深的层次，即内涵互嵌的方向发展，各民族交往交流交融基于空间互嵌基础之上。另外，形式互嵌并不等于就有了文化和心理上的交融。只有空间互嵌，没有精神上的交流互嵌，只能够停留在混合居住层面，是互嵌的表象，只有形成情感、精神层面的互嵌才能更好促进多民族相互交融。形式互嵌不是构建互嵌式社区的最终目的，但没有形式互嵌这一前提，民族融合就犹如搭建"空中阁楼"，只能停留在"美好童话般的幻想"之中。简而言之，居住融合是多民族互嵌式社区构建的必要前提和空间基础。构建具有新疆特色的各民族相互嵌入式社区，正是打破不同民族间居住区域隔离的状况，促进各民族相互了解、尊重彼此、和谐共处的有效途径。王希恩（2016）就用"拼盘"和"马赛克"来比喻理想中的居住融合结构。

二、交往与空间理论

交往与空间理论源于丹麦著名国际城市设计专家扬·盖尔（2002）的《交往与空间》，盖尔对居住空间的作用以及居住空间、人际互动与交往之间关系进行了研究，其中主要论点有：（1）人与人之间的接触活动大多发生于户外，而交往的先决条件是相聚于同一空间；（2）居民交往活动分为必要性活动、自发性活动、社会性活动三种，居民的交往活动具有"连锁性"，通过改善居住空间中必要性活动和自发性活动的条件，就会间接地促成社会性活动的发生；（3）居民交往活动和居住空间质量存在一定的正相关关系，即居住空间质量不理想时，只能发生必要性活动；反之，自发性活动的频率增加，与此同时，随着自发性活动水平的提高，社会性活动的频率也会稳定增长。

第三节 文化融合理论选择

嵌入式社区理论和"多元一体格局"理论分别从外在的"环境构建"及内在的"关系改善"为多民族社区的治理提供了一个研究的切入点。嵌入式环境的构建包括外在的"硬环境"建设和"软环境"建设,多数研究者都在"硬环境"的构建上下足了功夫,软环境的建设却有所忽略。而费孝通先生提出的"多元一体格局"理论,则为"软环境"构建提出更加精细的要求,认为民族在相互交往中所形成的族群关系,可以从两个层面进行分析:在第一个层面上,把社区的成员都看作一个个单独的个体,正是在这些携带不同文化的个体交往中,在社会基础生活层面(衣、食、住、行等方面)上整合形成族群交往的具体而生动的"共同意识",并由此形成一个稳固文化生态空间,这是文化融合的研究的"显性层面"(行为意愿);在第二个层面上,把每个族群各自视为一个族群整体,通过参与群体性活动的频数和频率来显示力量,在这个过程中各个族群彼此划分利益及分配格局并确定相互关系的基本框架,这是文化融合研究的"隐性层面"(情感共同体)。这两个层面上发生的个体互动行为或是群体互动行为都是相互影响的,"隐性层面"上所发生的"情感认同"制约着"显性层面"上个体交往网络衍射的方向与尺度;而"显性层面"个体间关系的融洽与否也将影响"隐性层面"族群整体间的交往态势。为了缓和两个层面间的矛盾,就需要从纵向"族群关系"的演变进程和横向的"嵌入式社区"发展寻求理论支撑,为新时期多民族社区的文化融合提供良好理论依托,进而优化其社区的治理模式,强化彼此间融合共生关系。嵌入式社区理论与族群关系理论框架如图2-6所示。

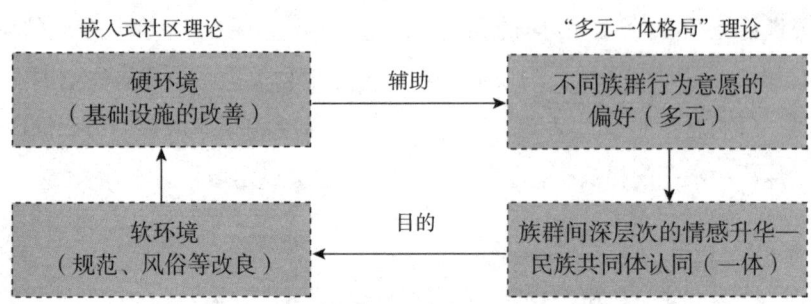

图2-6 嵌入式社区理论与族群关系理论框架

一、"多元一体格局"理论

费孝通认为中华民族发源、构成、成长的历史，其族体结构与文化发展是以多元起源、多区域不平衡发展、反复汇聚与辐射的方式运动，在运动的过程中不断涵化，相互吸收其他民族文化而发展壮大，始终表现出不断汇聚、融合、吸收的特点，分散的各民族单位，通过接触、斗争、分化、消亡、整合，此兴彼替，逐渐形成了既具个性，又具有多层次的一体化格局。民族作为文化的载体，经过几千年的历史沉淀，中华各民族之间的文化相互联系、相互交流、相互交融形成了中华民族数千年的历史文明。从秦汉到清代，中央集权制度以儒家的汉文化为主流，同时加强农牧民族文化的联系与融合，对边疆民族地区实行统一中国内的"因俗而治"，在统一国家的前提下，各民族保持各有的习俗、制度，从而形成了各民族和平交往的格局。马戎从社会学的角度研究族群关系，提出在当前阶段下，族群之间差异正在缩小，不应当主观地去推动任何形式的"同化"，也不必抵制族群间自然而然的文化过程。同化是指一个族群的成员或个体完全接受了另一个族群的文化习俗，而文化融合是指在多个族群聚集的生活地域场所内，具有不同特质的文化通过相互间接触、交流、沟通，进而相互吸收、渗透、学习融为一体的过程。文化的融合不是整合形成单一的另外一种文化，而是一个赋予原有文化生命力和发展动力的有层次性的互动过程，同化强调的是结果，融合更注重过程。

二、嵌入式社区构建理论

从 2014 年提出的"构建各民族相互嵌入式社会环境和社区环境"到十九大提出的"加强各民族交往交流交融"，"相互嵌入"不仅仅是居住空间和居住环境的嵌入，更是不同个体与群体在社会互动过程中相互接纳、相互包容、相互吸收并逐渐形成共同体的过程。从单一维度的空间嵌入到经济互嵌、文化嵌入、关系互嵌等多维度的互嵌，"嵌入式社区"的内涵随着族群关系的发展而不断融入新的符号。闫丽娟、孔庆龙（2015），魏冰（2016），张志泽、高永久（2016），杨鹍飞（2017）认为民族互嵌型社区在鼓励空间互嵌的同时，也要支持各民族心理互嵌，彼此间的文化认同是更为重要的环节。互嵌式社区的构建就是要打破民族结构与其他社会结构融合，使不同的族群成员主动融入其他社会结构，打破民族交往的空间障碍、心理障碍。对于多民族社区的治理，学者们认为居住互嵌是基础，经济融合是纽带，文化融合是内生动力，要充分吸收和接纳不同族群优秀的文化因子，使其成为推动社区发展的强大推手。

第四节 经济融合理论选择

一、镶嵌理论

经济行动是嵌入社会情境中的行动，经济互嵌是民族互嵌格局形成的重要动力。在《经济行为与社会结构：镶嵌》一书中，格兰诺维特（1985）提出镶嵌观点，认为行动者不是绝缘体游离于社会脉络之外，也不是完全吸附于他的社会角色，他们具有目的性的行动企图镶嵌在真实的社会关系系统中，并认为是社会关系产生了经济生活中的信任。此后，格兰诺维特（1992）在另外一篇论文《作为社会建构的经济度：一个分析框架》中将"嵌入"概念与制度理论联系在一起。镶嵌的观点强调信任的作用，认为熟识之后的关系或者关系结构可以产生信任，从而促进交易行为，防止欺诈现象的发生。交易活动是一种涉及自身利益的活动，每个人都更希望与了解的商家进行经济交易活动。一般而言，我们会寻求更好的信息，在交易过程中，一个人如果与交易对方有持续的关系，就会保持诚实的动机，以免伤害到未来的交易，长期的经济关系往往带来双方的认可与满意。人们的经济交往如果建立在高度信任的基础之上，那么交易成功的概率会更大，对后期的合作提前铺垫了可能性。良好的网络关系是形成信任的基础，并有助于交易秩序的形成。不仅是经济行为嵌入于社会关系网络中，经济行动依赖的市场也是嵌入于社会中。市场是商家与消费者进行经济交易的场所，不同的区域有不同的社会结构特征，在特定社会结构内的行动者不断互动、往来从而影响市场的规范与秩序，是社会不断发展变迁的结果，处于市场的社会中的社会个体，他们的行为受到法律规则、市场规范和社会关系的影响和制约。

总的来说，镶嵌理论在社会关系、社会环境、文化等因素补充了经济学的干净模型。格兰诺维特认为大多数的经济行为紧密镶嵌在社会关系与社会结构中。而具体的关系可以加固这种镶嵌度。社会关系网决定社会关系结构，社会关系结构决定市场结构，市场的结构源于政府的社会建构。人类经济行为的原因具有多元性，个体经济行为与其所处的社会关系、社会结构之间紧密相关。

二、助推理论

行为经济学强调人的感知、认知、情感等心理因素，助推理论是由美国芝加哥大学教授理查德·塞勒（Richard Thaler，2009）提出的，他将心理上的现实假设纳入经济决策分析中，现实社会中的普通人大部分是有限理性人，行为决策过程中受到非理性的因素影响，个人认知能力受限以及会被周围的人与事所影响，从而在经济行为选择方面与理性选择产生偏差。助推理论表明，经济学理论是重要的，市场也很重要。但由于人类行为的保守特性，使得市场的效率不会自动实现，此时需要一种力量对市场设定潜在规则，从而纠正市场向正确的方向发展。

三、"经济人"假设、"社会人"假设

"经济人"假设认为追求自身利益是驱动经济行为的原始动机，沙靖宇（2017）认为"经济人"的自利性与理性特征使得一个人在经济活动中面临若干不同的选择机会时，总是倾向于选择能给自己带来最大经济利益的机会。"社会人"是从具体的、历史的、社会的关系中分析人的行为选择，将个人的行为动机与行为放在社会关系与社会环境中考察，认为人是有限理性的。行为经济学家认为，人是感性动物，在社会交往中除了追求利己的经济效益，还会受到心理以及周围人或事的影响。刘战（2015）提出人并不是完全理性的，而是除了追求自身利益之外还有别的追求，期待获得别人的认同或者得到更大的心理满足，从而会做出与理性决策不同的行为选择。"社会人"假设强调人作为社会人对感情和情绪的需求。在社会交往中，人们的社会交往甚至经济交往会趋向于一种不平衡的张力，这种交往建立在互惠的报酬之上。有限理性现象的发生主要有以下两种情况：第一，文化是人受社会环境或者家庭环境影响被熏陶习得的一种信息，可以形成一种个性、信仰或者价值观，可以影响一个人的行为选择和决策；第二，经验与偏好是人在受到个人认知能力限制的前提下，且受到心理或者情感因素的影响做出满意而非最优的经济行为决策。

四、结构化理论

结构化理论是英国社会学家安东尼·吉登斯（2003）用行动者模型—分层模型展开对结构化的论述。吉登斯认为社会结构的构成是一个过程，这个社会化的过程具有行动与结构的二重性特征。没有人们之间的社会交往与互动，就不可能形成社会关系与社会结构，而社会互动又促进着社会的发展，这种变化与发展是多方面的。他指出两种行为分析方式，一种是制度性分析，一种是行为策略分析。他的结构化理论认为社会关注的从来不是一个预先确定的客体世界，而是一个有主体的积极行为所构造的世界。时空在场的结构只是以具体的方式出现在实践活动中，作为记忆痕迹引导着具有认知能力的行动者的行为。他很好地连接了社会结构制约性与个人行为自主性。以"结构二重性"与"实践"为起点，追求一种动态的平衡，认为社会结构制约性与个人行为自主性不是相互独立存在的，而是以实践为中介相互作用的。

五、群际接触理论

群际接触理论形成于"二战"后的美国，是西方社会心理学学刊为解决族际冲突问题而提出的一套理论体系，成为后来改善族群关系最有效的策略之一。群际接触理论的研究起点与实践基础均集中于种族、民族、群体的交往与关系问题，认为不同群体之间存在的矛盾与冲突主要源自族群之间认知上的片面或者错误信息，但族群之间的接触对于改善族群关系、缓解族群间的矛盾具有积极作用。

第三章

乌鲁木齐市典型社区居住互嵌性测评

第一节 研究区概况

一、乌鲁木齐市民族分布概况

乌鲁木齐市位于中国西北，新疆中部，亚欧大陆腹地，地处北天山北麓，准噶尔盆地南部，是一个典型的多民族聚居的城市，除维吾尔族、汉族外，世居的有回、哈萨克、满、锡伯、蒙古、柯尔克孜、塔吉克、塔塔尔、乌孜别克、俄罗斯、达斡尔族等少数民族。截至 2016 年年底官方统计，全市人口有 2678726 人，汉族人口 1985358 人，占总人口的 74.1%，各少数民族人口 693368 人，占总人口的 25.9%，民汉比例约为 1∶2.86。2011—2016 年各民族人口涨幅不大，其中维吾尔族人口、哈萨克族人口及其他民族人口略有下降；乌鲁木齐市现有行政辖区七区一县，各民族呈现"大杂居、小聚居"的分布特点，其中维吾尔族人口主要集中在天山区，哈萨克族主要集中在达坂城区、乌鲁木齐县，回族及其他民族人口分布较为分散，从县区尺度上分析，各个县区民族人口分布稍欠合理，如表 3-1、表 3-2 所示。

表 3-1　乌鲁木齐市 2011—2016 年民族人口占比情况表

年份	汉族	维吾尔族	回族	哈萨克族	其他
2011	0.726	0.126	0.102	0.028	0.018
2012	0.726	0.129	0.101	0.027	0.017
2013	0.728	0.127	0.102	0.026	0.018
2014	0.721	0.137	0.099	0.025	0.018
2015	0.740	0.127	0.092	0.024	0.018
2016	0.741	0.125	0.092	0.024	0.018

数据来源：《2017 年乌鲁木齐统计年鉴》。

表 3-2　乌鲁木齐市 2016 年分区县民族人口占比情况表

地区	汉族	维吾尔族	哈萨克族	回族	其他	合计	民汉比
乌鲁木齐市	0.741	0.125	0.024	0.092	0.259	1.000	1∶2.86
天山区	0.586	0.302	0.021	0.068	0.414	1.000	1∶1.42
沙依巴克区	0.804	0.103	0.013	0.060	0.196	1.000	1∶4.10
高新区（新市区）	0.850	0.062	0.006	0.064	0.150	1.000	1∶5.67
水磨沟区	0.833	0.104	0.010	0.037	0.167	1.000	1∶5.00
经济区（头屯河区）	0.802	0.096	0.007	0.080	0.198	1.000	1∶4.06
达坂城区	0.646	0.009	0.026	0.053	0.354	1.000	1∶1.83
米东区	0.672	0.039	0.017	0.261	0.328	1.000	1∶2.05
乌鲁木齐县	0.357	0.015	0.387	0.233	0.643	1.000	1∶0.56

数据来源：《2017 年乌鲁木齐统计年鉴》。

二、典型社区的选取

由于研究视角、理论基础不同,国内外对社区分类呈现多样性。如高永久、刘庸(2005)对西北民族地区城市社区分类就进行了深入的研究:按照民族成分进行划分,将社区划分为单一民族社区和混合民族社区;按社区功能特征划分,将社区划分为经济型社区、文化型社区、旅游型社区;按民族文化划分将社区分为汉族文化社区、回族文化社区、藏族文化社区、维吾尔族文化社区;按地域特点划分,将社区分为中心社区和边缘社区;按社区管理归属对西北民族地区的城市社区进行分类,可分为多种,如单位型社区、清真寺型社区、混合型社区、特殊型社区等。赵巧艳(2013)以族群和文化将民族社区划分为主导型传统民族社区、主导型现代民族社区、竞争型民族社区、现代型民族社区以及发展新民族社区等五种社区。裴圣愚(2015)在此基础之上,依据连续系统理论和民族成分将民族社区分为主导型城市社区、主导型农村社区、混合型城市社区、混合型农村社区。考虑到研究目的和基础理论,研究采用马晓玲的分类方式,以民族构成划分社区类型,将多民族互嵌式社区分为四类:汉嵌民社区、民嵌汉社区、民汉互嵌社区、民民互嵌社区。

参考以上社区划分类型,结合乌鲁木齐市社区概况,我们分别选取了乌鲁木齐市七个市区共14个社区(17个小区)和1个村镇作为研究对象:经开区的永昌社区和永泰社区,天山区的人民路南社区、三山社区、团结东路社区和宽北巷社区,沙依巴克区的农大社区、农科院社区和老满城社区,新市区的锦苑社区和友谊北路社区,水磨沟区的融睦社区,米东区的乐业社区和振兴社区、达坂城镇,并选取典型社区中个别小区做抽样调查,具体情况见乌鲁木齐市典型社区基本信息表,如表3-3所示。

表3-3 乌鲁木齐市典型社区基本信息表

市区	社区名称	所属街道	社区类型*	抽样小区	样本量（个）	比例（%）
经开区	永昌社区	友谊东路片区管委会	民嵌汉社区	永昌小区	45	6
经开区	永泰社区	友谊东路片区管委会	民嵌汉社区	香郡原筑	67	9
天山区	人民路南社区	和平路片区管委会	民嵌汉社区	国际置地	73	10
天山区	三山社区	和平社区管委会	民嵌汉社区	宏大西区	56	8
天山区	三山社区	和平社区管委会	民嵌汉社区	幸福花园	19	3
天山区	团结东路社区	延安路街道办事处	民汉互嵌社区	团结东路小区	62	9
天山区	宽北巷社区	二道桥片区管委会	民民互嵌社区	建中小区	49	7
天山区	宽北巷社区	二道桥片区管委会	汉嵌民社区	青海寺小区	43	6
沙区	农科院社区	八一街道办事处	民嵌汉社区	农科院小区	21	3
沙区	农大社区	八一街道办事处	民嵌汉社区	农大小区	38	5
沙区	老满城社区	八一街道办事处	民嵌汉社区	盛世嘉园	36	5
沙区	老满城社区	八一街道办事处	民嵌汉社区	武警医院	13	2
新市区	锦苑社区	银川路街道办事处	民嵌汉社区	银河新城	82	11
新市区	友谊北路社区	友谊路片区管委会	民嵌汉社区	万豪佳苑	12	2
水区	融睦社区	苇湖梁片区管委会	民嵌汉社区	港湾小区	25	3
米东区	乐业社区	西路片区管委会	民嵌汉社区	荷兰小镇	10	1
米东区	振兴社区	古牧地东路街道办事处	民嵌汉社区	丽水小区	20	3
达坂城	达坂城镇	—	民嵌汉社区	—	50	7
合计					721	100

数据来源：调查数据。沙依巴克区简称沙区，水磨沟区简称水区。

* 社区类型（按民族结构划分）：民嵌汉社区指少数民族居民明显少于汉族居民，少数民族居民嵌入在汉族居民之中的社区；汉嵌民社区指汉族居民明显少于少数民族居民，汉族居民嵌入在少数民族居民之中的社区；民汉互嵌社区指汉族居民与少数民族居民数量相当或是按照城市总人口比例，少数民族居民与汉族居民相互嵌入的社区；民民互嵌社区指不同民族居民（除汉族以外）数量相当或是按照城市总人口比例，各民族相互嵌入的社区。

第二节 嵌入式社区居住空间环境测评

一、互嵌式社区居住空间环境标准

基于交往与空间理论，社区居住空间环境的好坏直接影响居民的生活质量、心情以及日常活动，社区居住空间环境质量与居民交往活动质量呈正相关关系。郭恩章（1998）在对现代城市居住空间的性质和功能进行描述时，认为居住空间是一个多层次、多含义、多功能的共生系统，应集节庆、交往、流通、休息、购物、游乐、健身、文化教育等功能于一身，居住空间是人们社会生活的发生器与舞台，其形象和实质对人们心理和行为有直接影响，也是促进社会生活事件发生的主要社会活动场所。基于以上观点，对高质量城市公共开放空间应具备的特征标准进行了界定，如表3-4所示。雷军在其《中国多民族聚居城市社会空间结构研究》一书中，对乌鲁木齐市城市居住空间服务设施类别进行划分，认为多民族聚居城市社区居住空间应具备以下功能设施，如表3-5所示。

表3-4 高质量城市公共开放空间特征标准

特征标准	含义
识别性	具有个性特征，易于识别
社会性	基本特征，大众共创共享
舒适性	环境压力小，身心轻松，安逸
通达性	方便，既可望又可及
安全性	步行环境，无汽车干扰，无视觉死角，夜间有照明
愉悦性	有视觉趣味，环境优美，卫生
和谐性	整体谐调，有序
多样性	功能与形式灵活多样，丰富多彩
文化性	具有文化品位，有利于文明建设
生态性	尊重自然，尊重历史，保护生态

表 3-5　乌鲁木齐城市公共设施类别及细分

类别	细分项	类别	细分项
教育设施	小学	医疗设施	综合医院
	中学		专科医院
	高等院校		社区卫生服务中心
商业设施	大型商场		诊所、卫生所、医务室、护理站
	零售超市	文化设施	群艺馆
	酒店住宿		文化馆
	餐饮		文化站
	邮政局		日常活动场所
体育设施	市级体育场馆	交通设施	公交站点
	区级体育场馆		BRT 站点

　　参考两位学者所给出的标准，并考虑到多民族互嵌式社区民族结构复杂性，以及各民族间生活和交流习惯的差异等特殊性，认为多民族互嵌式社区公共环境应具备一般性标准及其自身独有的特殊性标准。其中，一般性标准指任何一个社区设立之初应当具备的最基本的居住空间环境标准，如社区应具有全部覆盖的地面，不留裸土，良好的绿化环境；具有提供作息的设施，如凉亭、座椅、长廊等；道路通达，且路面无障碍物；小区院落有专人维护，能对不良行为进行干预和防范等。多民族互嵌式社区应与一般社区相同，其居住空间环境应首先满足一般性标准。相比于民族混合居住模式和单一民族社区，多民族互嵌式社区作为不同民族共存的空间载体，具有更鲜明的文化多样性、包容性以及开放性特点。考虑到多民族互嵌式社区由于自身民族结构、生活习惯不同、交流及表达方式不同等特殊性，认为多民族互嵌式居住空间环境不仅应具备一般社区居住空间环境，还应具备有别于一般社区且有助于推动多民族间交流交往的特殊性标准。

　　综合上述多方面因素，将多民族互嵌式社区居住空间环境标准归纳如表3-6所示。其中多民族互嵌式社区安全性标准指小区门禁设备齐全，小区院落有专人维护,能够对不良行为进行干预和防范,防火防灾设施完备,能够保证居民人身财产安全;完整性标准指社区公共服务设施齐全,能够满足社区居民日常生活需求;通达性标准指社区附近有公交车站供居民出行,社区内部道路平整无障碍物,无汽车干扰,能够通向各个公共服务设施点;舒适性标准指社区环境优美、良好的绿化、无噪声或异味干扰,社区干净卫生,有定点的垃圾收集点和专人维护;信息公平性标准指社区对各民族传达政策、文化宣传、社区事务等信息,时间上应一致,信息量上应相同,表现在居住空间环境中,例如,提示或警示标语、社区宣传栏等;包容性标准指的是各民族间具有相互包容的能力,居民应相互理解彼此的文化习俗,相互尊重各民族风俗习惯,表现在居住空间环境中,应做到避免出现引发民族冲突的标志;开放性标准指社区空间的封闭程度,表明社区内居民与社区外居民交往和信息交流的便利度。

表3-6 高质量多民族互嵌式社区居住空间环境特征标准

特征标准		含 义
一般性标准	安全性	门禁设施及人员配备齐全,防火防灾设施完备,能够保证居民基本的人身财产安全,能够对不良行为进行干预和防范
	完整性	基本设施齐全,居民生活便利
	通达性	步行方便,无汽车干扰
	舒适性	环境优美,无噪声,干净卫生
特殊性标准	信息公平性	国家通用语言的宣传信息
	包容性	尊重各民族风俗习惯
	开放性	对外不封闭,对内不封锁,具有信息交换功能

借鉴马斯洛需求理论及其金字塔模型,按照多民族互嵌式社区居住空间环境标准对构建多民族互嵌的贡献由下到上依次排列,最底层居住空间环境标准为安全性标准,接下来依次为完整性标准、通达性标准、舒适性标准、信息公平性标准、包容性标准、开放性标准,其中安全性标准、完整性标准、通达性标准、舒适性标准等四项为一般性标准,信息公平性标准、包容性标准、开放性标准为多民族互嵌式社区特殊性标准,具体划分如图3-1所示。多民族互嵌

式社区居住空间环境标准由低到高,对构建多民族互嵌式社区的贡献越来越大,一般性标准是特殊性标准的基础。

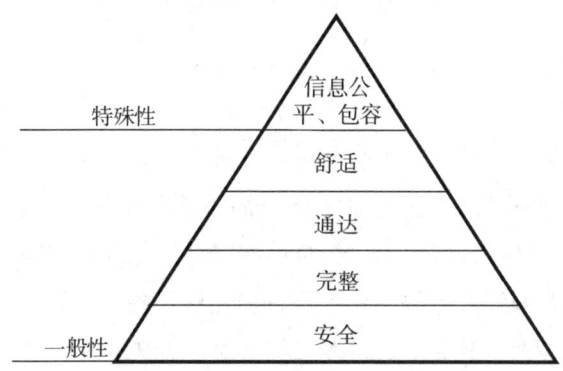

图3-1 居住空间环境标准对构建多民族互嵌式贡献图

二、典型社区居住空间环境测量

(一)测量分值构成

社区公共环境测评的综合分值构成:$E=(E_1+E_2)/2$,其中E_1、E_2分别为主观满意度和客观条件事实综合得分。

(二)测量指标构建

结合郭恩章和雷军两位学者的研究,根据典型社区居住空间环境不同标准,确定居住空间环境测评指标,包括主观指标和客观指标两个部分,如表3-7和表3-8所示。

表3-7 典型社区居住空间环境满意度测量指标

一级指标	二级指标
主观满意度	居民对社区幼儿园或托儿所的满意度
	居民对社区卫生站等医疗设施的满意度
	居民对社区老年活动中心等场所的满意度
	居民对社区附近养老机构的满意度
	居民对社区图书室、阅览室的满意度

续表

一级指标	二级指标
主观满意度	居民对社区附近公交车站或BRT车站的满意度
	居民对社区商超设施的满意度
	居民对社区附近大型市场、商场的满意度
	居民对社区休闲场所（小广场、健身器材等）的满意度
	居民对社区整体绿化环境的满意度
	居民对社区整体噪声情况的满意度
	居民对社区整体卫生环境的满意度
	居民对社区整体道路交通的满意度
	居民对社区整体物业服务的满意度

表3-8 典型社区居住空间客观环境测评指标

一级指标	二级指标
居住空间客观环境	社区内有无幼儿园或托儿所；是否超出服务半径
	社区内有无卫生站等医疗设施；是否超出服务半径
	社区内有无老年活动中心等场所；是否超出服务半径
	社区附近有无养老机构；是否超出服务半径
	社区内有无图书室、阅览室；是否超出服务半径
	社区附近有无公交车站或BRT车站；是否超出服务半径
	社区内有无商超设施；是否超出服务半径
	社区附近有无大型市场、商场；是否超出服务半径
	社区内有无休闲场所（小广场、健身器材等）；是否超出服务半径
	社区内有无绿化，绿化面积
	社区内有无噪声情况
	社区内有无垃圾回收点（垃圾桶、垃圾箱等）
	社区内整体道路交通情况，有无障碍

续表

一级指标	二级指标
居住空间客观环境	社区内有无物业服务，有无专人维护
	社区内有无信息宣传栏
	门禁准入条件：门禁卡、身份证、登记、无
	社区内有无公厕，数量

（三）确定权重

1. 主观满意度权重

通过问卷调查223位社区居民，使其对以下指标依次打分并取得各项主观指标的平均值具体方法如下：

设计权重评分问卷（见附录2），其中14项主观指标包括"社区幼儿园对居住空间环境的贡献（M_1）""社区卫生站对居住空间环境的贡献（M_2）""社区老年活动中心对居住空间环境的贡献（M_3）""社区附近养老机构对居住空间环境的贡献（M_4）""社区图书室、阅览室对居住空间环境的贡献（M_5）""社区附近公交车站或BRT车站对居住空间环境的贡献（M_6）""社区商超设施对居住空间环境的贡献（M_7）""社区附近大型市场或商场对居住空间环境的贡献（M_8）""社区休闲场所对居住空间环境的贡献（M_9）""社区整体绿化对居住空间环境的贡献（M_{10}）""社区整体噪声对居住空间环境的贡献（M_{11}）""社区卫生情况对居住空间环境的贡献（M_{12}）""社区整体道路对居住空间环境的贡献（M_{13}）""社区整体物业服务对居住空间环境的贡献（M_{14}）"。

根据标准差系数公式取以上14项指标的标准差系数，如表3-9所示。计算公式为：

$$x = \sqrt{\frac{\sum_{i=1}^{n}(R_i - \bar{R})^2}{n-1}} \qquad (3-1)$$

R_i指每一个调查对象对第i个指标所打的分数，$\bar{R}$指第i个指标所得分数的均值，n 指指标个数，这里 n 为常数 14。

表 3-9 乌鲁木齐市典型社区居住空间环境主观指标标准差系数

指标	含 义	x
M_1	社区幼儿园对居住空间环境的贡献	10.27
M_2	社区卫生站对居住空间环境的贡献	9.46
M_3	社区老年活动中心对居住空间环境的贡献	9.47
M_4	社区附近养老机构对居住空间环境的贡献	10.05
M_5	社区图书室、阅览室对居住空间环境的贡献	10.71
M_6	社区附近公交车站或 BRT 车站对居住空间环境的贡献	9.80
M_7	社区商超设施对居住空间环境的贡献	9.04
M_8	社区附近大型市场或商场对居住空间环境的贡献	9.59
M_9	社区休闲场所对居住空间环境的贡献	8.93
M_{10}	社区整体绿化对居住空间环境的贡献	9.01
M_{11}	社区整体噪声对居住空间环境的贡献	10.25
M_{12}	社区卫生情况对居住空间环境的贡献	8.94
M_{13}	社区整体道路对居住空间环境的贡献	9.10
M_{14}	社区整体物业服务对居住空间环境的贡献	10.11

根据所得标准差系数，运用和积法得出 14 项主观指标权重，参见表 3-10：

表 3-10 乌鲁木齐市典型社区居住空间环境主观指标权重

指标	含 义	权重
M_1	社区幼儿园对居住空间环境的贡献	0.08
M_2	社区卫生站对居住空间环境的贡献	0.07
M_3	社区老年活动中心对居住空间环境的贡献	0.07
M_4	社区附近养老机构对居住空间环境的贡献	0.07
M_5	社区图书室、阅览室对居住空间环境的贡献	0.08
M_6	社区附近公交车站或 BRT 车站对居住空间环境的贡献	0.07

续表

指标	含义	权重
M_7	社区商超设施对居住空间环境的贡献	0.07
M_8	社区附近大型市场或商场对居住空间环境的贡献	0.07
M_9	社区休闲场所对居住空间环境贡献	0.07
M_{10}	社区整体绿化对居住空间环境的贡献	0.07
M_{11}	社区整体噪声对居住空间环境的贡献	0.08
M_{12}	社区卫生情况对居住空间环境的贡献	0.07
M_{13}	社区整体道路对居住空间环境的贡献	0.07
M_{14}	社区整体物业服务对居住空间环境的贡献	0.08

2. 客观环境权重

通过观察法和访谈法对乌鲁木齐市各典型社区居住空间环境进行调查，针对典型社区居住空间环境中包含的各项功能设施的"有"与"无"，以及超出服务半径的"是"与"否"等客观情况，属于逻辑关系中的"非此即彼"的客观事实问题，该部分权重为一级权重：有（是）= 1，无（否）= 0；针对典型社区居住空间环境中各项功能设施的距离远近问题，根据上文社区居民对各项功能设施在构建多民族互嵌式社区过程中所体现的贡献程度进行打分所得权重同样适用于该部分，因此将上文测评出的主观满意度权重作为客观环境部分的二级权重，如表3-11所示。

表3-11 乌鲁木齐市各典型社区居住空间环境客观指标权重

指标	M_1	M_2	M_3	M_4	M_5	M_6	M_7	M_8	M_9	M_{10}	M_{11}	M_{12}	M_{13}	M_{14}
一级权重	有（是）= 1，无（否）= 0													
二级权重	0.08	0.07	0.07	0.07	0.08	0.07	0.07	0.07	0.07	0.7	0.07	0.07	0.07	0.08

（四）定性赋值

总分赋值：对社区公共环境测评分值设定为0~5分，按分值区间划分为以下几类：评分值小于1分表示社区公共环境很差，不具备多民族互嵌式社区构建外部环境条件；评分值大于等于1分，但小于2分表示社区公共环境较差，具有较差的多民族互嵌式社区构建外部环境条件；评分值大于等于2分，但小于3分表示社区公共环境一般，但已经具备了基本的多民族互嵌式社区构建外部环境条件；评分值大于等于3分，但小于4分表示社区公共环境为优，具有较好的多民族互嵌式社区构建外部环境条件；评分值在4分以上表示社区公共环境很优，具有很好的多民族互嵌式社区构建外部环境条件，详情如表3-12所示。其中，社区公共环境居民主观满意度部分赋值设置情况如下：A选项=5分；B选项=4分；C选项=3分；D选项=2分；E选项=1分；F选项=3分。

表3-12 乌鲁木齐市多民族互嵌式社区居住空间环境评分等级划分

等级	分值区间	分值说明
极差	[0, 1]	社区居住空间环境很差，不具备多民族互嵌式社区构建外部环境条件
差	(1, 2]	社区居住空间环境较差，具有较差的多民族互嵌式社区构建外部环境条件
中	(2, 3]	社区居住空间环境一般，但已经具备基本的多民族互嵌式社区构建外部环境条件
良	(3, 4]	社区居住空间环境较优，具有良好的多民族互嵌式社区构建外部环境条件
优	(4, 5]	社区居住空间环境很优，具有很好的多民族互嵌式社区构建外部环境条件

客观现实部分赋值设置情况如下，具体居住空间环境客观打分表，参见附录2：服务半径距离赋值情况：A选项=5分；B选项=4分；C选项=3分；D选项=2分；E选项=1分。绿化率赋值（标准值）：低于5%=1分；6%~10%=2分；11%~15%=3分；16%~20%=4分，高于20%=5分。参照国际标准化组织（ISO）推荐的噪声基数：30dB~40dB，将社区噪声分贝赋值：低于30dB=5分；30dB~40dB=4分；41dB~50dB=3分；51dB~60dB=2分；61dB以上=1分。根据《城镇环境卫生设施设置标准CJJ27—2005》标准规定社区垃圾回收定点（包

括垃圾桶、垃圾箱）距离：商业、金融业街道：50~100m；主干路、次干路、有辅道的快速路：100~200m；支路、有人行道的快速路：200~400m。因此，社区垃圾箱或垃圾回收点赋值如下：100m 以内=5 分；101~200m=4 分；201~300m=3 分；301~400m=2 分；大于 400m=1 分。根据调解社区不同民族居民间矛盾的数量对社区居住空间包容性指标进行客观赋值：每月 0 起=5 分；每月 1 起=4 分；每月 2~3 起=3 分；每月 4~5 起=2 分；每月 5 起以上=1 分。根据社区门禁准入条件确定社区居住空间环境开放性标准赋值：无=1；门禁卡准入=2；身份证=3；登记=4。通过以上赋值求和计算出各小区居住空间环境客观得分，以均值作为最终得分。

（五）模糊综合评价法

模糊综合评价法是一种基于模糊数学的综合评价方法。该综合评价法根据模糊数学的隶属度理论把定性评价转化为定量评价，即用模糊数学对受到多种因素制约的事物或对象做出一个总体的评价。它具有结果清晰、系统性强的特点，能较好地解决模糊的、难以量化的问题，适合各种非确定性问题的解决。

隶属度 r_{ij} 指多个评价主体对某个评价对象，在第 i 个主观满意度指标下做第 j 等级评价的可能性程度，对社区公共环境居民主观满意度部分赋值设置情况如下：A 选项=5 分；B 选项=4 分；C 选项=3 分；D 选项=2 分；E 选项=1 分；F 选项=0 分。因此，居住空间环境主观满意度测评中，将隶属度矩阵记为 R：$R=(r_{ij})14*6$，其中 $i=(1,2,3\cdots14)$，$j=(1,2,3,4,5,6)$

评价项目权重向量记为 W，且 $W=(w_i)1*14=(0.08, 0.07, 0.07, 0.07, 0.08, 0.07, 0.07, 0.07, 0.07, 0.7, 0.07, 0.07, 0.07, 0.08)$

评价等级分值向量记为 D，且 $D=(d_j)1*6=(1, 2, 3, 4, 5, 3)$

则有综合隶属度向量 $S=W \cdot R$；而综合得分 $U=S \cdot DT$。

通过上述测量方法，关于多民族互嵌式社区居住空间环境，得出以下测量结果，如表 3-13 所示。

表 3-13 乌鲁木齐市多民族互嵌式社区居住空间环境测量结果

社区名称	抽样小区	主观综合得分 E_1	客观综合得分 E_2	综合得分 $E=(E_1+E_2)/2$
永昌社区	永昌小区	3.66	1.47	2.57
永泰社区	香郡原筑	3.29	1.88	2.59
人民路南社区	国际置地	3.49	1.48	2.49
三山社区	宏大西区	4.89	1.88	3.39
三山社区	幸福花园	3.35	2.85	3.10
团结东路社区	团结东路小区	4.16	1.51	2.84
宽北巷社区	建中小区	3.87	1.85	2.86
宽北巷社区	青海寺小区	3.48	1.64	2.56
农科院社区	农科院小区	3.53	1.47	2.50
农大社区	农大小区	3.61	2.34	2.98
老满城社区	盛世嘉园	3.41	1.83	2.62
锦苑社区	银河新城	3.62	2.85	3.24
友谊北路社区	万豪佳苑	3.68	2.11	2.90
融睦社区	港湾小区	3.72	1.24	2.48
乐业社区	荷兰小镇	3.42	2.41	2.92
振兴社区	丽水小区	3.25	2.53	2.89
达坂城镇	—	3.53	1.92	2.73

三、典型社区居住空间环境评价

（一）乌鲁木齐市典型社区居住空间特征

根据上述测量结果，对乌鲁木齐市多民族互嵌式社区居住空间环境测量结果进行简单的描述性统计，如表 3-14 所示，得出以下几点关于典型社区居住空间环境特征。

表 3-14　多民族互嵌式社区居住空间环境测量结果描述性统计

	N	极小值	极大值	均值	标准差	标准差系数
主观综合得分	17	3.25	4.89	3.6447	0.38950	0.1069
客观综合得分	17	1.24	2.85	1.9565	0.49089	0.2509
综合得分	17	2.48	3.39	2.8035	0.27180	0.0970

主观满意度普遍较优。大部分典型社区居民对乌鲁木齐市多民族互嵌式社区居住空间环境满意度在3~4分之间，表示乌鲁木齐市居民对其所居社区居住空间环境有着较高的评价。

客观环境评分差距较大。乌鲁木齐市多民族互嵌式社区客观环境评分极差为1.24分，最高评分为2.85分，表示乌鲁木齐市各典型社区居住空间环境良莠不齐，存在较大的差距。

综合得分居中。通过一系列的测评，乌鲁木齐市各典型社区居住空间环境评价综合得分标准差系数仅为0.097，表明各典型社区综合得分较为集中，差距较小。而乌鲁木齐市各典型社区居住空间环境评价综合得分均值为2.8分，居于2~3分之间，表示大部分社区已经具备了基本的多民族互嵌式社区构建外部环境条件。

(二) 乌鲁木齐市典型社区居住空间环境测量分析

由此，我们对乌鲁木齐市多民族互嵌式社区居住空间环境做出以下几点分析：

首先，自建房小区、新建小区社区居住空间基础设施有待补充和完善。客观环境评分较低的社区有永昌小区、团结东路小区、香郡原筑小区，其中永昌小区、团结东路小区属于自建房小区。自建房小区的入住居民多为各个民族的租住户，该群体白天忙于生计，回到住所休息，对居住空间环境的要求不高，由于问卷答题主观性较强，因此满意度评价主观性较高，结果客观性稍弱，尤其是团结东路小区，评分高达4.16分，但在客观环境评分方面就表现得不尽如人意了。例如，永昌小区、团结东路小区两处自建房小区绿化面积几乎为零，小区内部道路狭窄且经常被私家车占用，邻里间交流频率较低。通过观察和访谈了解到永泰社区辖区下的香郡原筑小区为新建小区，目前入住率还不到50%，小区居住空间环境尚未健全，部分必要的居住空间设施存在缺失，小区一侧建设有火车轨道，噪声干扰较大，居民在问卷中主观满意度部分评价普遍偏低。

其次，老旧小区居住空间服务设施有待修整和更新。青海寺小区、港湾小区（筒子楼）属于典型的老旧小区，基本上有着良好的绿化环境，邻里关系也较为和谐，相比于新建小区，老旧小区社区公共设施一般比较齐全，但是由于年久失修，很多设备处于停用状态，无法投入使用。通过居住空间环境客观测评得出的结果也充分验证了这一点，例如，港湾小区（筒子楼）中的文体活动设施破损较严重，大多处于停用状态，也有社区居民表示小区道路凹凸不平，雨天积水现象严重，给居民出行带来很大的不便。青海寺小区居住空间环境客观测评不足同样表现在小区道路方面，该小区道路狭窄，停车空间有限，负载过重，小区人行道常常被私家车占用。此外，由于空间有限，小区内楼间距较小，采光受到影响，楼道内光线较暗，容易造成碰撞或给人以压迫感，据调研成员描述，这种狭窄昏暗的楼道给人的感觉并不舒服，也不想做过多的逗留。

再次，单位型社区民族结构有待调整。农科院社区、农大社区均属于单位型社区，在调研过程中，无论是居民满意度还是客观环境记录情况，均属于良好。主要原因在于，单位型社区中，人们具有工作人员和居民的双重身份，居住空间环境与居民小区居住空间共享，既实现了居住空间环境使用最大效率，又能同时提供给人们良好的工作环境及居住环境。因此，认为单位型社区一般具有良好的构建多民族互嵌式社区的居住空间环境基础。但单位型社区居住空间环境主要考虑到其单位属性，民族结构体现出"汉多民少"的特点，居住空间环境的营造更加注重追求效率、简洁、中性，较少考虑民族文化的融合。

最后，多民族互嵌式社区需要足够的户外居住空间。民族社区居住空间过于紧凑，造成居住空间挤占、争抢，易引发不同族群间的矛盾。宽北巷社区下的青海寺小区位于天山区二道桥附近，属于典型的民族社区，主要居民为维吾尔族，其次是回族居民，汉族居民极少。据调查发现，该小区楼间距较小，所谓的小区其实就是一个由五栋楼围成的小院，除了小区入口，小区内部几乎没有空地，公共地区的狭窄使得居民间可能因此会发生口角，居民在对其居住空间环境测评中也验证了这一点。由此，我们对户外居住空间做出以下判断：充足的户外居住空间对多民族互嵌式社区居民间的矛盾有一定的缓冲作用。

第三节　基于形式上的社区互嵌性测评

一、互嵌式社区形式互嵌标准

形式互嵌是针对各民族在空间结构上形成的居住格局而提出的，是指多民族互嵌式社区内部各民族居民在空间上按一定比例进行混合居住的状态，来仪（2015）对民族互嵌式社区内涵进行了探究，同样认为多民族互嵌式社区居住模式首先应达到形式上的互嵌，即一种多民族间你中有我、我中有你的混杂居住状态。它是内涵互嵌的空间基础，也是多民族互嵌式社区得以构建的前提，更是各民族彼此相处的一种空间条件设定。对形式互嵌的研究，主要从乌鲁木齐市典型社区各民族空间结构进行分析，认为典型社区居民的民族比例能够达到乌鲁木齐市民族比例标准，则可称之为最符合各民族互嵌式社区构建的空间居住格局，即最优形式互嵌。

对多民族互嵌式社区的形式互嵌标准，主要从"市—市区—街道—社区—小区—楼栋—单元楼"七个层面上的民族结构接近程度进行界定，从小单位向大单位进行逆推。逆推的研究思路在于：在大单位和大环境民族结构短时间难以大幅度变动或改善的情况下，通过小单位形式互嵌向大单位层级递进，来反映乌鲁木齐市典型社区的形式互嵌性。不强求小单位形式互嵌在构建之初就满足乌鲁木齐市整体民族结构，而要求小单位在上一级单位民族结构框架内，满足形式互嵌条件后，并向上一级单位递进，以此类推，最终完成大单位层面上的形式互嵌，民族结构逆推图如图3-2所示。

形式互嵌逆推应遵循以下要求：第一，各层级单位从小到大依次类推。单元楼民族结构应与各小区楼栋的民族结构无限接近，表明在单元楼层面上，达到最优形式互嵌；小区各楼栋民族结构应与其所在小区的民族结构无限接近，

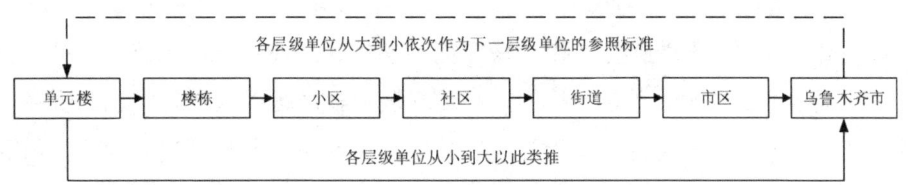

图 3-2　各层级间民族结构接近程度逆向推理图

表明在楼栋层面上，达到最优形式互嵌；小区民族结构应与其所在社区的民族结构无限接近，表明在小区层面上，达到最优形式互嵌；社区民族结构应与其所在街道民族结构无限接近，表明在社区层面上，达到最优形式互嵌；各街道民族结构应与其所在市区民族结构无限接近，表明在街道层面上，达到最优形式互嵌；各市区民族结构应与乌鲁木齐市整体民族结构无限接近，表明在市区层面上，达到最优形式互嵌。第二，以上各层级间民族结构接近程度彼此无关联，在比较的过程中互不影响。例如，社区层面上，即便某街道与其所在市区民族结构差异较大，没有达到理想的形式互嵌，但该社区与其所在街道民族结构无限接近，也可认定该社区民族结构已达到形式互嵌；当某街道与其所在市区民族结构差异较大，该社区与其所在街道民族结构差异较大，却与其所在市区民族结构无限接近，也不可认定该社区民族结构已达到形式互嵌。

民汉比例引用的目的在于测量典型社区是否满足多民族社区要求，从而进一步进行互嵌性研究，单一民族社区没有多民族互嵌社区构建的先决条件，因此不是研究对象，应在前期抽样环节被剔除。形成以下基本逻辑判断，多民族互嵌式社区内各层级居民民汉比例应与乌鲁木齐市居民民汉比例相接近，接近程度越高，形式互嵌性测评越优。

此外，考虑到民族比例在宏观层面上（市区、街道、社区）能够较好地反映大尺度层面上的各民族空间结构，在微观层面上（住宅楼栋、单元楼）则表现力不足，例如，一栋六层楼高一梯三户的单元楼中有三户少数民族住户，其民汉比为1∶6，单从数据上我们认为符合基本民族结构，但事实上这三户少数民族住户可能是不同少数民族各一户，也可能是某一少数民族三户，无法准确判断该单元楼中各民族空间结构是否按形式互嵌要求分布。因此除民汉比例外，引用王希恩（2016）"拼盘"和"马赛克"来反映居住融合的思路，以社区住宅楼楼栋各民族住户为单位，绘制多民族互嵌式社区各民族居住结构马赛克分布图，马赛克分布图的优点在于直观、简洁，缺点在于数据精确到住户，信息收集有难度。图3-3为理想状态下十二层一梯三户单元楼中各民族居住分布结构图，整个图表示一个单元楼，其中每个单元格表示一户，各民族住户由不同图标进行标记。当马赛克图案中五种色块齐全且分布均匀表明该住宅楼各民族空间居住结构为多民族混居结构，已形成很好的形式互嵌，反之表明该住宅楼各民族空间居住结构为同族聚居结构，尚未形成合格的形式互嵌。

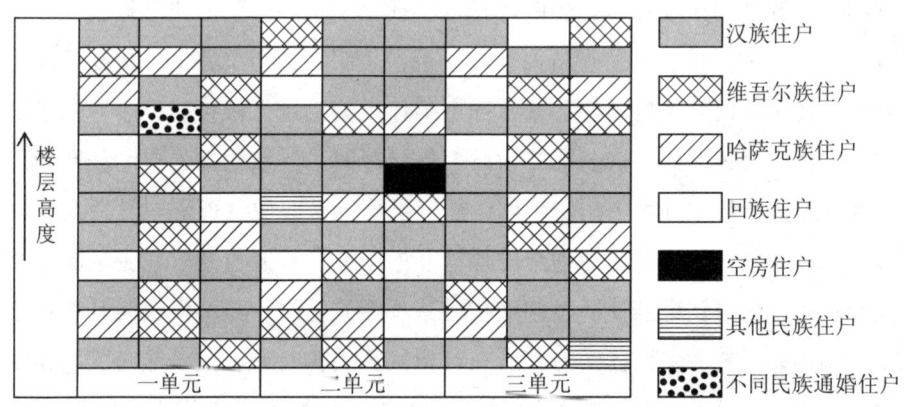

图3-3 多民族互嵌式社区各民族居住结构马赛克分布图

二、典型社区形式互嵌测量

（一）民汉比例测量

通过问卷调查获取各典型社区各民族人口相关数据，结合《2017年乌鲁木齐统计年鉴》中最新民汉比例数据（1：2.86），计算出各层级之间的接近度，以此测量各典型社区总体民汉比例是否符合标准，形式互嵌测量部分，从各区中选取其中1~2个小区进行测量。此外，为了准确反映测量结果，对部分缺失数据进行剔除，如达坂城区选取的农村社区数据不足，因此在形式互嵌测量部分将达坂城区进行剔除，各小区楼栋数量以数据完整的楼栋为准，对数据有缺失的楼栋进行剔除。测量结果如表3-15至表3-19所示。

表3-15 小区单元—楼栋间民族结构接近程度表

市区	抽样小区	楼栋数量及民汉比（民汉比取中值）		单元数量及民汉比（民汉比取中值）		民汉比接近度
经开区	永昌小区	4	1∶12	—*	1∶9	0.33
天山区	宏大西区	10	1∶2.5	36	1∶6	0.58
天山区	建中小区	5	1∶0.5	19	1∶0.28	0.80
	青海寺小区	3	1∶0.18	11	1∶0.2	0.12
沙依巴克区	农科院小区	24	1∶6.6	52	1∶12	0.45
新市区	银河新城	26	1∶12	104	1∶12	0.00
米东区	丽水小区	8	1∶20	32	1∶22	0.09

注：*表示该社区为自建房社区，无单元划分。

表3-16 楼栋—小区间民族结构接近程度表

市区	抽样小区	小区整体民汉比	楼栋数量及民汉比（民汉比取中值）		民汉比接近度
经开区	永昌小区	1∶8	4	1∶12	0.33
天山区	宏大西区	1∶6	10	1∶2.5	1.40
天山区	建中小区	1∶0.14	5	1∶0.5	0.71
	青海寺小区	1∶0.17	3	1∶0.18	0.05
沙依巴克区	农科院小区	1∶13	24	1∶6.6	0.97
新市区	银河新城	1∶14	26	1∶12	0.17
米东区	丽水小区	1∶20	8	1∶20	0

数据来源：调研数据。

表 3-17　小区—社区间民族结构接近程度表

市区	典型社区	抽样小区	社区民汉比	小区民汉比	民汉比接近度
经开区	永昌社区	永昌小区	1∶4	1∶8	0.50
天山区	三山社区	宏大西区	1∶4.5	1∶6	0.25
天山区	宽北巷社区	建中小区	1∶0.43	1∶0.14	2.04
天山区	宽北巷社区	青海寺小区	1∶0.43	1∶0.17	1.61
沙依巴克区	农科院社区	农科院小区	1∶13	1∶13	0.00
新市区	锦苑社区	银河新城	1∶11	1∶14	0.21
米东区	振兴社区	丽水小区	1∶9	1∶20	0.55

数据来源：调研数据。

表 3-18　社区—街道间民族结构接近程度表

市区	抽样街道	典型社区	街道民汉比	社区民汉比	民汉比接近度
经开区	友谊东路片区管委会	永昌社区	1∶2.5*	1∶4	0.375
天山区	和平路社区管委会	三山社区	1∶3*	1∶4.5	0.33
天山区	二道桥片区管委会	宽北巷社区	1∶0.45*	1∶0.43	0.03
沙依巴克区	八一街道办事处	农科院社区	1∶3.8*	1∶13	0.83
新市区	银川路街道办事处	锦苑社区	1∶4.5*	1∶11	0.59
米东区	古牧地东路街道办事处	振兴社区	1∶2.4*	1∶9	0.73

数据来源：调研数据；*表示 2011 年乌鲁木齐市人口普查数据。

表 3-19　街道—市区—乌鲁木齐市区民族结构接近程度表

市区	抽样街道	市区民汉比	街道民汉比	街道—市区民汉比接近度	市区—乌市民汉比接近度
经开区	友谊东路片区管委会	1∶4	1∶2.5	0.60	0.29
天山区	和平路社区管委会	1∶1.45	1∶3	0.52	0.97
天山区	二道桥片区管委会	1∶1.45	1∶0.45	2.25	0.97

续表

市区	抽样街道	市区民汉比	街道民汉比	街道—市区民汉比接近度	市区—乌市民汉比接近度
沙依巴克区	八一街道办事处	1∶4.1	1∶3.8	0.079	0.30
新市区	银川路街道办事处	1∶5	1∶4.5	0.11	0.43
米东区	古牧地东路街道办事处	1∶2	1∶2.4	0.17	0.43

（二）住宅楼民族空间马赛克分布图

由于绘制民族空间马赛克分布图的信息必须十分精确，精确到各个住户的民族类别，数据庞大且获取难度较高，在各种不同类型社区中选取一个样本（宏大西区、农科院小区、盛世嘉园小区、清海寺小区、建中小区），绘制民族空间马赛克分布图，如图3-4至图3-8所示。

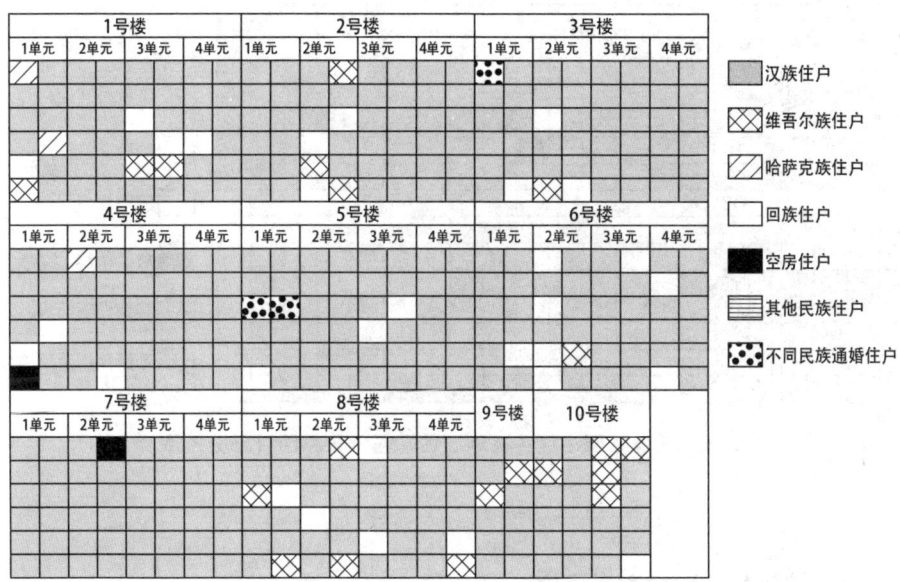

图3-4 宏大西区各民族居住马赛克分布图

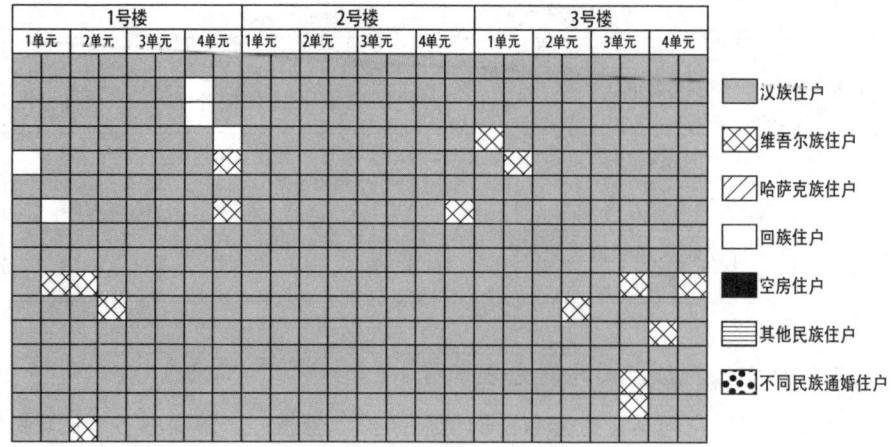

图 3-5 农科院小区各民族居住马赛克分布图（部分选取）

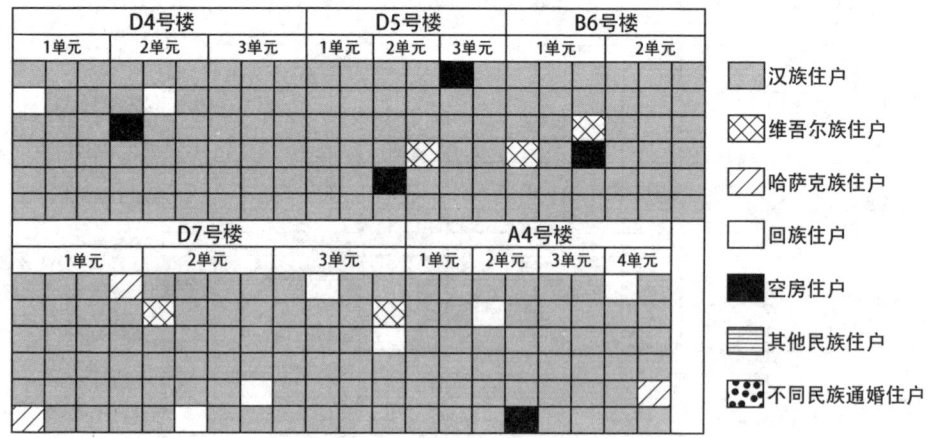

图 3-6 盛世嘉园小区各民族居住马赛克分布图（部分选取）

三、典型社区形式互嵌评价

（一）民汉比例测量评价

通过测量，各典型社区在"市—市区—街道—社区—小区—楼栋—单元楼"七个层面上主要表现纵向和横向两方面的民族结构特点。

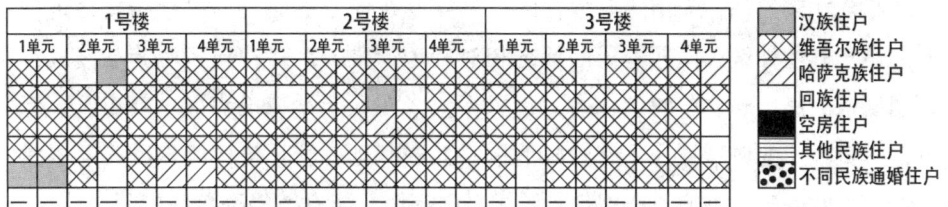

图 3-7 青海寺小区各民族居住马赛克分布图（部分选取）

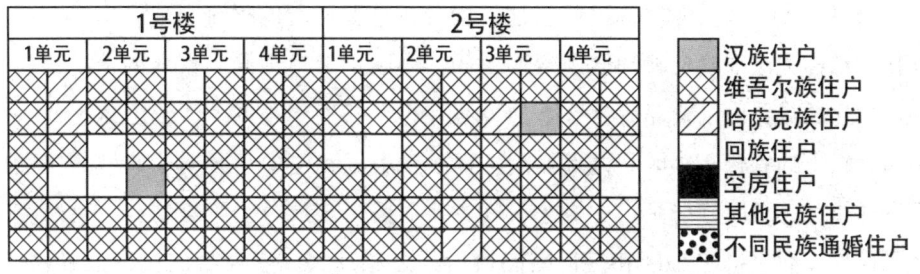

图 3-8 建中小区各民族居住马赛克分布图

纵向比较发现：市区层面，经开区和沙依巴克区民族结构最接近乌鲁木齐市整体民族结构，是各市区中形式互嵌最优的市区，天山区民族结构显示少数民族聚居，民汉比例远大于乌鲁木齐市整体民汉比，形式互嵌较差。街道层面，二道桥片区民族结构与天山区整体相比仍然较高；八一街道、银川路街道、古牧地东路街道民族结构最优。社区层面，各典型社区民族结构在街道民族结构框架下表现良好，接近度均小于1，二道桥片区下的宽北巷社区与街道民族比较接近度为0.03，说明天山区居民的居住融合由社区层面开始，同族聚居的现象相比于街道层面和市区层面大幅度降低，天山区居民最终是否达到良好的形式互嵌，还要进一步从小区层面上进行分析。小区层面，宽北巷社区下的青海寺小区和建中小区民族结构居高，结合社区层面的情况，说明少数民族居民在社区层面上按比例进行的分散，但在社区内部，即小区层面上，同族聚居的现象又重新出现，主要表现在单元楼内的分布现象。事实上实现楼栋及单元层面的多民族互嵌是各小区均达到构建多民族互嵌式社区的基本形式互嵌基础。

横向比较发现：天山区典型社区形式互嵌在各个层面上的民族结构接近度普遍高于其他社区，同族聚居的情况相对较为严重，距离构建多民族互嵌式社区所要求的民族居住空间结构有一定差距。米东区、沙依巴克区、新市区、经开区等市区下的典型社区具有较好的形式互嵌基础，已具备构建多民族互嵌式社区的空间基础，可通过合理改善居住空间环境，能有效促进各民族间的情感、增加心理认同，最终实现各族居民间交流交往交融。

（二）居住结构马赛克分布图评价

通过各个小区单元楼各民族居住结构分布情况，可以很直观地看出，在民汉比例结构无法准确反映的微观层面，部分小区仍然呈现同族聚居的情况，表现最明显的是天山区宽北巷社区下的青海寺小区和建中小区、沙依巴克区八一街道管辖下的农科院小区和盛世嘉园。青海寺小区和建中小区属于典型的民民互嵌式小区，即汉族居民占比极小，其主要居民民族成分为维吾尔族、哈萨克族和回族。而农科院小区和盛世嘉园恰恰与之相反，属于典型的民嵌汉社区，即汉族居民为主要住户，少数民族居民极少。各民族居住结构分布情况与理想状态分布图（图3-3）最接近的是三山社区下的宏大西区，属于民汉互嵌社区，具有良好的形式互嵌，有利于进一步构建内涵互嵌。

通过居住结构马赛克分布图，直观地验证了民汉比例在社区及小区层面的测量具有一定的准确性，未出现较大误差，即少数民族居民在社区层面上按比例进行的分散，但在社区内部，即小区层面上，同族聚居的现象又重新出现。

由此，我们对乌鲁木齐市各典型社区形式互嵌做出以下几点分析：

首先，乌鲁木齐市少数民族主要分布于城南地区，汉族较多分布于城北地区。通过对乌鲁木齐市各典型社区在"市—市区—街道—社区—小区—楼栋—单元楼"七个层面上的民族结构进行测量，发现乌鲁木齐市整体民族结构空间分布格局较为不均衡，以天山区二道桥片区为界，南边主要以维吾尔族、回族、哈萨克族聚居为主，北边则汉族居多，例如，天山区隶属于宽北巷社区管辖的建中小区和青海寺小区民汉比分别高达1∶0.14和1∶0.17。

其次，大单位互嵌的表象下仍然存在小单位分异的实质。这个问题在二道桥片区管委会管辖下的宏大西区表现得最为突出：市区层面，天山区民族结构

（民汉比为 1∶1.45，与乌鲁木齐市民汉比接近度为 0.97）显示该市区民族结构处于较优状态，与乌鲁木齐市整体民族结构相近，有着良好的形式互嵌基础。街道层面，二道桥片区管委会的民汉比为 1∶0.45，表明从街道层面开始，人群以民族为划分形成了分流，少数民族开始偏好同族聚居，社区层面这种聚居偏好有增无减，宽北巷社区民汉比高达 1∶0.43，而小区层面同族聚居现象开始加剧，建中小区和清海寺小区民汉比则分别高达 1∶0.14 和 1∶0.17，这一点在居住结构马赛克分布图中也得到了很好的验证。

最后，政策对民族结构的调整作用有限，需辅以经济手段加以诱导。据了解，天山区部分社区对居民族别比例有所限制，受政策影响，天山区在社区层面上出现较低的民族结构接近度，对各民族结构进行人为引导和限制，但是社区内部居民还是选择同族聚居，在本民族聚居较多的地区择居。三山社区包户人员同样反映，该社区对民族比例有所限制，但无法干预房主私下买卖或出租自己的房屋，反映在包户人员台账上的信息很可能是房主信息，而实际居住的可能是二手房房主或租客。因此，相比于单纯的行政手段，根据市场导向性进行经济调节手段，例如，A 民族若想在本民族名额饱和的社区购置房屋，则需缴纳高额的房价，反之则进行相应的补贴或优惠，以此来达到调节多民族互嵌式社区民族结构的目的。

第四节　基于内涵上的社区互嵌性测评

一、互嵌式社区内涵互嵌标准

多民族互嵌，并不仅仅是各民族形式上的相邻而居，空间上的互嵌并不足以说明各民族同胞间有了文化和心理上的交融。形式互嵌是内涵互嵌的基础和前提条件，而内涵互嵌则是形式互嵌的最终目的，形式互嵌是各民族形成深层次情感认同的铺垫和前提条件。内涵互嵌要求各民族间通过各种活动和组织，消除彼此隔阂、心理壁垒，形成关系融洽、相互尊重、相互帮助和交流情感的共同体，社区居民对社区具有强烈的认同感、归属感和责任感。正如来仪（2015）所言，相比于形式互嵌，"社区居民彼此在心理和情感方面的彼此认同，是一个需要耗费时间去实现的社会工程，表现在社区不同民族居民的交往中，平等、团结、互助、彼此尊重、理解、信任、诚信、宽容等成为大家共同追求的待人之道，各种民族文化能够共存、兼容并蓄，大家和睦共处、和衷共济，这是由人心萌发的愿望、习惯和个人素养的积累，只有在这样的居民个体关系上，民族之间的良好关系才能够得到建立，而这一点才是互嵌式社区建设的灵魂"。

交往交流是文化、心理和情感认同最直接的外在表现形式，没有文化、心理和情感上的认同，人与人之间就不存在积极的交流交往。反之，人与人之间则存在良好的交往交流等互动活动，且交往程度随着认同的深入呈稳定增长趋势，并不断加深。通过对各民族间交往情况的了解，来反映社区居民间的互嵌程度具有简单、直接明了的特点，相比于心理层面、文化层面、精神层面，各民族间的交往情况更容易量化，更有助于对多民族互嵌式社区内涵互嵌进行测量。因此，研究以多民族互嵌式社区中各民族在社区居住空间内发生的交往主动性、交往频率、交往内容、交往程度等内容作为测量内涵互嵌性的标准，认为各民族间存在交往活动，且各类交往指标在融合指数计算结果中越接近1，就越符合内涵互嵌的标准。

二、典型社区内涵互嵌测量

（一）测量方法

根据不同民族在社区居住空间中交往主动性、交往频率、交往内容、交往程度等问卷内容，得到典型社区各民族间交往情况，通过梳理各民族数据并进行分组，运用融合指数对不同社区各民族交往程度进行测算。融合指数，用于测算多个族群间相互交往程度。计算公式为：

$$mP_n^* = \sum_{i=1}^{1} \left| \frac{n_{im}}{N_m} \cdot \frac{n_{in}}{N_i} \right| \tag{3-2}$$

mP_n^* 指少数族群 m 成员接触多数族群 n 成员的程度，i 表示族群 m 中第 i

组成员，n_{im} 表示 m 族群中第 i 组成员数量，n_{in} 表示 n 族群中第 i 组成员数量，N_m 表示总人群中 m 族群的数量，N_i 表示总人群中 i 组成员的数量。mP_n^* 值在 0 至 1 之间，数值越大表示两个族群之间融合程度越高。

i 为问卷交往态度、交往主动性及频率、交往内容、交往程度等部分中各选项，$i=1，2，3，4，5，6，7$；m 分别为汉族、维吾尔族、哈萨克族、回族、其他少数民族，$m=1，2，3，4，5$，表示不同民族与除本民族以外的其他民族之间的交往程度。

（二）指标构建

根据"交往主动性、交往频率、交往内容、交往程度等"指标将问卷提问设计进行归纳划分，梳理后得到表 3-20，为了内容简洁，方便阅读，对与各指标相关的问卷提问由 N_1—N_{14} 进行编号。

表 3-20　乌鲁木齐市多民族互嵌式社区内涵互嵌测评问卷指标

指标类型	问卷提问设计	编号
交往态度	您和其他民族同胞交往态度	N_1
	您对您的小孩和其他民族小孩玩耍态度	N_2
	您对您家老人和其他民族老人交往的态度	N_3
交往主动性及频率	您与同民族邻居、其他民族邻居见面通常是由谁先打招呼	N_4
	您邀请同民族邻居、其他民族邻居外出购物、游玩的频率	N_5
	邀请同民族邻居、其他民族邻居到家中做客的频率	N_6
交往程度	您对邻居的了解程度（民族、家庭人口数、职业、爱好）	N_7
	您和邻居间的联系方式	N_8
	您是否向邻居借用日常用品	N_9
	您是否向您的邻居倾诉心事	N_{10}
	您认为目前自己和您邻居的关系属于哪种	N_{11}
	您与同民族邻居、其他民族邻居交往最多能达到的程度	N_{12}
	您家小孩和老人与其他民族同胞交往的程度	N_{13}
交往内容	您与同民族邻居、其他民族邻居交往内容最多可达到的深度	N_{14}

根据问卷选项所反映的各民族交往互动程度不同，将各选项内涵定义如下：A 选项表示交往态度积极，交往主动性强及频率高，交往程度深；B 选项表示交往态度较积极，交往主动性较强及频率较高，交往程度较深；C 选项表示交往态度较一般，交往主动性及频率一般，交往程度一般；D 选项表示交往态度较消极，交往主动性较被动及频率较少，交往程度不高；E 选项表示交往态度很消极，交往主动性很被动及频率几乎为零，交往程度很低；F 选项表示交往态度很抵触，交往主动性及频率为零，几乎不存在交往；G 表示绝对没有交集，如表 3-21 所示。

表 3-21　乌鲁木齐市多民族互嵌式社区内涵互嵌测评问卷选项含义

选项	含　义
A	交往态度积极，交往主动性强及频率高，交往程度深
B	交往态度较积极，交往主动性较强及频率较高，交往程度较深
C	交往态度、交往主动性及频率、交往程度都处于一般状态
D	交往态度较消极，交往主动性较被动及频率较少，交往程度不高
E	交往态度很消极，交往主动性很被动及频率几乎为零，交往程度很低
F	交往态度很抵触，交往主动性及频率为零
G	封闭，绝对没有交集

（三）数据统计

根据不同民族的交往程度进行频数统计，具体统计数据如下，如表 3-22 至表 3-26 所示。

表 3-22　汉族居民与其他民族居民交往程度频数统计表

编号	A	B	C	D	E	F	G
N_1	187	124	106	14	1	—	—
N_2	120	93	111	18	2	—	—
N_3	165	80	101	20	5	—	—
N_4	164	82	64	6	16	66	

续表

编号	A	B	C	D	E	F	G
N_5	35	51	17	22	28	35	206
N_6	33	47	14	21	22	39	220
N_7	201	238	—	—	—	—	—
N_8	51	201	172	—	—	—	—
N_9	51	138	241	—	—	—	—
N_{10}	54	266	114	—	—	—	—
N_{11}	24	21	21	143	114	86	—
N_{12}	62	166	111	—	—	—	—
N_{13}	56	184	114	—	—	—	—
N_{14}	5	18	108	68	195	—	—
合计	1208	1709	1294	312	383	226	426

表 3-23 维吾尔族居民与其他民族居民交往程度频数统计表

编号	A	B	C	D	E	F	G
N_1	95	32	14	4	—	—	—
N_2	71	31	20	2	—	—	—
N_3	79	21	18	3	—	—	—
N_4	63	21	36	1	7	7	—
N_5	20	19	13	6	16	11	47
N_6	11	21	17	7	14	17	44
N_7	60	89	—	—	—	—	—
N_8	52	93	—	—	—	—	—
N_9	18	81	50	—	—	—	—
N_{10}	16	63	71	—	—	—	—
N_{11}	13	13	11	59	48	14	—
N_{12}	19	82	20	—	—	—	—
N_{13}	14	68	35	—	—	—	—
N_{14}	3	12	44	31	50	—	—
合计	534	646	349	113	135	49	91

表 3-24 哈萨克族居民与其他民族居民交往程度频数统计表

编号	A	B	C	D	E	F	G
N_1	14	4	4	0	0	—	—
N_2	14	4	3	0	0	—	—
N_3	14	3	4	0	0	—	—
N_4	14	4	5	1	0	—	—
N_5	2	6	1	2	3	2	6
N_6	2	5	0	0	5	5	5
N_7	59	33	—	—	—	—	—
N_8	15	8	—	—	—	—	—
N_9	2	18	3	—	—	—	—
N_{10}	3	15	5	—	—	—	—
N_{11}	6	17	9	—	—	—	—
N_{12}	0	3	3	8	6	3	—
N_{13}	3	32	6	—	—	—	—
N_{14}	1	0	11	6	6	—	—
合计	149	152	54	17	20	10	11

表 3-25 回族居民与其他民族居民交往程度频数统计表

编号	A	B	C	D	E	F	G
N_1	42	40	21	1	0	—	—
N_2	31	21	23	8	0	—	—
N_3	36	34	21	1	1	—	—
N_4	48	16	20	1	4	5	—
N_5	10	29	5	6	11	2	0
N_6	11	23	7	9	9	4	0

续表

编号	A	B	C	D	E	F	G
N_7	213	207	—	—	—	—	—
N_8	40	61	—	—	—	—	—
N_9	20	40	44	—	—	—	—
N_{10}	12	36	57	—	—	—	—
N_{11}	15	69	21	—	—	—	—
N_{12}	4	7	6	41	21	18	—
N_{13}	16	75	51	—	—	—	—
N_{14}	5	5	39	27	22	—	—
合计	503	663	315	94	68	29	0

表 3-26 其他民族居民与其他民族居民交往程度频数统计表

编号	A	B	C	D	E	F	G
N_1	2	3	1	0	—	—	—
N_2	2	1	1	0	—	—	—
N_3	1	2	2	0	—	—	—
N_4	1	2	0	0	0	1	—
N_5	0	2	1	0	1	0	1
N_6	1	0	1	2	1	0	1
N_7	4	2	—	—	—	—	—
N_8	5	1	—	—	—	—	—
N_9	1	3	2	—	—	—	—
N_{10}	1	3	2	—	—	—	—
N_{11}	2	3	1	—	—	—	—
N_{12}	0	0	1	3	2	0	—
N_{13}	1	2	2	0	—	—	—
N_{14}	3	0	2	0	1	—	—
合计	24	24	16	5	5	1	2

（四）测算结果

将各民族与其他民族居民交往程度统计数据带入公式，计算得出各民族与其他民族间的融合指数，具体结果如下，如表3-27所示。

表3-27 典型社区各民族互嵌融合指数

	各民族两两互嵌融合指数					各民族与整体互嵌融合指数
	汉族	维吾尔族	哈萨克族	回族	其他民族	
汉族	—	0.19	0.040	0.170	0.008	0.349
维吾尔族	0.615	—	0.089	0.176	0.009	0.814
哈萨克族	0.551	0.279	—	0.187	0.008	0.662
回族	0.560	0.279	0.046	—	0.008	0.805
其他民族	0.573	0.19	0.045	0.184	—	0.991

三、典型社区内涵互嵌性评价

（一）乌鲁木齐市典型社区内涵互嵌特点分析

通过以上测评结果得出乌鲁木齐市典型社区内涵互嵌具有以下几个特点：

汉族居民与除本民族以外的其他少数民族居民互嵌融合指数略微偏低。通过访谈了解到语言是汉族居民与其他少数民族居民交往的最大限制，交往程度上也较难达到较好状态。还由于民族结构差异，汉族居民的居住空间与其他少数民族居住空间存在空间分异，重叠空间较小，接触、交往的概率略小于其他少数民族。

维吾尔族、哈萨克族和回族与除本民族以外的其他民族居民间融合指数相对较好。社区民族结构方面，除天山区二道桥片区存在部分维吾尔族人数较多情况，就乌鲁木齐市整体民族结构和空间分布上来说，这三个民族主要以嵌入方式与汉族居民共享居住空间，加大了彼此间交往的机会。

其他民族与除本民族以外的其他民族居民间融合指数最高。相对于汉族、维吾尔族、哈萨克族、回族这四个较大的民族集合体,其他民族在乌鲁木齐市整体民族结构中占比极小,仅有1.77%,小集合在大集合中进行一系列生产生活行为时,以适应环境为主,因此其他民族能够较好地融入除本民族以外的其他民族。

(二) 乌鲁木齐市典型社区内涵互嵌评价

根据典型社区内涵互嵌性测量结果,结合实地调研中的访谈内容,对典型社区内涵互嵌性做如下评价:

首先,交往意愿及态度是各民族交往交流交融的起点。各民族间的交往意愿指具有和其他民族同胞交流交谈的想法,不排斥与其他民族同胞进行信息交换。不同民族通过各种形式的交往交流进行物质和精神的交换,随着时间的潜移默化,形成丰富多彩的文化碰撞。多民族互嵌式社区的内涵互嵌离不开不同民族间的交流互动,如果一个民族始终拒绝同其他民族进行交往交流,就很难实现该民族的融合与进步。通过对乌鲁木齐市典型社区721位社区居民关于"同其他民族同胞交流交往的态度"的调查,发现多数乌鲁木齐市居民表示"非常愿意"和"比较愿意",这对于构建多民族互嵌式社区是很好的起点和内涵互嵌基础,经过正确引导,能够形成良好的交往互动效果。

其次,各民族间交往主动性和交流频率需进一步引导。调查结果显示不同民族居民在社区户外居住空间相遇时,主动发起对话的概率略微偏低,大多数居民在与其他民族交流时,希望由对方先发起对话,例如,在小区偶遇时,希望由对方先打招呼。这表明乌鲁木齐市典型社区各族居民间的交往关系还处于非熟人状态,需要社区组织进一步加以引导,借助各类社区组织活动增加居民间的交流,增进邻里感情,发展更深层次的居民关系。

最后,语言障碍是汉族与其他民族同胞融入的现实障碍。语言在各民族的交往交流中扮演着重要角色,也正是各族语言沟通的重要性才衍生出"翻译"这一职业,无论是外贸商业还是盛大的国际会议上,"翻译"的作用都显得至关重要。同理,不同民族间交往交流也离不开"翻译",这里的"翻译"是指打破各民族间语言交流的障碍。

第四章

乌鲁木齐市典型社区文化互嵌性测评

第一节 典型社区的选取

由于研究视角、理论基础不同，国内外对社区分类呈现多样性。关于社区的类型，国内外不少学者从不同维度或理论视角进行较为深入的研究。19世纪中后叶至20世纪初，随着西方工业文明的发展，西方学者多从传统与现代两分视角将社区分为传统社区与城市社区；美国社会学家 G.D. 沙特斯（G.D. Suttles，1964）和 A.J. 亨特（A.J. Hunter，1964）根据社区规模和认同的程度，将社区的类型分为面对面的街区（face block）、被保护的邻里关系（defended neighborhood）、有限责任的社区（community of limited liability）、有限责任的扩大社区（expanding community of limited liability）；城市社会学家沃伦夫妇（Rachelle Warren & Donald Warren）从"互动性、认同感和连接性"三个社区比较维度，将社区划分为六大类型：整合型、教区型、散漫型、躁动型、暂时型和紊乱型。我国少数民族聚居的形态多种多样，不同民族依据本地本民族的区位优势、人文地理等形成各自独特的聚居类型，如回族社区则更强调文化边界。赵巧艳（2013）以文化属性和社区主导族群存在与否将民族社区分为主导型传统民族社区、竞争型民族社区、现代型民族社区和主导型现代民族社区；裴圣愚（2015）在此基础之上，依据连续统理论和民族成分将民族社区分为主导型城市社区、主导型农村社区、混合型城市社区、混合型农村社区。考虑到研究目的和基础理论，采用马晓玲的分类方式，以民族构成划分社区类型，将多民族互嵌式社区分为四类：汉嵌民社区、民嵌汉社区、民汉互嵌社区、民民互嵌社区。

参考以上社区划分类型，结合乌鲁木齐市社区概况，我们分别选取了乌鲁木齐市七个市区共14个社区（17个小区）和1个村镇作为研究对象（如表4-1所示）：经开区的永昌社区和永泰社区，天山区的人民路南社区、三山社区、团结东路社区和宽北巷社区，沙依巴克区的农大社区、农科院社区和老满城社区，新市区的锦苑社区和友谊北路社区，水磨沟区的融睦社区，米东区的乐业社区和振兴社区，达坂城镇，并选取典型社区中个别小区做抽样调查。

第二节 指标体系建构

一、调查问卷的设计

采用居民入户调查和访谈相结合的方式，对乌鲁木齐市典型社区进行第一手资料的收集，共发放问卷750份，有效问卷721份，调查问卷中设计调查对象基础信息、调查信息（行为意愿融合度）、情感互嵌等方面的问题，对社区行为意愿融合满意度有直接影响的指标设置非常喜欢（非常满意）、比较喜欢（满意）、一般、不喜欢（不满意）、非常不喜欢（非常不满意）5个评价等级，分别赋值5、4、3、2、1分。

二、评价指标体系的建构

检索相关文献资料，对于文化融合的测量尚无定论，学者研究的量表维度极不统一，有些使用单一维度测量，有些使用多个维度测量。Zane和Mark（2003）提出文化适应测量要用与之相关联的行为和态度来评断，这种行为和态度不仅包括语言的使用、偏好和使用频率、程度、日常的生活方式、行为习惯、社会风俗、交流方式、家庭的社会网络方式等；Matsudaira（2006）认为对文化适应的测量应该向价值观、认同感等内在品质方向的测量，对个体层面的文化适应来说并不需要固定的模式，可以根据族群的不同和文化的不同因时制宜设计；范莉娜（2016）利用探索性因子分析方法及通过 KMO 测度检验和 Barlett 球体检验，认为民族村寨居民的文化适应测量应包括社会交往交流、日常生活行为、民族认同三个维度。在前人研究的基础上，围绕社区文化融合度，遵循指标体系客观性、科学性、完整性原则，将收集的数据分为行为意愿融合和情感互嵌两部分，行为意愿系统中 X_1—X_5 代表饮食文化、X_6—X_{10} 代表家居服饰文化、X_{11}—X_{17} 代表语言文化、X_{18}—X_{24} 代表风俗习惯文化、X_{25}—X_{33} 代表社会习俗文化、X_{34}—X_{37} 代表出行文化；情感互嵌系统中 X_{38}—X_{42} 代表邻里关系、X_{43}—X_{47} 代表互信能力、X_{48}—X_{51} 代表交流与互动频率、X_{52}—X_{56} 代表居民参与、X_{57}—X_{62} 代表邻里交往的态度，建立一套比较合理的多民族社区居民满意度评价体系。

三、建立层次结构模型

多元线性回归广泛用于顾客满意度定量评价研究中，由最小二乘法求得模型参数的最优无偏估计，但是对于社区文化融合的测量，由于因素之间不能完全独立，多因素间在某种程度上，存在多种共性，采用最小二乘法可能导致结果与实际存在较大偏差，若采用因子分析法，能够较好地处理这类问题，主要运用 SPSS22.0 的 Analyze（Data Reduction-Factor）因子分析法对数据矩阵进行降维分析。首先对行为意愿融合、情感互嵌两部分分别做原始矩阵，在抽取方法上选择相关性分析，旋转上选取最大方差法，经过反复试验，以特征值大于 1 为因子分析选择标准，从行为意愿系统中选取七个主因子及从情感互嵌系统中选取七个主因子。

第三节　多民族社区文化融合度分析

一、行为意愿系统结构类型分析

（一）行为意愿系统公因子解释

第一主因子：因子方差贡献率为27.240%，主要反映了十二个变量的信息，因子主要与X_{14}、X_{15}、X_{16}、X_{17}（语言及语言政策）、与X_{25}、X_{27}、X_{31}（民族习俗）、与X_{32}、X_{33}（社区活动）、与X_{34}、X_{36}、X_{37}（民族交流与互动）呈正相关，表明此因子可以解释不同族群居民对于语言文化的态度，在一定程度上解释社区交流、交往的强度。

第二主因子：因子方差贡献率为6.723%，主要反映了九个变量的信息，因子主要与X_1、X_3—X_{10}（饮食习惯和服饰习惯）呈正相关。表明此因子代表不同族群居民对不同饮食和穿着行为的包容度。

第三主因子：因子方差贡献率为5.604%，主要反映了五个变量的信息，因子主要与X_{19}、X_{21}—X_{24}（对彼此节日习俗、民族文化的认知程度，是否愿意到城郊带有民族文化色彩的风景区观看或旅游）呈正相关，表明此因子可以解释不同族群居民对彼此间节日习俗的态度。

第四主因子：因子方差贡献率为4.469%，主要反映了四个变量的信息，因子主要与X_{12}、X_{28}、X_{29}、X_{35}（与其他族群的关系、对族群通婚怎么看）呈正相关，表明此因子可以解释不同族群居民融合的程度，通婚率越高，说明文化认同感越强。

第五主因子：因子方差贡献率为3.784%，主要反映了四个变量的信息，因子主要与X_{11}、X_{20}、X_{26}、X_{30}（在了解民族文化、小区的生活是否适应、对民族习俗了解、民汉通婚态度）呈正相关，表明此因子可以在某种程度上反映居民的交往范围和交往深度。

第六主因子：因子方差贡献率为3.547%，主要反映了两个变量的信息，

因子主要与 X_2（其他民族的饮食吸引力）呈负相关系，与 X_{18}（多元语言）呈正相关，表明因子可以在某种程度上解释民族语言和饮食的吸引力程度差异性。

第七主因子：因子方差贡献率为 3.161%，主要反映了一个变量的信息，因子与 X_{18}（民族节日文化习俗）呈正相关关系，表明因子代表不同族群居民对彼此文化的了解程度。如表 4-1、4-2 所示。

表 4-1 行为意愿系统特征值及方差贡献率

主因子	初始特征值			提取平方和载入			旋转平方和载入		
	合计	方差贡献率（%）	累计（%）	合计	方差贡献率（%）	累计（%）	合计	方差贡献率（%）	累计（%）
1	10.079	27.24	27.24	10.079	27.24	27.24	5.031	13.598	13.598
2	2.487	6.723	33.963	2.487	6.723	33.963	4.714	12.74	26.338
3	2.074	5.604	39.567	2.074	5.604	39.567	3.258	8.805	35.142
4	1.654	4.469	44.036	1.654	4.469	44.036	2.739	7.402	42.544
5	1.400	3.784	47.82	1.400	3.784	47.82	1.776	4.801	47.346
6	1.312	3.547	51.367	1.312	3.547	51.367	1.407	3.803	51.148
7	1.169	3.161	54.527	1.169	3.161	54.527	1.250	3.379	54.527

表 4-2 行为意愿系统因子载荷矩阵

评价指标	主因子1	主因子2	主因子3	主因子4	主因子5	主因子6	主因子7
X_{16}	0.708	0.133	0.121	0.112	0.097	-0.140	0.070
X_{15}	0.680	0.182	0.155	0.028	0.090	-0.142	0.023
X_{32}	0.649	0.239	0.040	0.138	0.060	-0.021	0.002
X_{17}	0.620	0.255	0.180	-0.019	0.046	-0.202	0.252
X_{33}	0.562	0.334	0.092	0.322	0.125	0.135	-0.304
X_{14}	0.557	0.170	0.105	0.132	-0.106	-0.063	0.341

续表

评价指标	主因子1	主因子2	主因子3	主因子4	主因子5	主因子6	主因子7
X_{36}	0.539	0.28	0.081	0.425	−0.128	0.194	−0.221
X_{31}	0.535	0.171	0.113	0.242	0.121	0.106	0.022
X_{27}	0.526	0.181	0.175	0.221	0.188	0.114	−0.064
X_{25}	0.504	0.130	0.121	0.044	0.139	0.340	−0.009
X_{34}	0.502	0.344	0.054	0.275	−0.196	0.277	−0.170
X_{37}	0.487	0.201	−0.026	0.460	0.088	0.071	−0.344
X_{7}	0.217	0.763	0.158	0.042	0.125	−0.070	−0.049
X_{9}	0.151	0.748	0.083	0.210	−0.030	−0.039	0.049
X_{10}	0.196	0.708	0.091	0.149	−0.053	0.089	0.084
X_{6}	0.254	0.707	0.095	−0.049	0.127	−0.149	−0.061
X_{8}	0.233	0.703	0.119	0.095	0.176	−0.030	0.012
X_{4}	0.327	0.594	0.177	0.023	0.191	0.076	−0.076
X_{3}	0.104	0.563	0.036	0.405	0.032	0.197	0.024
X_{1}	0.161	0.467	0.134	0.048	0.269	−0.105	0.277
X_{5}	0.394	0.407	0.093	−0.320	0.177	0.256	−0.107
X_{22}	0.169	0.154	0.820	0.045	0.111	−0.036	−0.044
X_{21}	0.155	0.103	0.800	−0.058	0.167	0.105	−0.039
X_{19}	0.087	0.132	0.768	0.127	0.112	0.065	0.004
X_{24}	0.027	0.104	0.750	0.156	0.074	−0.036	−0.162
X_{23}	0.316	0.158	0.595	0.107	−0.075	0.079	0.185
X_{12}	0.058	0.112	0.047	0.693	0.426	0.005	−0.054
X_{29}	0.268	0.161	0.154	0.578	−0.018	−0.088	0.080
X_{35}	0.363	0.351	0.025	0.528	−0.061	−0.040	−0.201
X_{28}	0.228	−0.060	0.251	0.477	−0.232	−0.001	0.146
X_{11}	0.227	0.274	0.108	0.175	0.622	−0.067	0.002
X_{30}	0.02	0.144	0.090	−0.102	0.574	−0.049	−0.063

续表

评价指标	主因子1	主因子2	主因子3	主因子4	主因子5	主因子6	主因子7
X_{26}	0.185	0.106	0.111	0.488	0.523	0.038	0.158
X_{20}	0.033	-0.034	0.089	0.005	0.230	0.179	0.004
X_2	0.054	0.143	-0.044	0.047	-0.113	-0.618	-0.013
X_{13}	-0.010	0.096	0.009	0.036	-0.168	0.586	0.174
X_{18}	0.060	0.042	-0.156	0.014	-0.005	0.295	0.684

（二）AHP—确定公因子指标权重

准则层对于目标层的权重由各因子的贡献率确定，根据表4-2所示选取七个主因子，对应的特征值分别是10.079、2.487、2.074、1.654、1.4、1.312、1.169，根据公式：

$$\lambda_i / \sum_{i=1}^{n} \lambda i, \ (i = 1, 2, 3, 4, 5, 6, 7) \quad (4-1)$$

可以计算出各主因子的贡献率为0.50、0.123、0.103、0.082、0.069、0.065、0.058，行为意愿系统融合度可以表示为：

$$Y = 0.50F_1 + 0.123F_2 + 0.103F_3 + 0.082F_4 + 0.069F_5 + 0.065F_6 + 0.058F_7 \quad (4-2)$$

（三）确定三级指标权重及评价得分模型

根据指标得分矩阵，将七个主因子表示为原变量的线性组合，构建回归方程，对各主因子和其解释的原变量进行回归分析。根据旋转后的主成分贡献率，以及每个主成分的得分系数，以主成分的方差贡献率为权重，对各回归方程的系数进行加权平均，可以得到每个变量的指标系数。然后对指标系数归一化处理，得到指标权重，如表4-3所示。

表4-3 行为意愿因子得分矩阵

评价指标	主因子1	主因子2	主因子3	主因子4	主因子5	主因子6	主因子7
X_1	-0.044	0.115	-0.001	-0.010	0.119	-0.085	0.237
X_2	0.014	0.055	-0.009	0.037	-0.113	-0.457	0.013
X_3	-0.142	0.174	-0.029	0.164	-0.045	0.125	0.042

续表

评价指标	主因子1	主因子2	主因子3	主因子4	主因子5	主因子6	主因子7
X_4	-0.0011	0.139	-0.0027	-0.086	0.051	0.051	-0.063
X_5	0.121	0.075	-0.026	-0.277	0.086	0.194	-0.122
X_6	-0.024	0.209	-0.020	-0.104	-0.002	-0.109	-0.047
X_7	-0.073	0.231	0.003	-0.056	-0.014	-0.055	-0.033
X_8	-0.063	0.200	-0.017	-0.026	0.031	-0.028	0.019
X_9	-0.121	0.250	-0.010	0.057	-0.111	-0.045	0.056
X_{10}	-0.091	0.231	-0.007	0.017	-0.116	0.046	0.074
X_{11}	0.002	-0.013	-0.043	0.023	0.368	-0.040	0.025
X_{12}	-0.117	-0.044	-0.039	0.332	0.244	-0.007	0.013
X_{13}	-0.052	0.055	0.007	0.012	-0.097	0.413	0.120
X_{14}	0.162	-0.039	-0.0025	-0.001	-0.101	-0.089	0.279
X_{15}	0.231	-0.076	-0.008	-0.104	0.018	-0.128	0.017
X_{16}	0.240	-0.103	-0.023	-0.058	0.028	-0.132	0.060
X_{17}	0.197	-0.030	0.011	-0.102	-0.018	-0.178	0.203
X_{18}	0.004	0.013	-0.066	0.036	0.029	0.189	0.544
X_{19}	-0.075	-0.013	0.273	0.028	-0.008	0.033	0.016
X_{20}	0.004	-0.046	0.010	-0.017	0.156	0.137	0.001
X_{21}	-0.014	-0.036	0.278	-0.086	0.035	0.070	-0.034
X_{22}	-0.031	-0.019	0.288	-0.03	-0.018	-0.039	-0.026
X_{23}	0.029	-0.020	0.204	0.000	-0.117	0.024	0.153
X_{24}	-0.091	-0.010	0.275	0.048	-0.036	-0.035	-0.113
X_{25}	0.152	-0.066	-0.016	-0.086	0.078	0.232	-0.022
X_{26}	-0.041	-0.073	-0.029	0.213	0.315	0.016	0.170
X_{27}	0.126	-0.066	-0.003	0.004	0.084	0.064	-0.045
X_{28}	0.005	-0.074	0.095	0.231	-0.186	-0.045	0.146
X_{29}	-0.027	-0.019	0.026	0.261	-0.065	-0.102	0.106
X_{30}	-0.010	-0.005	-0.021	-0.087	0.360	-0.008	-0.046

续表

评价指标	主因子1	主因子2	主因子3	主因子4	主因子5	主因子6	主因子7
X_{31}	0.133	-0.063	-0.022	0.023	0.047	0.051	0.026
X_{32}	0.195	-0.045	-0.053	-0.047	0.003	-0.042	0.002
X_{33}	0.106	-0.01	-0.043	0.030	0.027	0.081	-0.235
X_{34}	0.085	0.042	-0.025	0.030	-0.174	0.171	-0.140
X_{35}	-0.002	0.047	-0.037	0.192	-0.103	-0.057	-0.131
X_{36}	0.089	-0.004	-0.023	0.102	-0.135	0.108	-0.168
X_{37}	0.091	-0.045	-0.076	0.123	0.019	0.034	-0.257

在此基础上对各主因子与其各自可解释的因子按上述方法进行处理，通过AHP客观赋权，得到指标层对于准则层的权重系数（如表4-4所示），最终可以得到居民行为意愿系统的评价模型：

$$Y_1 = 0.039X_1 + 0.009X_2 + 0.035X_3 + 0.029X_4 + 0.023X_5 + 0.017X_6 + 0.025X_7 + \cdots + 0.017X_{33} + 0.022X_{34} + 0.011X_{35} + 0.019X_{36} + 0.006X_{37} \quad (4-3)$$

表4-4 行为意愿指标层对目标层权重系数

一级指标	二级指标	权重	三级指标	权重
行为意愿融合度评价（Y_1）	F_1	0.50	支持国家通用语言教育吗 X_{14}	0.039
			国家通用语言政策实施效果 X_{15}	0.021
			国家通用语言教育是否促进彼此间深度交流 X_{16}	0.025
			支持孩子学习民族语言吗 X_{17}	0.033
			愿意子女了解其他民族节日文化吗 X_{25}	0.035
			了解其他民族的习俗吗 X_{27}	0.029
			其他民族的生活习性是否影响到你 X_{31}	0.032
			民族文化融合对社区发展是否重要 X_{32}	0.024
			您对社区举办的"结对子"活动是否满意 X_{33}	0.017
			愿意搭乘民族同胞的出租车吗 X_{34}	0.022

续表

一级指标	二级指标	权重	三级指标	权重
行为意愿融合度评价（Y_1）	F_1	0.50	是否愿意与周围同胞主动交流 X_{36}	0.019
			是否愿意向其他民族同胞咨询路线呢 X_{37}	0.006
	F_2	0.125	喜欢其他民族的饮食吗 X_1	0.039
			愿意一起就餐吗 X_3	0.035
			吸引你的因素 X_4	0.029
			愿意尊重对方的习俗吗 X_5	0.023
			是否喜欢民族服装 X_6	0.017
			是否愿意与其他民族服装设计相结合 X_7	0.025
			家居设计是否愿意融入各自的文化 X_8	0.031
			是否愿意购买民族服装服饰 X_9	0.029
			是否愿意身着民族服装，共度佳节 X_{10}	0.035
	F_3	0.103	您知道哪些民族的节日风俗 X_{19}	0.034
			您是否愿意了解其他民族的节日风俗 X_{21}	0.032
			是否愿意了解其他民族的文化活动 X_{22}	0.028
			是否愿意观看文化活动 X_{23}	0.042
			愿意到民族文化风景区旅游吗 X_{24}	0.015
	F_4	0.082	了解其他民族的语言吗 X_{12}	0.025
			是否有民汉通婚 X_{29}	0.026
			是否愿意给民族同胞起身让座 X_{35}	0.011
			与其他民族的关系 X_{28}	0.024
	F_5	0.069	是否了解其他民族的文化 X_{11}	0.029
			在小区的生活是否适应 X_{26}	0.024
			通过什么方式了解民族风俗活动 X_{20}	0.015
			您是否支持民汉通婚 X_{30}	0.011
	F_6	0.065	其他民族的饮食中最吸引你的是 X_2	0.009
			掌握几门语言 X_{13}	0.035
	F_7	0.058	是否了解其他民族节日文化习俗 X_{18}	0.056

通过运算,并对结果进行归一化处理,乌鲁木齐市典型社区居民行为意愿融合度为 0.546;民嵌汉社区行为意愿融合度为 0.546;汉嵌民社区行为意愿融合度为 0.609;民汉互嵌社区行为意愿融合度为 0.612;民民互嵌社区行为意愿融合度为 0.628。

二、情感互嵌系统结构类型分析

(一)行为意愿系统公因子解释

第一主因子:因子方差贡献率为 22.879%,主要反映了四个变量的信息,因子主要与 X_{38}、X_{39}、X_{40}、X_{41}(邻里关系、邻里交往的频率)呈正相关,表明此因子可以在一定程度上解释不同族群居民的关系交往融洽度。

第二主因子:因子方差贡献率为 7.728%,主要反映了八个变量的信息,因子主要与 X_{42}、X_{43}、X_{44}、X_{45}、X_{53}、X_{54}、X_{55}、X_{59}(是否被同等对待、是否参与社区活动、对社区的认同)呈正相关,表明此因子可以解释不同族群的居民间对自己、对社区身份的价值认同。

第三主因子:因子方差贡献率为 6.984%,主要反映了四个变量的信息,因子主要与 X_{48}、X_{58}、X_{60}、X_{62}(是否支持家中小孩与民族小朋友之间的交往活动)呈正相关,表明此因子可以解释不同族群居民间的代际交往。

第四主因子:因子方差贡献率为 5.707%,主要反映了两个变量的信息,因子主要与 X_{50}、X_{51}(是否参与社区举办的民族团结活动)呈正相关,表明此因子可以解释不同族群居民彼此关系的亲疏。

第五主因子:因子方差贡献率为 5.101%,主要反映了两个变量的信息,因子主要与 X_{56}、X_{61}(是否支持家中老人与民族老人之间的交往)呈正相关,表明此因子可以在某种程度上反映不同族群居民对于老人交往交流的态度。

第六主因子:因子方差贡献率为 4.334%,主要反映了两个变量的信息,因子主要与 X_{46}、X_{49}(对社区事务的关心)呈正相关,表明此因子代表不同族群居民对社区事务的关心程度及参与态度。

第七主因子:因子方差贡献率为 4.05%,主要反映了两个变量的信息,因子主要与 X_{47}、X_{57}(对民族同胞的某些行为有偏见及相互间交往的认可)呈正相关，表明此因子可以反映不同族群居民间的相互包容性及宽容度，如表4-5、4-6所示。

表4-5 情感互嵌系统特征值及方差贡献率

主因子	初始特征值			提取平方和载入			旋转平方和载入		
	合计	方差贡献率（%）	累计（%）	合计	方差贡献率（%）	累计（%）	合计	方差贡献率（%）	累计（%）
1	5.72	22.879	22.879	5.720	22.879	22.879	3.240	12.960	12.960
2	1.932	7.728	30.607	1.932	7.728	30.607	3.045	12.178	25.138
3	1.746	6.984	37.590	1.746	6.984	37.59	1.798	7.193	32.331
4	1.427	5.707	43.298	1.427	5.707	43.298	1.727	6.907	39.238
5	1.275	5.101	48.399	1.275	5.101	48.399	1.549	6.196	45.434
6	1.083	4.334	52.733	1.083	4.334	52.733	1.458	5.833	51.267
7	1.013	4.05	56.784	1.013	4.05	56.784	1.379	5.516	56.784

表4-6 情感互嵌系统因子载荷矩阵

评价指标	主因子8	主因子9	主因子10	主因子11	主因子12	主因子13	主因子14
X_{40}	0.788	0.128	0.052	0.082	0.147	−0.04	0.090
X_{39}	0.777	0.079	0.046	0.132	0.140	0.102	0.054
X_{38}	0.746	0.100	0.081	0.077	0.079	0.148	0.072
X_{41}	0.550	0.329	0.300	−0.015	0.057	−0.015	0.048
X_{44}	0.341	0.707	−0.111	−0.052	−0.098	−0.127	0.068
X_{54}	0.135	0.618	0.271	0.141	0.214	0.045	−0.076
X_{55}	0.002	0.611	0.164	0.421	0.228	−0.006	−0.151
X_{53}	0.061	0.601	−0.060	0.006	−0.027	0.271	0.001
X_{59}	0.036	0.553	0.038	0.026	0.386	0.000	0.324
X_{45}	0.387	0.516	0.130	−0.058	−0.183	0.053	0.165
X_{42}	0.415	0.429	−0.047	0.005	0.222	0.000	0.034

续表

评价指标	主因子8	主因子9	主因子10	主因子11	主因子12	主因子13	主因子14
X_{43}	0.389	0.392	-0.068	0.066	0.108	-0.158	0.263
X_{48}	0.246	-0.161	0.652	0.167	-0.033	-0.089	-0.037
X_{60}	0.034	0.006	0.557	0.038	0.542	-0.02	-0.138
X_{58}	0.272	0.138	0.549	-0.084	0.202	-0.256	-0.021
X_{62}	-0.147	0.216	0.536	0.093	-0.146	0.065	0.130
X_{52}	-0.022	0.019	0.046	-0.772	0.001	-0.021	0.032
X_{51}	0.293	0.078	0.228	0.674	0.128	0.032	0.137
X_{50}	0.011	0.476	0.187	0.519	0.050	-0.116	0.119
X_{56}	0.380	0.079	-0.188	0.119	0.665	0.103	0.043
X_{61}	0.333	0.204	0.184	0.090	0.564	0.041	0.348
X_{49}	0.070	0.057	-0.159	-0.026	-0.004	0.756	-0.007
X_{46}	0.059	0.026	0.032	0.015	0.075	0.754	0.085
X_{47}	0.085	0.033	0.12	-0.105	0.018	0.203	0.757
X_{57}	0.172	0.051	-0.183	0.299	0.073	-0.132	0.591

(二) AHP—确定公因子指标权重

准则层对于目标层的权重由各因子的贡献率确定,根据表4-6所示选取七个主因子,对应的特征值分别是5.72、1.932、1.746、1.427、1.275、1.083、1.013,根据公式:

$$\lambda_i / \sum_{i=1}^{n} \lambda i, (i = 1, 2, 3, 4, 5, 6, 7) \tag{4-4}$$

可以计算出各主因子的贡献率为:0.403、0.136、0.123、0.101、0.090、0.076、0.071,情感互嵌系统融合度可以表示为:

$$F = 0.403F_8 + 0.136F_9 + 0.123F_{10} + 0.101F_{11} + 0.090F_{12} + 0.076F_{13} + 0.071F_{14}$$

$$\tag{4-5}$$

(三) 确定三级指标权重及评价得分模型

根据指标得分矩阵,将七个主因子表示为原变量的线性组合(如表 4-7 所示),构建回归方程,对各主因子和其解释的原变量进行回归分析。根据旋转后的主成分贡献率,以及每个主成分的得分系数,以主成分的方差贡献率为权重,对各回归方程的系数进行加权平均,可以得到每个变量的指标系数,然后对指标系数归一化处理,得到指标权重。

表 4-7 情感互嵌因子得分矩阵

评价指标	主因子 8	主因子 9	主因子 10	主因子 11	主因子 12	主因子 13	主因子 14
X_{38}	0.301	-0.082	0.005	0.009	-0.097	0.089	-0.056
X_{39}	0.313	-0.101	-0.036	0.044	-0.048	0.052	-0.079
X_{40}	0.309	-0.078	-0.044	0.041	-0.039	-0.052	-0.046
X_{41}	0.178	0.051	0.140	-0.086	-0.104	-0.004	-0.043
X_{42}	0.094	0.121	-0.102	-0.065	0.094	-0.031	-0.077
X_{43}	0.080	0.095	-0.106	-0.019	-0.009	-0.15	0.134
X_{44}	0.081	0.285	-0.122	-0.091	-0.170	-0.122	-0.038
X_{45}	0.112	0.175	0.076	-0.09	-0.279	0.031	0.065
X_{46}	-0.022	-0.023	0.087	0.011	0.014	0.531	0.023
X_{47}	-0.079	-0.059	0.145	-0.11	-0.056	0.115	0.629
X_{48}	0.106	-0.148	0.394	0.067	-0.149	0.006	-0.010
X_{49}	0.018	0.015	-0.031	0.008	-0.027	0.519	-0.064
X_{50}	-0.108	0.148	0.043	0.279	-0.069	-0.066	0.057
X_{51}	0.053	-0.095	0.066	0.402	-0.053	0.043	0.051
X_{52}	0.051	0.074	0.095	-0.525	0.079	-0.030	0.061
X_{53}	-0.053	0.263	-0.043	-0.035	-0.076	0.177	-0.071
X_{54}	-0.072	0.226	0.099	-0.004	0.078	0.046	-0.135
X_{55}	-0.125	0.228	0.003	0.197	0.102	0.012	-0.196
X_{56}	0.050	-0.065	-0.223	0.01	0.504	0.019	-0.080

续表

评价指标	主因子8	主因子9	主因子10	主因子11	主因子12	主因子13	主因子14
X_{57}	-0.011	-0.068	-0.142	0.175	-0.01	-0.141	0.453
X_{58}	0.05	-0.003	0.288	-0.148	0.073	-0.144	-0.028
X_{59}	-0.174	0.190	-0.032	-0.088	0.265	-0.034	0.205
X_{60}	-0.097	-0.057	0.282	-0.076	0.401	0.028	-0.119
X_{61}	-0.033	-0.036	0.041	-0.052	0.362	0.001	0.207
X_{62}	-0.128	0.081	0.37	0.014	-0.196	0.103	0.148

在此基础上对各主因子与其各自可解释的因子按上述方法进行处理，通过AHP客观赋权，得到指标层对于准则层的权重系数（如表4-8所示），最终可以得到情感互嵌系统的评价模型：

$$Y_2 = 0.055X_{38} + 0.051X_{39} + 0.041X_{40} + 0.051X_{41} + 0.031X_{42} + 0.023X_{43}$$
$$+ 0.022X_{44} + 0.049X_{45} + \cdots + 0.032X_{60} + 0.052X_{61} + 0.048X_{62} \quad (4-6)$$

表4-8 情感意愿指标层对目标层权重系数

一级指标	二级指标	权重	三级指标	权重
情感互嵌系统（Y_2）	F_8	0.50	是否愿意与其他民族同胞生活在一栋楼 X_{38}	0.055
			认为邻里交往是否有意义 X_{39}	0.051
			认为邻里关系怎么样 X_{40}	0.041
			是否愿意接受民族同胞的建议 X_{41}	0.051
	F_9	0.125	生活习惯受影响时，是否愿意接受改变 X_{42}	0.031
			是否愿意一起维权 X_{43}	0.023
			是否愿意向邻居请求帮助 X_{44}	0.022
			是否愿意向社区工作者寻求帮助 X_{45}	0.049
			最近一年中参加几次志愿者活动 X_{53}	0.045
			对待安检的态度 X_{54}	0.053
			家中小孩是否和其他民族小孩一起玩耍 X_{59}	0.038

续表

一级指标	二级指标	权重	三级指标	权重
情感互嵌系统（Y_2）	F_{10}	0.103	您如何看待小区居民之间的日常交流 X_{48}	0.040
			是否支持家中小孩上民汉混合班级 X_{58}	0.024
			对小孩与其他民族同胞玩耍的态度 X_{60}	0.032
			自己对民族同胞之间交往的态度 X_{62}	0.048
	F_{11}	0.082	对民族团结有利于创造美好生活的态度 X_{50}	0.045
			对参加社区举办的民族团结活动的态度 X_{51}	0.063
	F_{12}	0.069	如何看待居民参与社区活动 X_{56}	0.023
			对家中老人与其他民族老人交往的态度 X_{61}	0.052
	F_{13}	0.065	是否被公平对待 X_{46}	0.073
			看到可疑的人进入社区，会怎么做 X_{49}	0.058
	F_{14}	0.058	是否因个人行为，对民族同胞贴标签 X_{47}	0.049
			您和其他居民交往的态度 X_{57}	0.017

通过运算，乌鲁木齐市典型社区居民情感互嵌融合度为 0.60；民嵌汉社区行为情感互嵌融合度为 0.60；汉嵌民社区情感互嵌融合度为 0.702；民汉互嵌社区情感互嵌融合度为 0.618；民民互嵌社区情感互嵌融合度为 0.660。

第四节 乌鲁木齐市典型社区文化融合度结果分析

一、确定评价等级

乌鲁木齐市典型社区文化融合度评价主要反映了两个子系统之间的关系，通过耦合指数对乌鲁木齐市典型社区居民行为意愿和情感互嵌的两个子系统的耦合度计算，能够客观地反映多民族社区居民的文化融合意愿度。其公式如下：

$$Y = \frac{Y_1 \times Y_2}{\left\{\frac{1}{2} \times \left[(Y_1)^2 + (Y_2)^2\right]\right\}^{\frac{1}{2}}} \quad (4-7)$$

式（4-7）中，$Y \in (0, 1]$，Y_1代表居民行为意愿系统的评价值，Y_2代表居民情感互嵌系统的评价值。根据相关文献并结合乌鲁木齐市的特点，将文化融合类型进行分类，如表4-9所示。

表4-9 乌鲁木齐市多民族社区文化融合评分等级划分

分值区间	特征	分值说明
(0, 0.2]	极低	单一文化偏好，个体对原文化的价值观认同度较高
(0.2, 0.4]	低度	双文化或多文化偏好，文化接触和文化适应开始萌发
(0.4, 0.6]	中度	强烈的多文化偏好，新的文化因子正在激发
(0.6, 0.8]	高度	文化相互整合，产生一种新的文化因子
(0.8, 1.0]	极高	文化之间频繁交流、交融，对中华文化产生强烈认同感

二、结果分析

在研究中，用62个问项对多民族社区居民的文化融合度进行了测量并通过因子分析法抽取14个主要因子进行分析验证。问卷对居民采用李克特量表进行1~5的选择，其中5（非常愿意/喜欢）可以解释为强烈的双文化接纳偏向；4（比较满意/喜欢）可以解释为单一文化导向的双文化倾向；3（满意/支持/一般）可以解释为完全的多文化倾向；2（不满意/不喜欢）可以解释为单一文化偏好；1（非常不满意/不喜欢）可以解释为强烈的单一文化偏好。强烈的双文化接纳倾向表示愿意接受文化融合的改变，强烈的单一文化倾向表示不愿意接受另一种文化的影响，固守本族群文化。根据上述五个评价等级分别对小区—市区的文化融合度进行运算。

（一）微观尺度测量

从微观层面的社区单位分析，各个抽样小区的文化融合度多为中度融合，高度融合出现的频率较少，极值区间没有出现。其中以永昌社区的永昌小区、永泰社区的香郡原筑小区、三山社区的宏大西区小区、幸福花园小区等12个样本小区呈现中度文化融合；高度融合社区有人民路南社区的国际置地小区、团结东路社区的团结东路小区等5个样本小区，如表4-10所示。

表4-10 乌鲁木齐市多民族社区文化融合测量结果（按抽样小区）

社区名称	抽样小区	行为意愿得分	情感互嵌得分	综合得分	特征
永昌社区	永昌小区	0.523	0.574	0.55	中度
永泰社区	香郡原筑	0.505	0.591	0.54	中度
人民路南社区	国际置地	0.592	0.640	0.61	高度
三山社区	宏大西区	0.505	0.608	0.55	中度
三山社区	幸福花园	0.388	0.455	0.42	中度
团结东路社区	团结东路小区	0.651	0.774	0.70	高度
宽北巷社区	建中小区	0.628	0.660	0.64	高度
宽北巷社区	青海寺小区	0.609	0.702	0.65	高度
农科院社区	农科院小区	0.543	0.525	0.53	中度
农大社区	农大小区	0.518	0.530	0.52	中度
老满城社区	盛世嘉园	0.429	0.530	0.47	中度
锦苑社区	银河新城	0.468	0.556	0.51	中度
友谊北路社区	万豪佳苑	0.605	0.60	0.60	中度
融睦社区	港湾小区	0.651	0.534	0.58	中度
乐业社区	荷兰小镇	0.606	0.636	0.62	高度
振兴社区	丽水小区	0.495	0.511	0.50	中度
达坂城镇	—	0.564	0.537	0.55	中度

（二）社区类型尺度测量

从社区的类型划分，民嵌汉社区属于中度文化融合型社区，汉嵌民社区、民民互嵌社区、民汉互嵌社区的文化融合度偏高，如表4-11所示。

表 4-11 乌鲁木齐市多民族社区文化融合测量结果（按社区类型划分）

社区类型	社区名称	抽样小区	行为意愿得分	情感互嵌得分	综合得分	特征
汉嵌民社区	宽北巷社区	青海寺小区	0.609	0.702	0.65	高度
民汉互嵌社区	团结东路社区 达坂城镇	团结东路小区 ——	0.612	0.668	0.64	高度
民民互嵌社区	宽北巷社区	建中小区	0.628	0.660	0.64	高度
民嵌汉社区	永昌社区 永泰社区 人民路南社区 三山社区 农科院社区 农大社区 老满城社区 锦苑社区 友谊北路社区 融睦社区 乐业社区 振兴社区	永昌小区 香郡原筑 国际置地 宏大西区 幸福花园 农科院小区 农大小区 盛世嘉园 武警医院 银河新城 万豪佳苑 港湾小区 荷兰小镇 丽水小区	0.546	0.60	0.57	中度

（三）中观尺度测量结果

根据评分等级，乌鲁木齐市的文化融合度属于中度融合；从宏观层面的行政区划上看，各个行政区的文化融合度大小不一，天山区文化融合度偏高，沙依巴克区、水磨沟区、新市区、米东区等文化融合度属于中度融合；天山区民汉比远高于乌鲁木齐市民汉比，民族人口众多。汉族与维吾尔族、回族、哈萨克族等有语言、交往礼仪生活习俗的差异，致使其文化相似的族群内部能够保持较好的文化适应性，而族群间的文化适应还有待整合，如表4-12所示。

表 4-12　乌鲁木齐市多民族社区文化融合测量结果（市区）

市区	社区名称	行为意愿得分	情感互嵌得分	综合得分	特征
经开区	永昌社区	0.493	0.571	0.53	中度
	永泰社区				
天山区	人民路南社区	0.565	0.632	0.60	高度
	三山社区				
	团结东路社区				
	宽北巷社区				
沙依巴克区	农科院社区	0.504	0.534	0.52	中度
	农大社区				
	老满城社区				
新市区	锦苑社区	0.485	0.564	0.52	中度
	友谊北路社区				
水磨沟区	融睦社区	0.651	0.534	0.58	中度
米东区	乐业社区	0.532	0.553	0.54	中度
	振兴社区				
达坂城	达坂城镇	0.564	0.537	0.55	中度
乌鲁木齐市	—	0.546	0.60	0.57	中度

第五节　典型社区文化融合度评价

根据上述测量，多民族社区居民行为意愿满意度在 0.4~0.7 之间，可以在某种程度上解释为多民族社区居民在一系列具体行为上存在文化差异，较多的是通过饮食文化、家居服饰文化、语言文化、生活习俗、风俗习惯、出行方式反映出来，而这些更是不同族群行为规范的差异。

情感互嵌分值较高：多民族社区居民情感互嵌满意度略高于行为意愿满意

度，表明多民族社区居民在邻里关系、交往态度、互信能力、价值认同、居民参与等深层次的"价值认同"有着广泛的社会基础，这就为以后族群关系的发展空间和发展潜力埋下文化的基础。

综合得分较为合理：通过不同维度的测评，乌鲁木齐市典型社区文化融合度得分以中度为主，极低值和极高值没有出现，表明不同维度社区的综合得分较为集中，分值主要集中于 0.5~0.7 之间；而乌鲁木齐市各样本社区文化融合度之间差距较小，说明大部分社区已经具备文化融合的基础，只是现阶段在某些社区文化融合的动力还有待挖掘。

由此，通过对不同类型的多民族社区从行为意愿和情感互嵌角度做出以下分析：从选取的样本社区来看，行为意愿的满意度与情感互嵌的得分相差不大，行为意愿的满意度略低于居民情感互嵌满意度；而居民间行为意愿的倾向代表其行为上的偏好，更蕴含着其族群文化的行为特征，居民行为意愿上的倾向更影响着情感互嵌的深度。就行为意愿和情感互嵌主要向被访者提出他与其他族群成员在饮食、家居服饰、出行方式、语言交流、风俗习惯、社会习俗等方面的 62 个假设性行为，居民表达自己的意愿与选择，在这些问题的回答中反映出各自的行为倾向。

对于民嵌汉社区、汉嵌民社区、民汉互嵌社区、民民互嵌社区的语言学习需要加强。我们通过入户访谈或者在公共场所的观察，进一步分析不同族群居民在私人生活、公共场所、公共活动的语言使用情况：（1）你能熟练掌握几门语言；（2）本民族语言和其他民族语言的使用场合；（3）对待子女学习其他民族的语言的态度；（4）觉得政府实施国家通用语言教育的效果怎么样。这些信息在一定程度上反映了族群文化融合的程度。其中在民嵌汉社区中，大部分少数民族的居民可以熟练掌握汉语，有的甚至能够掌握多门语言，这可能与其教育经历、工作经历有关；但是也有一些能听懂汉语但是不会说汉语的少数民族居民，更有一些会说汉语的少数民族居民不愿意用汉语与你交流，这就抑制了不同民族间的交流。

对于生活习俗、风俗习惯的差异，要深化价值认同，形成共识。不同族群有其独特的饮食习惯和民族风俗，但是其外在的日常性行为也对族群间的深度交往产生一定的影响。如对一些维吾尔族同胞进行访谈的时候，他们在日常生活中的一些行为逻辑、行为方式与主流族群相异，可能一些共识需要经历一定的时间、采取一定的方式才能达成，这就无形中为深层次的情感互嵌、价值认同增加了障碍。

对于流动性较大的社区，强化社区文化的润化作用。其中永昌小区、团结东路小区、香郡原筑小区的居民大多属于流动性人口，流动性较强就淡化了邻里关系、社区参与，由于棚户区的改造，不同阶层、不同族群的居民又开始新的空间嵌入，新的嵌入就意味着社会网络关系的重组，稳定的邻里关系有助于各族群成员之间的交往，复杂淡漠的邻里关系则会进一步带来族群之间的疏离。

居住空间的生态布局是族群关系甚至是影响社会交往的重要客观条件，民民互嵌社区、汉嵌民社区、民汉互嵌社区的族群结构有待深嵌，这里的嵌入不仅是族群成分的嵌入，更是公共空间的嵌入。族群的嵌入比例结构在某种程度上也影响着文化融合度。调研发现民汉互嵌型社区如青海寺小区、建中小区、团结东路小区、达坂城镇的文化融合度高于民嵌汉社区，但是实际调查其社区的公共空间环境并不如民嵌汉社区；民民互嵌社区、汉嵌民社区、民汉互嵌社区的少数民族人口比重较大，其在饮食、民族习俗、语言风格等方面有较大异质性，应加快空间社会化的形塑，提升少数民族的现代适应力。

对于族群间的互信能力，强化彼此间互帮互助关系。通过以下问题了解彼此的互助互信力：（1）遇到困难是否会倾向于向本民族的同胞、本民族的社区工作人员寻求帮助；（2）是否愿意与民族同胞一起当志愿者。在一些民族社区如民嵌汉或是民民互嵌社区中，社区居民遇到困难更倾向于本民族或向工作人员寻求帮助，这种求助行为逻辑在某种程度上显示一种"向群性"的关系逻辑。

第六节　文化融合辅助测评——族群通婚率

马戎认为族际通婚可以深刻地反映族群关系深层次的状况，族际通婚通常并不被本族群认为是通婚者的私事，两族成员之间的通婚愿望是得到本族人的支持还是反对,在某种意义上被视作体现两族关系总体水平的重要标志之一。族群之间出现较高的通婚率意味着两个族群的成员存在广泛的社会交往关系,彼此在政治、经济、文化、语言及风俗习惯等各方面达到高度的认同,并提出通婚率达到10%以上,说明两个族群的关系是比较好的。从721份样本数据中筛选出527份通婚数据(包括17份族际通婚数据),然后测算各个典型社区内部族群间的通婚率,如表4-13所示。

表4-13 乌鲁木齐市典型社区的通婚率

社区名称	抽样小区	已婚(包括族内、族际)	汉族族内/族际	汉—回	汉—维	其他	通婚率(%)
永昌社区	永昌小区	37	35/2	5.4	0	0	5.4
永泰社区	香郡原筑	52	51/1	2.0	0	0	2.0
人民路南社区	国际置地	43	40/3	4.7	2.3	0	7.0
三山社区	宏大西区	33	32/1	3.0	0	0	3.0
三山社区	幸福花园	13	13/0	0	0	0	0
团结东路社区	团结东路小区	39	39/0	0	0	0	0
宽北巷社区	建中小区	35	34/1	0	0	2.9	2.9
宽北巷社区	青海寺小区	34	34/0	0	0	0	0
农科院社区	农科院小区	16	16/0	0	0	0	0
农大社区	农大小区	32	30/2	3.1	3.1	0	6.2
老满城社区	盛世嘉园	25	19/6	12	8.0	4.0	24
老满城社区	武警医院	12	12/0	0	0	0	0

续表

社区名称	抽样小区	已婚（包括族内、族际）	汉族族内/族际	汉—回	汉—维	其他	通婚率（%）
锦苑社区	银河新城	63	62/1	1.6	0	0	1.6
友谊北路社区	万豪佳苑	12	12/0	0	0	0	0
融睦社区	港湾小区	16	16/0	0	0	0	0
乐业社区	荷兰小镇	10	10/0	0	0	0	0
振兴社区	丽水小区	16	16/0	0	0	0	0
达坂城镇	—	39	39/0	0	0	0	0

从样本数据的分析来看，只有老满城社区的盛世嘉园小区的通婚率较好，而幸福花园、团结东路小区、青海寺小区、农科院小区、武警医院等十个小区（镇）民汉通婚率为0，占调查小区的56%。从族群通婚的构成来看：汉—回通婚率较高，汉—维通婚率较低，汉—哈、回—哈、回—维通婚的也有，但是较少。

马喜梅（2017）认为族群通婚意味着不同族群在血亲、姻亲等深层关系的互动，增强不同族群的互聚力；菅志翔（2016）通过对普查人口数据分析发现，不通族群间的风俗习惯可能是影响维吾尔族族群通婚的重要因素。就族群通婚问题以个案分析的方法，就以下几个问题与不同职业不同年龄段的被调查者进行的访谈：（1）您是如何看待周围民汉通婚的现象；（2）如果您的子女与其他族群同胞结婚您愿意吗？得到的答案大都是肯定的，但是对于婚姻的假设性行为用于自己身上或家人身上，被调查者就表现出"心口不一"的样子，回答的答案各式各样，如"您是否愿意您的子女与其他民族同胞结婚？"一位大妈说："不愿意，如果她（他）能够接受我们家的生活习俗就可以。"针对这个问题我们又采访了一位20多岁的小伙，他说："谈恋爱可以，结婚不行，我很愿意，但是我家族不会同意的。"但是也有一些其他族群的受访者表示很愿意接受，只要有感情基础，经济状况良好的话，结婚是可以的。从以上材料谈话中，认为不同族群对族际通婚的认识是不一的，婚姻双方的态度、经济地位、公众的态度也越来越被重视，其生活习俗的影响力逐渐会淡出视野，甚至会淡化。

第七节 调查结论与构建机制启示

近年来社会发展理念的转变和城市结构的异质性因素的增加,宏观上有力地推动了国家执政理念变化,微观上唤醒了"基层内生动力",当前仅从社会层面推动社区融合尤其对于"异质性"较大的多民族社区是远远不够的,也应从社区的内部入手,促进社区内部文化融合。根据数据分析,乌鲁木齐市在微观居住格局的嵌入程度略显不足,主要体现在单元与单元之间的内部嵌入集中;族群间行为意愿融合度与情感互嵌融合度呈显著性相关,行为意愿融合度与深层情感互嵌意愿度相互影响,调研社区的文化融合度多处于中等水平,文化融合发掘潜力较大,尤其要强化不同族群对中华优秀传统文化的认同,培育彼此间互助互信互惠的交融关系;典型社区的族群通婚率大都低于10%,在一定程度上反映了族群文化认知上存在一定的心理距离,族群通婚率数据也进一步佐证了上述典型社区文化融合处于中等融合程度,深层次的交往与交融有必要进行下去。从嵌入式社区理论到"多元一体格局"理论的提出是遵从"政府治理和社会调节、居民自治良性互动关系逻辑";从公共管理到微观服务层次上做好制度设计和安排,尤其是在创新社会治理加强基层建设的背景下,重新考虑通过精英下沉、资源下沉、组织嵌入等促进基层社会治理转型再提升,着力改善多民族社区组织面貌、人际关系、价值认同,使社区体现"团结、互信、共享、交融"的局面,让多民族社区彰显其自身魅力。

第五章

乌鲁木齐典型社区经济互嵌性测评

消费者决策理论认为个人经济行为受到外在因素与内在因素的影响，镶嵌理论认为个人经济行为与社会关系相互作用，人际关系的认知与了解对经济行为选择产生重要影响。基于以上理论基础，研究消费者决策理论为基础设计问卷并分析个人经济行为选择，从而得出多族群之间的经济关系融合程度。

通过发放调研问卷了解乌鲁木齐多族群经济行为选择情况，问卷对象主要为乌鲁木齐七区（沙依巴克区、高新区、水磨沟区、天山区、经开区、米东区以及达坂城区）常住人口或居住1年以上流动人口。本次调查问卷通过网络和实地两种形式发放问卷。网络发放主要通过乌鲁木齐本地的亲朋好友、同学同事等扩散和转发问卷链接，使得更多人参与此次问卷调查。实地问卷发放地区主要有乌鲁木齐南湖市图书馆、乌鲁木齐火车新站等人群较多的公共场所。本次调研问卷发放共计730份，网络发放460份，实地发放270份，最终对调研数据进行筛查，剔除无效问卷，得到693份有效完整问卷。

第一节 调查内容及问卷设计

一、问卷基本信息统计

（一）问卷描述统计结果

问卷描述统计结果如下，重点统计出分类的人数、百分比反映问卷对象的基本特征。

表 5-1 调查样本人口特性

	选项	样本数	百分比（%）
性别	男	277	40.0
	女	416	60.0
年龄段	18 岁以下	32	4.6
	18—25 岁	398	57.4
	26—35 岁	168	24.4
	36—45 岁	65	9.4
	45—60 岁	26	3.8
	60 岁以上	4	0.6
受教育水平	小学及以下	5	0.60
	初中或中职	35	5.10
	高中或高职	58	8.40
	大学专科	111	16.0
	本科	391	56.40
	研究生及以上	93	13.40
月收入	2500 元以下	357	51.50
	2501—4000 元	96	13.90
	4001—6000 元	142	20.50
	6001—8000 元	56	8.10
	8000—10000 元	12	1.70
	10000 元以上	30	4.30
族别	汉族	504	72.7
	维吾尔族	81	11.7
	回族	50	7.2
	哈萨克族	37	5.3

续表

	选项	样本数	百分比（%）
族别	蒙古族	9	1.3
	满族	3	0.4
	其他	9	1.3
在乌鲁木齐居住的时间	出生地	88	12.7
	不到1年	134	19.3
	1—3年	171	24.7
	4—6年	127	18.3
	7—9年	35	5.1
	9年及以上	138	19.9
职业	学生	327	47.2
	生产人员	18	2.6
	销售人员	38	5.5
	市场公关人员	9	1.3
	客服人员	2	0.3
	行政后勤人员	46	6.6
	财务审计人员	15	2.2
	文职办事人员	38	5.5
	技术研发人员	23	3.3
	管理人员	16	2.3
	专业人员	49	7.1
	其他	112	16.2

数据来源：调研问卷整理所得。

表5-1为参与本次问卷调查的人群统计分析结果，本次调研结果男性占比为40%，女性占比为60%；问卷对象学生占比为47.2%，工作人员占比为52.8%；年龄段主要集中在年轻人群体；汉族群体占比为72.7%，少数民族占

比为 27.3%；受教育水平主要集中在本科学历；收入情况 2500 元以下占比为 51.5%，主要原因是学生无固定收入，本次问卷调查中学生较多，因此收入在 2500 元以下群体占比较大。

（二）族群消费行为特征分析

人们的日常生活中离不开消费，本次问卷调查就多族群日常消费行为类型（图 5-1）的频率进行统计，得出大部分人的消费行为集中在饮食类消费，其他消费类型占比较少。

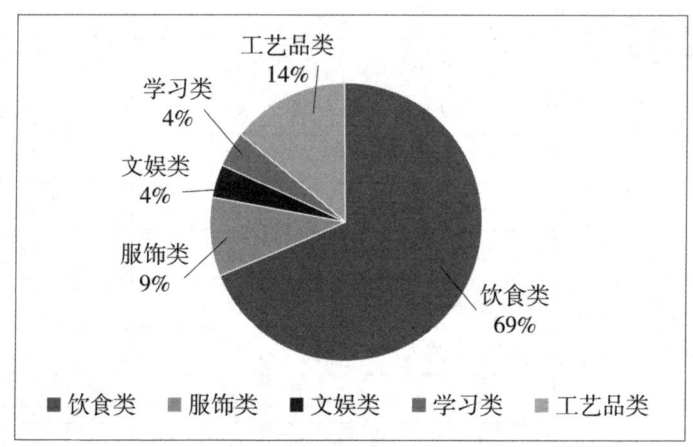

图 5-1　多族群日常生活消费行为类型

二、指标构建相关变量定义

本研究中的变量设计（表 5-2），主要是依据个人消费行为的过程设定的，从外在因素和内在因素中分离出六大因素。消费过程会受到客观条件的影响，研究中归为商品特征和外在推力与社会环境因素；而内在影响则主要表现在消费过程的个人感知、认知能力以及在做行为选择时产生的意愿和选择。为了比较各项指标的经济融合程度，将融合指数划分为五个等级：低度融合（0.000—0.200）、较低融合（0.201—0.400）、中度融合（0.401—0.600）、较高融合（0.601—0.800）、高度融合（0.801—1.000）。

表 5-2　相关变量定义

变量名称	定　义
商品特征	其他民族商品的价格、质量、实用性等特征情况
外在推力	主要包括周围人的推荐或者广告等外在因素对经济行为的影响
社会环境	多族群交易的消费场所的安全性、布局等条件状况
消费认知	对其他民族商品功能或者作用的认知了解程度
消费态度	选择其他民族商品或与其他民族商家交易的主观意愿程度
行为选择	选择购买其他民族商品或与其他民族商家交易的行为选择情况

数据来源：作者调研问卷整理所得。

本研究中对于变量的测量题项具体设计如表 5-3 所示。

表 5-3　变量测量题项

变量	题　项
商品特征	商品独特性 A_1
	商品价格 A_2
	商品质量 A_3
	商品实用性 A_4
	商品的售后服务 A_5
外在推力	商品品牌效应 B_1
	广告与宣传 B_2
	周围人的推动 B_3
	民族融合政策 B_4
社会环境	消费场所的安全与卫生 C_1
	消费场所的布局外观 C_2
	消费场所的交通便利状况 C_3
	商家信誉 C_4

续表

变量	题 项
消费认知	馕多以发酵的面为主要原料，不怕干可以存放 D_1
	黑走马舞蹈可以单独跳，也可以多人集体表演 D_2
	艾特莱斯绸不只单色调种类，还有多色调的类型 D_3
	舞龙舞狮是汉族祈求平安和丰收的民俗文化活动 D_4
	少数民族的帽饰是生活礼仪中的需要，社交探亲等活动均佩戴 D_5
	少数民族的地毯花样种类很多，可以做挂毯、靠毯和壁毯等 D_6
消费态度	其他民族特色美食的购买对我日常饮食消费很重要 E_1
	其他民族文娱活动对丰富业余生活很重要 E_2
	其他民族手工艺品值得购买 E_3
	愿意在其他民族商家处购买服饰或手工艺品 E_4
	愿意在其他民族商家处购买生活用品 E_5
	愿意在其他民族商家处购买贵重物品 E_6
	我会去朋友推荐的其他民族店铺消费 E_7
行为选择	平时购买其他民族传统美食的情况 F_1
	平时购买其他民族服饰或手工艺品的情况 F_2
	平时购票观看其他民族文娱活动的情况 F_3
	平时购买生活用品与其他民族商家交易的情况 F_4
	平时购买服饰或手工艺品与其他民族商家交易的情况 F_5
	平时非商品性消费（搭车、教育等）与其他民族交易的情况 F_6

数据来源：作者调研问卷整理所得。

第二节 多族群经济行为融合度评价

研究对乌鲁木齐市多族群发放调研问卷，运用主成分分析法与回归分析划分为外在因素指标和内在因素指标,从客观与主观方面反映乌鲁木齐多族群经济行为融合度,以影响经济行为的外在因素与内在因素入手,旨在了解多族群消费行为的现状。影响个人经济行为决策的外在因素主要包括商品特征、外在推力与社会环境;内在因素则对消费认知、消费态度以及消费者行为选择特征进行研究。

本研究以消费决策理论为基础对个人经济融合度测算分别从外在因素与内在因素进行研究,分析乌鲁木齐市多族群的经济融合状况。本研究主要将外在因素划分为商品特征、外在推力和社会环境三大类指标。指标的衡量以李克特五分量表法为基础划分为五个程度,商品特征因素内选取五个变量反映情况,外在推力因素选取四个变量,社会环境因素选取四个变量。内在因素主要分为消费认知、消费态度以及行为选择三类指标。消费认知内选取六个变量,消费态度选取七个变量,行为决策选取六个变量,以上的程度赋值均为5、4、3、2、1,程度赋值越高,表明经济融合度越高,具体如表5-4所示。

表5-4 问卷题目选项赋值

检验因素	题项	题目选项	选项赋值
商品特征	$A_1—A_5$	非常重要、比较重要、一般、不太重要、很不重要	5、4、3、2、1
外在推力	$B_1—B_4$		
社会环境	$C_1—C_4$		
消费认知	$D_1—D_6$	非常同意、比较同意、不清楚、不太同意、完全不同意	
消费态度	$E_1—E_7$	非常愿意、比较愿意、一般、不太愿意、完全不愿意	
行为选择	$F_1—F_6$	总是、比较多、一般、比较少、基本不	

一、问卷信度分析与效度分析

为提高问卷的信度与效度,对收集的数据进行信度分析和效度分析。

（一）问卷信度分析

信度分析主要是测量数据分析结果的可靠性、稳定性与一致性。本研究以克朗巴哈系数 Cronbach's α 信度系数为依据来进行测试。经过净化后的量表的克朗巴哈系数值（Nunnally，1994）如果大于 0.7，则可视为符合信度标准，也有学者认为当克朗巴哈系数为 0.6—0.65 时不可信；0.65—0.7 时认为是最小可接受值；0.7—0.8 认为相当好；0.8—0.9 是非常好。以 0.7 以上为标准做信度检验。

按照测量问卷的信度分析，对各个维度进行信度检验并整理克朗巴哈系数值。在表 5-5 的各个指标中，包含五个影响因素和消费行为意愿情况；题项指的是包含的问卷对应的题目，按照不同的字母进行标示；题目数量指的是问卷对应因素包含的数量；最后一个指标是克朗巴哈系数值，该项指标反映了数据信度分析结果。问卷信度分析结果显示检验的六个因素中，克朗巴哈系数值的范围处于 0.733—0.924 之间，符合信度标准。因此综合以上的信度检验分析，认为问卷的可信度达到信度检验的标准。

表 5-5　问卷信度分析结果

检验因素	题项	题目数量	克朗巴哈系数值
商品特征	A_1—A_5	5	0.818
外在推力	B_1—B_4	4	0.733
社会环境	C_1—C_4	4	0.840
消费认知	D_1—D_6	6	0.781
消费态度	E_1—E_7	7	0.899
行为选择	F_1—F_6	6	0.924

数据来源：调研问卷整理，SPSS22.0 数据分析所得。

（二）问卷效度分析

信度检验完成后则是对问卷进行效度分析。效度分析是实证分析中的重要部分，检验测量工具对目前研究对象是否有效和准确地被应用解释是非常重要的。对文中的数据进行探索性因素分析检验量表结构的有效性。因子分析的球形检验部分,要求 KMO 值必须大于 0.5,显著性指标 Sig 值低于或等于 0.05,在满足以上两个条件下问卷数据才能满足因子分析的前提条件;利用 SPSS22.0 对量表进行 KMO 和 Bartlett's 球形检验。在对量表修正时需要将不符合要求的题项加以删除后继续重新分析,重复此项操作,直到最终得到良好结构效度的量表。现检验结果如表 5-6 所示。

表 5-6　KMO 和 Bartlett's 检验

取样足够度的 Kaiser-Meyer-Olkin 度量		外在因素	内在因素
		0.899	0.908
Bartlett 的球形检验	近似卡方	3899.301	8092.605
	df	78	171
	sig.	0.000	0.000

数据来源:通过 SPSS22.0 数据分析所得。

由上表可以得出外在因素的 KMO 值为 0.899,内在因素的 KMO 值为 0.908,Bartlett's 的球形检验(sig.)值显著。表示两项因素均符合因子分析的前提条件。因此采用主成分分析法提取特征值大于 1 的公因子。

综上,问卷的信度与效度检验得出问卷的整体检验结果良好,说明问卷收集的原始数据具备良好的可信度及可靠程度,符合因子分析的标准。

二、外在因素影响下的多族群经济融合度评价

外在因素主要是客观存在的因素对经济行为的影响,文中将外在因素划分为三类,商品特征、外在推力与社会环境,通过各族群对购买其他族群商品或服务时的行为选择反映外在因素与经济行为选择的关系,从而计算多族群的经济融合状况。分析过程如下:

表5-7 方差分解主成分提取分析表

元素	特征值	方差贡献率（%）	累积方差贡献率（%）
1	5.640	23.429	23.429
2	1.436	23.104	46.534
3	1.142	16.682	63.216

表5-8 初始因子载荷矩阵

子元素	主成分1	主成分2	主成分3
A_1	0.591	0.242	0.226
A_2	0.751	0.015	0.238
A_3	0.797	0.355	0.058
A_4	0.756	0.244	0.086
A_5	0.526	0.503	0.178
B_1	0.353	0.022	0.697
B_2	0.079	0.131	0.82
B_3	0.179	0.298	0.665
B_4	-0.035	0.534	0.538
C_1	0.274	0.792	0.064
C_2	0.23	0.765	0.248
C_3	0.237	0.75	0.246
C_4	0.548	0.582	0.046

数据来源：调研问卷整理，SPSS22.0数据分析所得。

主成分个数提取的原则为主成分特征值大于1的前m个主成分，通过表(5-7)可知，提取出三个主成分。由初始因子载荷矩阵（表5-8）可以看出A_1—A_5在第一主成分上有较高载荷，说明第一主成分主要反映商品因素的信息；B_1—B_4在第二主成分有较高载荷，说明第二主成分主要反映外在推力因素的信息；第三主成分则反映社会环境 C_1—C_4 的信息。因此决定采用这三个新变量来代替原有的 13 个变量。

三个主成分中每个指标对应系数 α。

$$\alpha_1 = \frac{p_i}{\sqrt{\gamma_j}} \tag{5-1}$$

公式含义为初始因子载荷矩阵的数据 p 除以主成分对应的特征根开平方，由此可以得到三大主成分中每个指标对应的系数值。

用第一主成分分析 W_1 中每个指标对应的系数乘以第一主成分 W_1 对应的贡献率，再除以提取的三个主成分的贡献率之和，再加上第二主成分 W_2 中每个指标对应的系数，乘以第二主成分 W_2 对应的贡献率，再除以三个主成分的贡献率之和加上第二主成分 W_2 中每个指标对应的系数乘以第二主成分 W_2 对应的贡献率，再除以三个主成分的贡献率之和，即可得到综合得分模型：

$$W_1 = 0.249A_1 + 0.316A_2 + 0.336A_3 + 0.318A_4 + 0.221A_5 + 0.149B_1 + 0.033B_2 + 0.075B_3 - 0.015B_4 + 0.115C_1 + 0.097C_2 + 0.1C_3 + 0.231C_4 \tag{5-2}$$

$$W_2 = 0.202A_1 + 0.013A_2 + 0.296A_3 + 0.204A_4 + 0.420A_5 + 0.018B_1 + 0.109B_2 + 0.249B_3 - 0.446B_4 + 0.661C_1 + 0.638C_2 + 0.626C_3 + 0.486C_4 \tag{5-3}$$

$$W_3 = 0.211A_1 + 0.223A_2 + 0.054A_3 + 0.080A_4 + 0.167A_5 + 0.652B_1 + 0.767B_2 + 0.622B_3 - 0.503B_4 + 0.060C_1 + 0.232C_2 + 0.230C_3 + 0.043C_4 \tag{5-4}$$

准则层对于目标层的权重由各因子的贡献率确定，影响经济行为的外在因素选择出三个主因子，对应特征值分别为（5.640，1.436，1.142），根据公式计算出各个主成分的贡献率为（0.687，0.174，0.139），外在因素影响下的多族群经济融合度评价表示为：

$$W = 0.687W_1 + 0.174W_2 + 0.139W_3 \tag{5-5}$$

以商品特征 W_1、外在推力 W_2 以及社会环境 W_3 三大指标构建回归方程，对各主因子与其他各自解释的原变量进行回归分析（表 5-9），并将最终回归结果的标

准化回归系数根据公式进行归一化处理,则得到指标层对准则层的客观权重,归一化公式如下:

$$w_i = \alpha_i \bigg/ \sum_{i=1}^{n} \alpha_i \tag{5-6}$$

表 5-9 外在因素影响下多族群经济融合度主成分因子与评价指标的回归分析

主成分因子	评价指标	标准化回归系数	系数归一化	T 值	显著性
W_1 ($R^2=0.943$)	A_1	0.233	0.184	20.939	0.000
	A_2	0.225	0.177	20.055	0.000
	A_3	0.273	0.215	19.080	0.000
	A_4	0.259	0.204	20.009	0.000
	A_5	0.278	0.219	24.884	0.000
W_3 ($R^2=0.924$)	B_1	0.344	0.267	28.178	0.000
	B_2	0.335	0.260	25.998	0.000
	B_3	0.332	0.258	26.269	0.000
	B_4	0.276	0.214	22.831	0.000
W_2 ($R^2=0.917$)	C_1	0.28	0.240	18.583	0.000
	C_2	0.3	0.257	18.395	0.000
	C_3	0.289	0.248	18.128	0.000
	C_4	0.297	0.255	21.658	0.000

表 5-10 外在因素影响下的多族群经济融合度评价指标体系

目标层	评价指标	指标层	指标层对目标层的权重
外在因素—经济融合度	商品因素 (0.687)	A_1 (0.184)	0.126
		A_2 (0.177)	0.122
		A_3 (0.215)	0.148
		A_4 (0.204)	0.140
		A_5 (0.219)	0.151

续表

目标层	评价指标	指标层	指标层对目标层的权重
外在因素—经济融合度	外在推力因素（0.174）	B_1 （0.267）	0.037
		B_2 （0.260）	0.036
		B_3 （0.258）	0.036
		B_4 （0.214）	0.030
	商品因素社会环境因素（0.139）	C_1 （0.240）	0.033
		C_2 （0.257）	0.045
		C_3 （0.248）	0.043
		C_4 （0.255）	0.044

数据来源：作者对数据计算分析所得。

综上，通过以上客观赋权得到的指标层对于准则层的权重系数（表5-10），可得到外在因素影响下的多族群经济行为融合度的评价模型：

$$Q_1 = 0.126A_1 + 0.122A_2 + 0.148A_3 + 0.140A_4 + 0.151A_5 + 0.037B_1 + 0.036B_2$$
$$+ 0.036B_3 + 0.030B_4 + 0.033C_1 + 0.045C_2 + 0.043C_3 + 0.044C_4$$

(5-7)

通过评价模型计算出乌鲁木齐市多族群外在因素影响下的多族群经济融合度，并对结果运用离差标准化公式进行归一化处理，使结果映射到 [0，1]，归一化公式与最终评价结果（表5-11）如下：

归一化公式：

$$x^* = (x - \min)/(\max - \min)$$

(5-8)

表 5-11 乌鲁木齐市多族群外在因素影响下的多族群经济融合度评价结果

	商品特征	外在推力	社会环境	多族群经济
融合度	0.766	0.565	0.741	0.718

三、内在因素影响下的多族群经济融合度测算

内在因素主要指多族群经济行为除了受客观因素影响,还受到多族群之间的认知了解、消费态度意愿及行为选择的影响。对内在因素划分为消费认知、消费意愿及行为选择三类反映多族群与其他族群经济交易或购买商品的行为选择,反映在内在影响下的多族群经济融合程度。

表5-12 内在因素方差分解主成分提取分析表

元素	特征值	方差贡献率(%)	累积方差贡献率(%)
1	7.425	39.081	39.081
2	2.877	15.14	54.221
3	1.583	8.331	62.553

表5-13 内在因素初始因子载荷矩阵

子元素	主成分1	主成分2	主成分3
D_1	0.001	-0.087	0.687
D_2	0.142	0.122	0.655
D_3	0.122	0.029	0.72
D_4	0.243	0.183	0.604
D_5	0.255	0.093	0.61
D_6	0.143	-0.094	0.734
E_1	0.659	0.204	0.216
E_2	0.689	0.176	0.215
E_3	0.746	0.08	0.248
E_4	0.81	0.222	0.116
E_5	0.803	0.273	0.119
E_6	0.773	0.359	0.062
E_7	0.665	0.159	0.249

续表

子元素	主成分 1	主成分 2	主成分 3
F_1	0.017	0.843	0.116
F_2	0.088	0.832	0.123
F_3	0.454	0.757	−0.02
F_4	0.351	0.835	0.03
F_5	0.375	0.818	−0.036
F_6	0.415	0.707	−0.02

主成分个数提取的原则同外在因素影响下的多族群经济融合度计算方法相同，通过表5-12可知，提取出三个主成分。由初始因子载荷矩阵（表5-13）可以看出 D_1—D_6 在第三主成分上有较高载荷，说明第三主成分主要反映消费认知的信息；E_1—E_7 在第一主成分有较高载荷，说明第一主成分主要反映消费态度的信息；第二主成分则反映 F_1—F_6 行为选择的信息。因此决定采用这三个新变量来代替原有的19个变量。

三个主成分对应公式分别为：

$$V_1 = 0.0004D_1 + 0.052D_2 + 0.045D_3 + 0.089D_4 + 0.094D_5 + 0.052D_6 \\ + 0.242E_1 + 0.253E_2 + 0.274E_3 + 0.297E_4 + 0.295E_5 + 0.284E_6 + 0.244E_7 \\ + 0.006F_1 + 0.032F_2 + 0.167F_3 + 0.129F_4 + 0.139F_5 + 0.152F_6$$

(5-9)

$$V_2 = 0.051D_1 + 0.072D_2 + 0.017D_3 + 0.108D_4 + 0.055D_5 + 0.055D_6 \\ + 0.120E_1 + 0.104E_2 + 0.047E_3 + 0.131E_4 + 0.161E_5 + 0.212E_6 + 0.094E_7 \\ + 0.497F_1 + 0.491F_2 + 0.446F_3 + 0.492F_4 + 0.482F_5 + 0.417F_6$$

(5-10)

$$V_3 = 0.546D_1 + 0.521D_2 + 0.572D_3 + 0.480D_4 + 0.485D_5 + 0.583D_6 \\ + 0.172E_1 + 0.171E_2 + 0.197E_3 + 0.092E_4 + 0.095E_5 + 0.049E_6 + 0.198E_7 \\ + 0.092F_1 + 0.098F_2 + 0.016F_3 + 0.024F_4 + 0.029F_5 + 0.016F_6$$

(5-11)

准则层对于目标层的权重由各因子的贡献率确定，影响经济行为的客观因素选择出三个主因子，对应特征值分别为（5.640，1.436，1.142），根据公式计算出各个主成分的贡献率为（0.625，0.242，0.133），内在因素对经济行为影响的融合度评价表示为：

$$V = 0.625V_1 + 0.242V_2 + 0.133V_3 \qquad (5-12)$$

内在因素影响下的多族群经济融合度主成分因子与评价指标的回归分析如表 5-14 所示。

表 5-14 内在因素影响下的多族群经济融合度主成分因子与评价指标的回归分析

主成分因子	评价指标	标准化回归系数	系数归一化	T 值	显著性
V_3（$R^2=0.921$）	D_1	0.214	0.155	17.052	0.000
	D_2	0.232	0.168	18.264	0.000
	D_3	0.254	0.183	19.415	0.000
	D_4	0.231	0.167	17.746	0.000
	D_5	0.248	0.179	19.031	0.000
	D_6	0.206	0.149	15.228	0.000
V_1（$R^2=0.930$）	E_1	0.173	0.161	12.974	0.000
	E_2	0.147	0.137	10.541	0.000
	E_3	0.129	0.120	8.800	0.000
	E_4	0.167	0.155	9.999	0.000
	E_5	0.185	0.172	9.752	0.000
	E_6	0.273	0.254	15.275	0.000
	E_7	0.135	0.126	10.036	0.000
V_2（$R^2=0.968$）	F_1	0.145	0.126	12.368	0.000
	F_2	0.181	0.158	15.225	0.000
	F_3	0.238	0.207	18.159	0.000
	F_4	0.183	0.159	12.435	0.000
	F_5	0.235	0.205	17.236	0.000
	F_6	0.166	0.145	14.529	0.000

表 5-15 内在因素影响下的多族群经济融合度评价指标体系

目标层	评价指标	指标层	指标层对目标层的权重
内在因素影响下的多族群经济融合度	消费认知（0.133）	D_1（0.155）	0.021
		D_2（0.168）	0.022
		D_3（0.183）	0.024
		D_4（0.167）	0.022
		D_5（0.179）	0.024
		D_6（0.149）	0.020
	消费态度（0.625）	E_1（0.161）	0.101
		E_2（0.137）	0.086
		E_3（0.120）	0.075
		E_4（0.155）	0.097
		E_5（0.172）	0.108
		E_6（0.254）	0.159
		E_7（0.126）	0.079
	行为选择（0.242）	F_1（0.126）	0.031
		F_2（0.158）	0.038
		F_3（0.207）	0.050
		F_4（0.159）	0.039
		F_5（0.205）	0.050
		F_6（0.145）	0.035

通过客观赋权得到的指标层对于准则层的权重系数（表5-15），可得到内在因素——经济融合度的评价模型：

$$Q_2 = 0.021D_1 + 0.022D_2 + 0.024D_3 + 0.022D_4 + 0.024D_5 + 0.020D_6$$
$$+ 0.101E_1 + 0.086E_2 + 0.075E_3 + 0.097E_4 + 0.108E_5 + 0.159E_6$$
$$+ 0.079E_7 + 0.031F_1 + 0.038F_2 + 0.050F_3 + 0.039F_4 + 0.050F_5 + 0.035F_6$$

(5-13)

评价模型计算出乌鲁木齐市多族群内在因素影响下的多族群经济融合度，并对结果同外在因素影响下的多族群经济融合度算法相同，运用离差标准化公式进行归一化处理，最终评价结果如5-16所示。

表5-16　乌鲁木齐市多族群内在因素影响下的经济融合度评价结果

	消费认知	消费态度	行为选择	多族群经济
融合度	0.716	0.676	0.486	0.593

四、个人经济行为影响因素——经济融合度综合评价

对乌鲁木齐市多族群经济行为融合状况进行研究，发现外在因素影响下的多族群经济融合度为0.718，处于较高融合水平，其中商品特征与社会环境指标层的融合度分别为0.766、0.741；外在推力即广告宣传或者政策影响的融合度为0.565，处于中度融合水平。内在因素影响下的多族群经济融合度为0.593处于中度融合水平，表明多族群内在情感因素的融合水平还需提升。消费认知融合度值0.716处于较高融合水平，而消费态度与行为选择指标则处于融合度中等水平。消费态度与行为选择设计的问卷问题涉及多族群经济交往的行为特征，反映族群交往的深度与质量，各族群对于与其他族群进行经济交往或者购买其他族群的商品由于内在认知不足等因素，经济交往能力相对较弱。由综合评价结果可知，多族群间经济交往紧密度不太频繁，深度不够。

文中通过从个人经济行为视角分析族群经济融合度发现外在因素方面，商品特征、外在推力以及社会环境（消费场所）均对各族群经济行为产生影响；内在因素方面，族群之间的认知了解情况以及经济关系的深度与质量均影响族群经济融合。外在因素影响下的族群经济融合水平较高，而内在因素影响下的族群经济融合水平相对偏低一点，主要源于多族群之间认知与了解程度不够，经济交往过程信任感相对欠缺以及经济交往环境不能充分满足族群经济交往的客观需求。基于行为经济学相关理论，个人经济行为选择受到商品的价格、质量、消费场所的环境、安全等客观实际因素的影响，同时也受到个人内在的偏

好、情绪等因素的影响,进而影响个人经济交往能力与他人的经济关系。因此,多族群在经济交流、交往时会受到个人情感认知的影响,进而会影响多族群经济的融合。

第三节 基于商业布局的经济融合评价

基于商业布局的调研主要选取乌鲁木齐七区典型样本道路(以繁华、人流量较多的街道为主)对道路两侧餐馆进行拍照统计,以消费内容划分为民族特色美食餐馆与中、西餐馆两大类,研究区域样本道路商业布局的经济融合度,具体框架如图5-2所示。

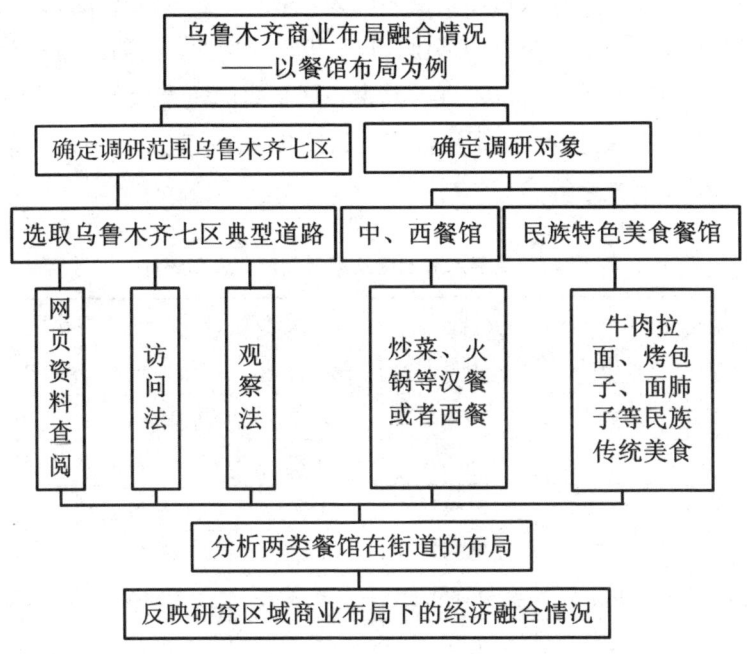

图5-2 基于商业布局的经济融合框架

一、研究区域概况

乌鲁木齐城市发展历史悠久，曾用名为迪化，意为优美的牧场，是古丝绸之路新北道上的重镇，东西方经济文化的交汇点，中原与西域经济文化的融合处。从形成、发展到成为新疆的首府，乌鲁木齐经历了长久的过程。至今为止，乌鲁木齐行政辖区为七区一县（沙依巴克区、水磨沟区、天山区、经开区、高新区、米东区、达坂城区以及乌鲁木齐县）。截至2017年末，乌鲁木齐市辖区面积14875.5平方千米，总人口267.87万人口，少数民族69.3万人，其中世居少数民族13个，城市汉族与少数民族的比例为2.86：1。

通过第六次全国人口普查，由表5-17可知，乌鲁木齐从事第三产业人口占新疆从事工作人口的68.11%。乌鲁木齐七区从事三大产业人口的比重中，只有达坂城区从事第二产业的人口比重较大，从事第三产业人口比重较小；其中天山区与沙依巴克区有80%左右的从业人口从事第三产业；高新区与水磨沟区有70%的从业人口左右从事第三产业；其余各区从事第三产业的人口不足50%。现如今城市经济的快速发展，资源性产业的发展逐渐衰退，大力发展第三产业成为经济发展的必然趋势。

表5-17 乌鲁木齐七区从事三大产业人口统计

地区	16岁及以上人口总计	各种行业人口总计	三大产业人口占行业人口比重（%）		
			第一产业	第二产业	第三产业
乌鲁木齐市	251144	146362	6.45	25.44	68.11
天山区	55190	29109	0.87	18.34	80.8
沙依巴克区	56150	31845	1.97	18.11	79.92
高新区	60229	35333	1.27	29.11	69.61
水磨沟区	32090	20449	1.8	28.68	69.52
经开区	13797	8309	15.84	35.84	48.32
达坂城区	3289	2209	33.95	40.79	25.26
米东区	24634	15114	20.39	36.87	42.74

数据来源：第六次全国人口普查。

乌鲁木齐七区调研道路的概况说明如表 5-18 所示。

表 5-18　乌鲁木齐七区调研道路概况说明

区域	调研样本道路	调研区介绍
沙依巴克区	南昌路 南昌北路 农大东路 金沙江路 西北路 博物馆南巷 明园西路	沙依巴克区是乌鲁木齐市中心城区之一，居住着汉族、维吾尔族、回族、哈萨克族等 38 个民族，辖区内有重要交通枢纽火车南站和五大商圈（南站商圈、红山商圈、友好商圈、北园春商圈和西山商圈），该区商贸经济活跃，是典型的商贸型城区。调研道路中，西北路较为繁华，多商业布局；农大东路、南昌北路附近分布居住小区及学校
水磨沟区	南湖东路 南湖东路南二巷 南湖东路北五巷 沿河路西一巷 温泉西路北五巷	水磨沟区位于乌鲁木齐市东北部，是乌鲁木齐四个中心城区之一，区内有汉族、维吾尔族、回族、哈萨克族、锡伯族等 29 个民族，该区是乌鲁木齐的政治、文化与信息中心。此次调研中以南湖东路为中心，观察并拍照南湖东路南二巷与南湖东路北五巷热闹小吃街。沿河路西一巷与温泉西路北五巷靠近中学与居住小区，附近餐馆众多，故被选作调研样本道路
天山区	胜利路 新华南路 新华北路 英阿瓦提路 河坝巷 领馆巷	天山区位于乌鲁木齐的东南部，辖区总面积 200 平方千米，区内居住有汉族、维吾尔族、回族、哈萨克族等 44 个民族，是乌鲁木齐的政治、经济、文化、教育、金融中心。天山区少数民族人口相对较多，地区民族特色较显著。该区民族特色美食分布较多，尤其是英阿瓦提路、河坝巷和领馆巷。胜利路邻近学校，新华南路与新华北路为大小西门商圈，商业繁华，日均人流量大
经开区	八一支路 灯笼渠街 柯坪路 安康路 南屏街 东林街 西园路	经济开发区（头屯河区）是全疆第一个国家级开发区，是乌鲁木齐特有的多功能、复合型经济区，集国家级开发区、行政区、综合保税区及若干特色功能园区于一体。经开区地域广阔，八钢和西站地区人口相对较多，故选两个典型地区的主要道路作为调研对象

续表

区域	调研样本道路	调研区介绍
高新区	鲤鱼山南路 贵州路 桂林路 天津南路	高新区（新市区）是乌鲁木齐中心城区之一，近几年发展迅速，环境优美，设施现代，旨在打造科技与商务、工作与居住融合的理想新城。调研道路中，鲤鱼山南路较长，途经医院、学校、购物广场等人流量大的地区，天津南路为该区的美食中心，道路两侧餐馆布局集中，故选取四条道路作为样本中心
米东区	馨香街 古牧地中路 古牧地东路 广兴西街 米东南路	米东区内有汉族、回族、哈萨克族、维吾尔族等32个民族，以回族为主体的少数民族占总人口的33.46%。调研道路中，馨香街与广兴西街餐馆的布局主要服务对象为附近小区荷兰小镇与香榭丽提的居民；米东南路为该区主要道路之一，沿街分布餐馆众多，故选取作为调研对象
达坂城区	达坂城街 洛宾路 古城新街 东兴南路	达坂城区位于乌鲁木齐的南郊，距乌鲁木齐市区86千米，区内以汉族、回族、哈萨克族、维吾尔族为主，少数民族占据总人口的50%以上。达坂城的旅游资源丰富，近几年旅游业发展较快，带动了当地经济发展。达坂城地广人稀，达坂城街为主城区繁华道路，故选取作为调研样本。东兴南路位于东沟乡，该区近些年旅游业发展迅速带动了该地商业与经济的发展

二、乌鲁木齐七区经济融合度评价与分析

运用融合指数计算各区经济融合度，通过区位熵反映各街道餐馆分布情况，以反映街道经济融合情况。

$$D = \frac{1}{2}\left(\sum_{j=1}^{n}\left|\frac{x_j}{X} - \frac{y_j}{Y}\right|\right) \times 100\% \qquad (5\text{-}14)$$

融合指数：$C = 1 - D$

第五章 乌鲁木齐典型社区经济互嵌性测评

离散系数：$L = \dfrac{s}{\bar{x}}$

x_i 表示在道路内中、西餐馆的数量；y_i 表示道路内民族特色餐馆的数量；X 表示研究大区域内各个道路中、西餐馆的总量；Y 表述研究区域内各个道路民族特色餐馆的总量；D 表示大区域中两类餐馆的分异指数，反映两者之间的分异程度，取值范围为 [0，1]；C 表示研究区域内两类型餐馆的融合指数，取值范围 [0，1]，指数越大，表示研究大区域经济融合度越高。为了比较每个指标的融合程度，将融合指数划分为五个等级：低度融合（0.000—0.200）、较低融合（0.201—0.400）、中度融合（0.401—0.600）、较高融合（0.601—0.800）、高度融合（0.801—1.000）。离散系数中，s 表示样本标准差，$\bar{x}$ 表示样本均值，离散系数主要是比较不同组别数据的离散程度。文中将中、西餐馆赋值为 1，民族特色美食餐馆赋值为 0，将各组道路的餐馆赋值为数据组，计算各道路的离散系数。最终离散结果越接近于 1，表示该组数据越离散，也表明研究道路的中、西餐馆与民族特色美食餐馆分布离散，间接说明两类餐馆布局互嵌与融合。当数据越远离 1 时表明餐馆布局并不离散，分布不够融合。

从族群社会学角度来看，各族群成员在日常经济生活中的相互交往和接触的场所有很多，以餐馆消费场所为调查点，分析乌鲁木齐多族群的消费格局状况。乌鲁木齐市族群众多，多民族特色风情成为与其他城市与众不同的特点。不同族群的特色美食各不相同，本研究选取乌鲁木齐七区的典型道路（主要是人口流动量大的街道片区为样本点）的餐饮美食店为研究对象，道路餐馆以消费内容划分为民族特色美食餐馆及中、西餐馆两大类。民族特色美食餐馆主要是抓饭馆、拌面馆、牛肉拉面馆等民族传统美食为主的餐馆，中、西餐美食则主要是以家常炒菜、火锅等，汉餐为主。民族特色美食种类繁多，故文中不单独细分。本次调研通过个人日常经济行为中最普遍的餐饮类消费为指标，衡量并反映多族群的经济融合状况，调研以实地走访及拍照统计为主，将样本道路两旁的餐馆归类划分并进行统计。统计结果如表 5-19 所示。

表 5-19 乌鲁木齐市调研道路餐馆统计与分析

乌鲁木齐市	道路名称	中、西餐馆	民族特色美食餐馆	道路餐馆合计	区域餐馆合计	离散度
沙依巴克区	南昌路	22	24	46	220	1.103
	南昌北路	15	12	27		0.911
	农大东路	16	18	34		1.077
	金沙江路	11	8	19		0.876
	西北路	40	23	63		0.764
	博物馆南巷	8	7	15		0.968
	明园西路	12	4	16		0.596
水磨沟区	南湖东路	18	4	22	165	0.482
	南湖东路南二巷	40	16	56		0.638
	南湖东路北五巷	21	18	39		0.938
	沿河路西一巷	7	10	17		1.232
	温泉西路北五巷	15	16	31		1.087
天山区	胜利路	11	28	39	154	1.616
	新华南路	36	24	60		0.823
	新华北路	11	4	15		0.624
	英阿瓦提路	5	14	19		1.719
	河坝巷	0	6	6		0.000
	领馆巷	2	13	15		2.542
经开区	八一支路	3	4	7	186	1.247
	灯笼渠街	9	4	13		0.694
	柯坪路	29	15	44		0.728
	安康路	22	10	32		0.685
	南屏街	11	7	18		0.821
	东林街	10	6	16		0.800
	西园路	39	17	56		0.666

续表

乌鲁木齐市	道路名称	中、西餐馆	民族特色美食餐馆	道路餐馆合计	区域餐馆合计	离散度
高新区	鲤鱼山南路	89	71	160	319	0.896
	贵州路	12	7	19		0.785
	桂林路	9	8	17		0.972
	天津南路	87	36	123		0.646
米东区	馨香街	34	13	47	261	0.625
	古牧地中路	10	3	13		0.570
	古牧地东路	8	7	15		0.968
	广兴西街	51	27	78		0.732
	米东南路	66	42	108		0.801
达坂城区	达坂城街	25	49	74	111	1.410
	洛宾路	3	3	6		1.380
	古城新街	3	5	8		1.095
	东兴南路	13	10	23		0.794

通过实地调研发现，餐馆分布范围多以人群聚集区为中心，多分布在住宅小区、学校或医院等人流量较大的地区周边。根据研究内容及目标需要，构建融合指数，并通过主要指标的评价方法，客观科学地评估衡量多族群的经济融合程度。融合指数反映研究区域内某一族群与另一族群的相对融合状况，主要分析不同族群整体融合情况，文中则以分析民族特色美食餐馆与中、西餐馆的相对融合状况反映多族群经济融合状况。融合指数由全局分异指数推算出来，全局分异指数多由社会学者及城市地理研究学者用来测算居住分异指标。通过离散系数以及道路餐馆的分布分析两类餐馆布局情况（表5-20），以此为切入点反映多族群经济交易的商业布局情况。

表 5-20　乌鲁木齐市七区调研道路餐馆布局情况

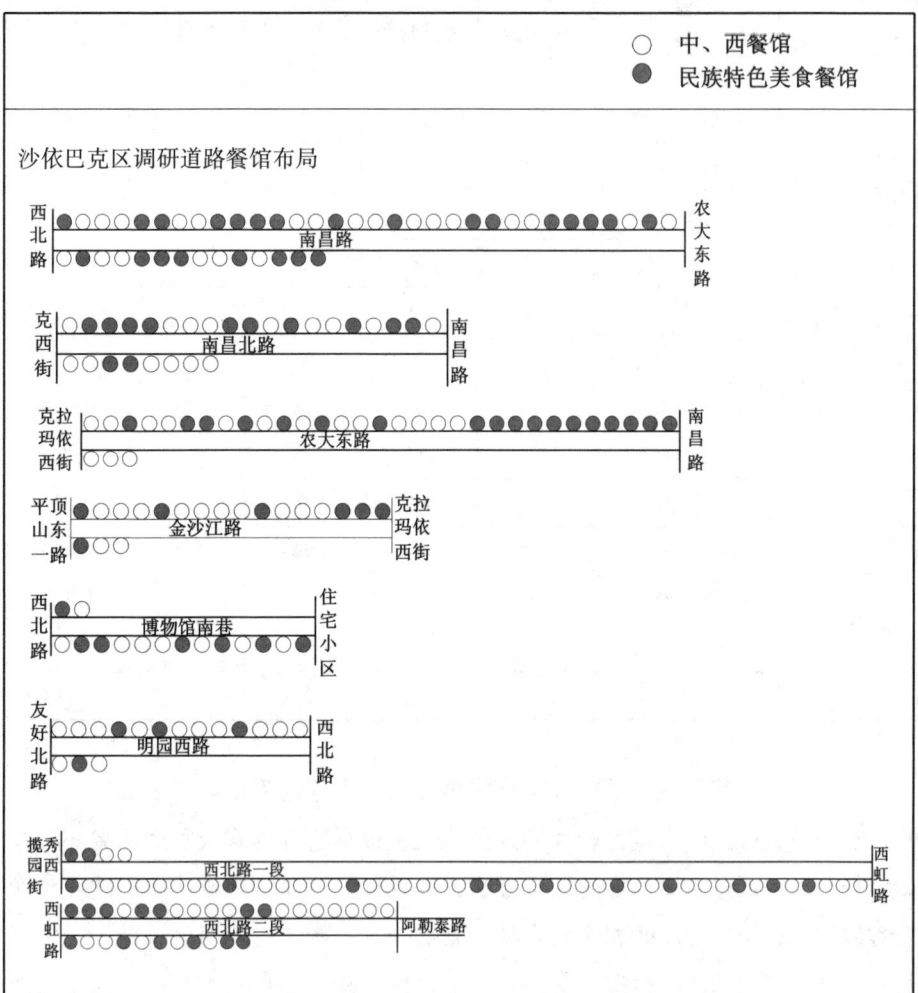

沙依巴克区的道路图中，农大东路与西北路均存在六个以上同类餐馆集中布局的现象，明园西路的中、西餐馆集聚程度高，而民族特色美食餐馆分布较少，该情况出现的原因主要是该条街道的餐馆主要以火锅店为主，并形成"火锅饮食街"。南昌北路与农大东路民族特色美食餐馆分布多的主要原因在于两条街道均有学校，学校是人口数量较多的场所，附近容易形成小吃一条街来满足众多人群的多样性消费需求。

续表

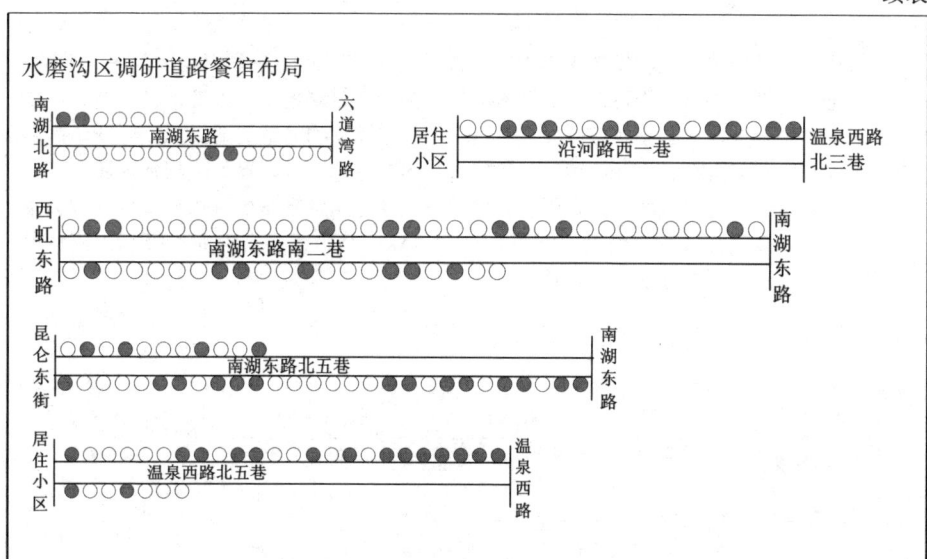

水磨沟区的调研道路中，南湖东路北五巷两类餐馆融合度布局情况相对比较理想。南湖东路街道中、西餐馆集聚程度高，而民族特色美食餐馆分布较少，而沿河路西一巷则与此种情况截然相反。南湖东路的餐馆沿街分布，而沿河路西一巷主要依靠附近学校和居住小区分布，该地区小区少数民族人口分布相对较多，因此餐馆随着地区人口的经济需求而布局，从餐馆名称就可以看出餐馆类型，中、西餐厅与民族特色美食餐馆互嵌型布局。

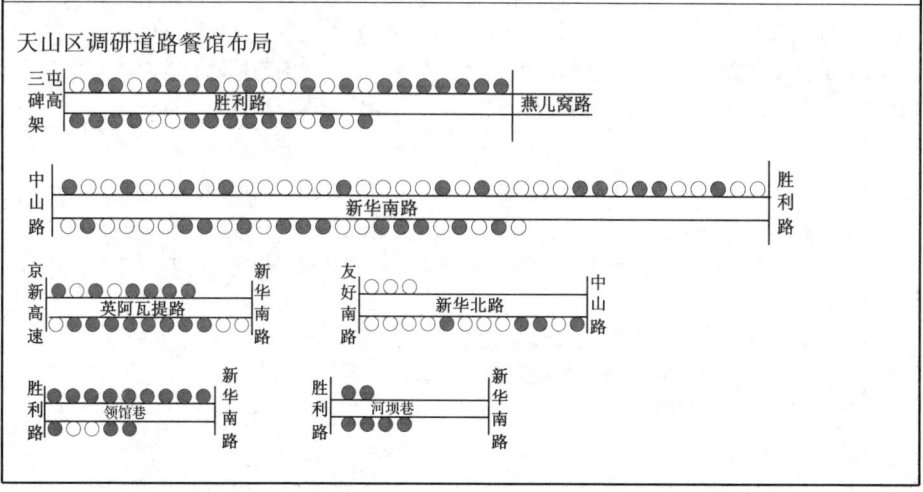

续表

天山区在其历史变迁与发展中，少数民族相对集聚分布。新华南路和新华北路中、西餐馆分布较多主要是因为该地区是乌鲁木齐市的商业繁华地带，批发市场、商贸城均聚集于此，形成大西门、小西门商圈，是乌鲁木齐市民购物的重要地区。该区新华南路在商业布局上相对融合，中、西餐馆与民族特色美食餐馆镶嵌布局。英阿瓦提路、河坝巷、领馆巷三条街道少数民族人口较多，因此民族特色美食餐馆数目相对偏多且较为集中布局，道路两侧民族特色美食餐馆不论是在名称还是店铺装修方面均极具民族特色风情。
经开区调研道路餐馆布局 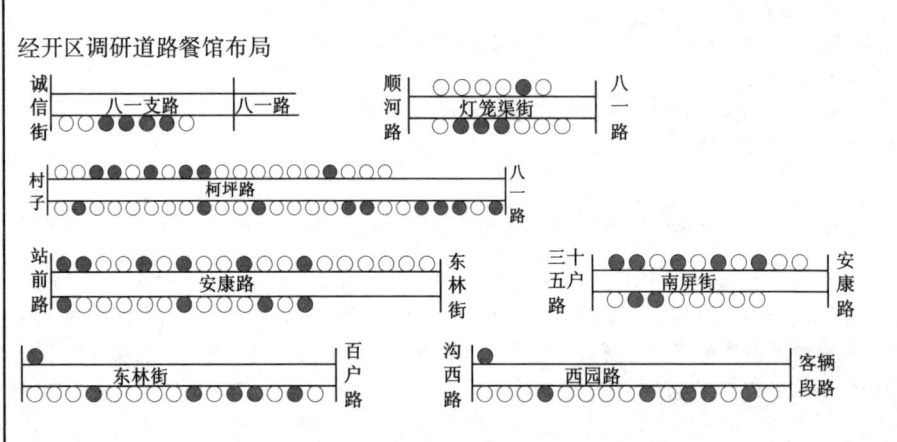
经开区整体融合情况较好，道路两类特征餐馆分布数目差距小，分散程度相当。在八钢地区选取八一支路、灯笼渠街、柯坪路为样本道路，当地交易集市位于柯坪路一侧，较为热闹与繁华。西站地区选取安康路、南屏街、东林街与西园路为样本道路，道路两侧多居住小区，道路两类餐馆分布较为分散，整体呈现较融合的状态。
高新区调研道路餐馆布局 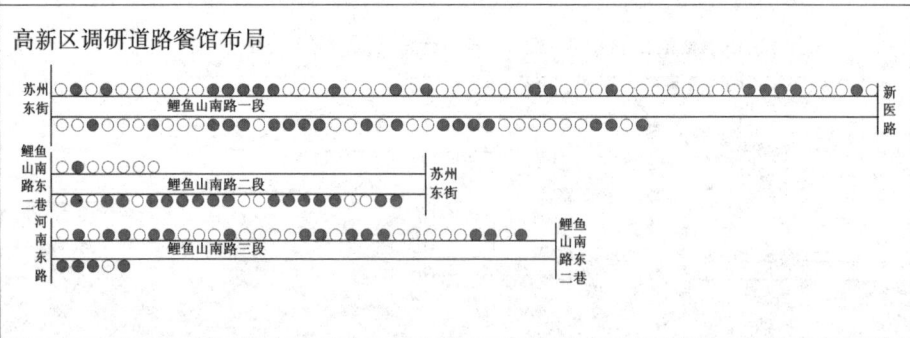

续表

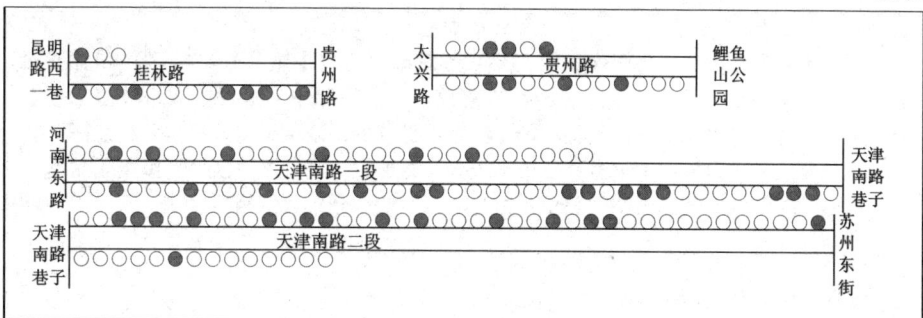

高新区调研样本道路两类特征餐馆分布差异并不十分明显。高新区近几年不论是工业还是商业发展均逐渐跟随城市发展步伐。鲤鱼山南路为高新区主要道路,全长4.7千米,途径学校、医院以及居住小区,整体商业发展相对繁华。结合餐馆布局分布而言,鲤鱼山南路一段餐馆布局互嵌融合度没有达到良好状态。贵州路与桂林路道路两类型餐馆布局均匀。天津南路为高新区著名美食街,众多餐馆均集聚于此,经调研发现,中、西餐馆分布较广,民族特色美食餐馆穿插分布于中、西餐馆,基于商业布局层面而言,经济融合度一般。

米东区调研道路餐馆布局

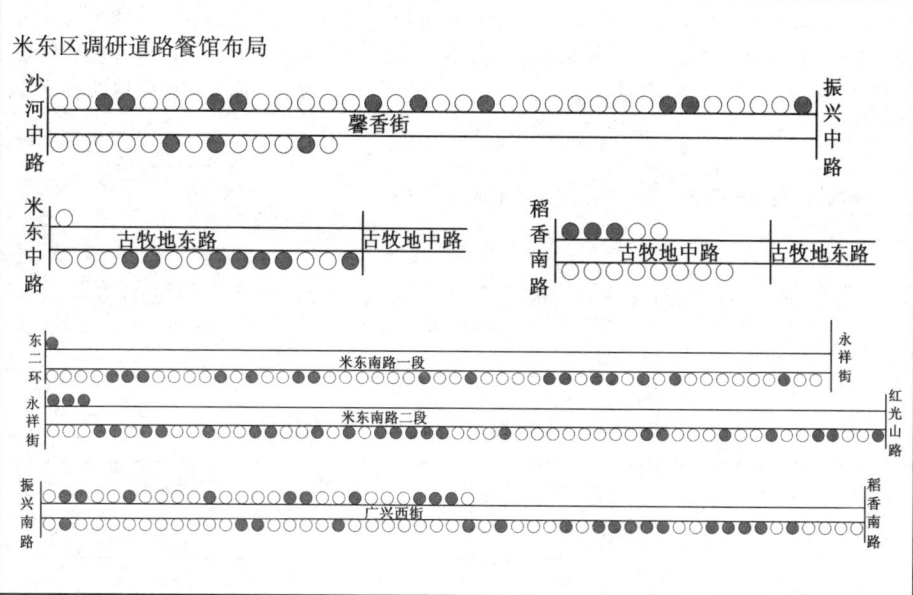

续表

> 米东区的馨香街和广兴西街餐馆主要服务对象为荷兰小镇（住宅小区）和香榭丽都（住宅小区）的居民，该地区汉族人口落户较多，因此中、西餐馆数目较多。基于离散系数发现，古牧地中西民族特色美食餐馆数目较少，该道路两类餐馆分布互嵌融合度欠佳。米东南路为街道主干道，餐馆集中分布在街道一侧，该地区少数民族尤其是回族人口相对较多，地区民族特色美食餐馆与中、西餐馆分布数量相当。

达坂城区调研道路餐馆布局

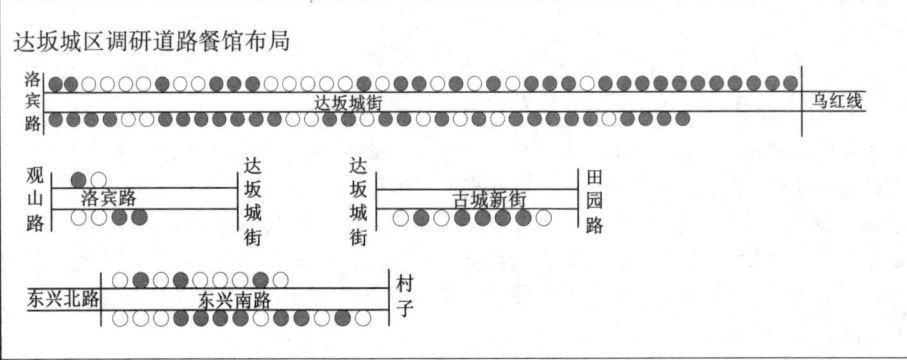

> 达坂城区地广人稀，且乡镇之间间隔距离远，本次调研主要以达坂城镇和东沟乡镇为主要样本区域，其中东兴南路为东沟乡主要道路。调研发现达坂城街民族特色美食餐馆相对较多，原因是本地少数民族人口较多，尤其是回族人口，而东兴南路道路餐馆分布主要是为景区服务，多为农家乐之类的餐馆。

数据来源：作者沿道路拍照汇总整理所得。

通过调研道路数据以及融合度公式，计算得出乌鲁木齐七区融合度如表5-21所示。

表5-21 乌鲁木齐七区融合度计算结果

	沙依巴克区	水磨沟区	天山区	经开区	高新区	米东区	达坂城区
经济融合度	0.857	0.738	0.592	0.923	0.850	0.905	0.830

结合离散度与七区调研道路餐馆布局而言，以离散度大于1.4及小于0.6为界限，明园西路、南湖东路、胜利路、新华北路、英阿瓦提路、河坝巷、领

馆巷、古牧地中路、达坂城街的两类餐馆的布局互嵌融合程度不够,同一类型餐馆较多且集中在一起,两种各类型餐馆相隔错落性布局情况较少。

乌鲁木齐七区的经济融合度结果由高到低排列为经开区(0.923)、米东区(0.905)、沙依巴克区(0.857)、高新区(0.850)、达坂城区(0.830)、水磨沟区(0.738)以及天山区(0.592)。经开区和米东区的经济融合已经达到高度融合;沙依巴克区、高新区、达坂城区以及水磨沟区达到较高融合;天山区处于中度融合状况。整体来看,乌鲁木齐市各区整体经济融合情况较好,天山区少数民族相对较多,族群经济融合需要紧跟党和国家的政策,更好地实现族群的经济融合。乌鲁木齐市各区域内不同街道的中、西餐馆与民族特色美食餐馆分布状况主要依据附近居住小区、单位或者周边人口流量的情况决定。

基于结构化理论,吉登斯从行动和结构的交织角度对社会结构与社会互动的关系做了深入了解,他认为社会结构的构成是一个过程,这个社会化的过程具有行动和结构的二重性特征,社会系统的结构特征对于它们反复组织起来的实践来说,是后者的中介,亦是后者的结果。没有人们之间的社会交往、社会互动,就不可能形成社会关系和社会结构。同时,社会互动又促进着社会结构的改变,促进着社会的发展,这种变化和发展是多方面的。多族群之间的经济行为与经济互动的多样性促进着消费结构与消费场所地理位置的改变。饮食消费是个人日常重要的经济行为之一,多族群饮食消费的偏好对不同类型餐馆的布局产生重要的影响作用。餐馆作为消费的重要场所之一,主要分布在人流量较大的地区。首先,居住小区是重要的餐馆分布区,道路餐馆的分布主要交易对象为小区居民,方便、距离近是这些餐馆独特的优势,调研过程中有很多地区餐馆布局均是如此。其次,学校、医院或者车站等周边由于多族群人口流动性强且数量大,因此,容易形成各类型的餐馆,以满足不同消费群体的需求。饮食消费场所是商业区的重要组成部分,商业区是各族群重要的消费互动场所,商业区的合理规划不仅为该地带来大量消费群体从而产生更多经济交易,同时也会促进族群之间经济交流、交往,相知了解,因此,商业规划的布局对促进多族群经济融合至关重要。

对乌鲁木齐城市商业规划布局而言,餐饮消费是多族群经济交往最频繁的活动，因此，文中以餐馆为切入点，对乌鲁木齐七区典型道路调研分析餐馆布局情况。在现实生活中，除了餐饮消费场所分布依据个人经济活动而分布，各类型的商业场所均依照消费群体的经济活动而分布，人与人之间的经济交往依赖于消费场所的地理位置与规划布局，消费场所也依据人的经济活动分布而布局。因此，构建城市多族群商业设施融合性分布是实现族群经济融合的基本前提。多族群融合是城市发展的目标，通过对城市多族群商业的合理规划与布局，可以促进多族群经济融合性发展。

通过对乌鲁木齐经济融合状况的调研分析结果及国内外相关学者的研究与理论，可以从空间规划的角度着手，为实现城市多族群经济共同发展，营造城市美好生活提供建议与相关理论基础。

第六章

构建多民族互嵌式社区的机制分析

第一节 居住空间视角下多民族互嵌式社区的机制分析

一、互嵌式社区居住空间环境机制

根据上文提出的居住空间环境标准,即一般性环境标准和特殊性标准,提出相应居住空间环境机制,即一般性环境机制和特殊性环境机制。

(一) 一般性环境机制

虽然多民族互嵌式社区在内涵和要求上有别于民族混居社区和单一民族社区,但在满足居民最根本生活需求的基础设施方面,三者具有一致性。居住空间环境方面,多民族互嵌式社区应同民族混居社区和单一民族社区一样,首先满足一个社区应具备的居住空间功能和环境条件。

一般性环境机制是构建多民族互嵌式社区居住空间环境最初级也是最必要的环节,它是构建多民族互嵌式社区进一步建立特殊环境机制的基础,要求多民族互嵌式社区同一般社区一样能够为社区居民提供最基本的人身财产安全保障。社区公共服务设施齐全,能够满足社区居民最基本的日常生活需求,包括可供社区居民学龄前儿童接受学前教育的幼儿园或托儿所学前教育机构,可供社区居民就医看病的社区卫生服务中心或卫生站,可供社区居民进行日常采购的市场和商超，社区内部应具有供社区居民进行户外活动的空地（如小广场、花园、健身器材等）和休憩设施（如凉亭、座椅等）。除此之外，多民族互嵌式社区还应提供社区居民便利的交通环境，社区附近有可供居民出行的公交车站或 BRT 车站，社区内部道路平整无障碍物，可以通向各个服务设施点，不弯不饶，可望可及。在多民族互嵌式社区居住的居民还需要舒适的生活环境，包括令人心情愉悦的绿化环境，社区环境干净卫生有专人维护，有定点定时回收的垃圾站点，夜间无噪声干扰居民休息。

（二）特殊性环境机制

一般性环境机制适用于所有社区，而特殊性环境机制是在考虑到多民族互嵌式社区特殊性的情况下提出的。相比于民族混合居住模式和单一民族社区，多民族互嵌式社区作为不同民族共存的空间载体，具有更鲜明的文化多样性、包容性以及开放性等特点，多民族互嵌式社区最大的特征是其复杂的民族结构，这一特征决定了多民族互嵌式社区居住空间除了需要满足居民一般性社区环境需求外，还应针对多样性的民族文化、民族性格、民族习俗提供一套有助于各民族交往、交流、交融的特殊环境机制。

特殊环境性机制是构建多民族互嵌式社区的重要环节，在一般性环境机制基础之上，特殊性环境机制主要起到两方面的作用：一是促进各民族互嵌互融的推力作用，二是减少各民族间发生日常摩擦和冲突风险的规避作用。它要求多民族互嵌式社区应做到以下几点：

其一，社区居民在信息流通方面应当具有公平性。因其文化的多样性常常使得各民族间语言交流不通畅，难以顺利交流，进而产生交往障碍和心理隔离，多民族互嵌式社区内部居民间交流、交往最直接、最大的障碍就是语言不通。所以在对多民族互嵌式社区居住空间环境的考量方面，应将语言问题纳入其中，主要包括两点：一是社区向各民族传送政策、文化宣传、社区事务等信息，时间上应一致，信息量上应相同；二是社区居住空间以国家通用语言进行宣传，如提示、警示标语、社区宣传栏等。

其二，多民族互嵌式社区居住空间在民族信仰和风俗习惯方面应当具有包容性。各民族间具有相互包容的能力，居民应相互理解彼此的文化习俗，相互尊重各民族的生活习惯。同时，社区居住空间也应避免出现引发个别民族不满、易引起冲突的标识。

其三，多民族互嵌式社区居住空间应具有开放性。社区的开放性指社区对外不封闭，对内不封锁，能够进行有效的信息交换。多民族互嵌式社区居住空间的开放性和安全性是存在一定矛盾的，但并不具有绝对性。社区的封闭能够有效将不确定人员和物品拒之门外，消除不安全因素，但绝对的封闭不代表绝对的安全。而且过于封闭的社区空间是导致各民族空间隔离和心理隔阂的主要因素，因此，多民族互嵌社区应在保证社区安全的前提下进行开放。

二、互嵌式社区居民空间结构调节机制

（一）民族结构机制

为了消除民族间的不熟悉感，打破聚族而居的居住格局，新加坡政府推出了"居者有其屋"的混合居住政策，按照一定的国民比例确定组屋内的族群比例进行组屋族群配额。组屋政策不但解决了新加坡国民的住房问题，使新加坡87%的国民从中受益，还打破了各族群居住分异的界限。我们很难想象居住隔离且拥有各自独有生活方式、价值认同的人群能够包容彼此间的文化差异，理解彼此间的行为动机。多民族互嵌式社区坚决不会允许这种现象发生，因此，打破各族群聚居界限是构建多民族互嵌式社区的首要任务。

受新加坡"居者有其屋"混合居住政策的启发，乌鲁木齐市提出民族结构机制，民族结构是衡量多民族互嵌式社区是否达到形式互嵌的基本标准，旨在打破各民族间的族际界限，消除族际的隔阂与对立，它要求社区居民民族比例与乌鲁木齐市民族比例符合或无限接近，并保证各民族"拼盘"和"马赛克"式的居住融合结构，为各民族融合打下空间基础。

（二）空间结构调节机制

张璎（2016）从居住融合视角出发，认为如果族际居住结构失调，就难免会造成多民族社区不同民族之间的物理空间隔离，限制族际交往的机会，严重影响族际关系。李俊清（2014）也同样表示不同民族只有在长期共同生活和交流互动中，才能对彼此的文化、生活方式更加了解并相互尊重，从而和谐相处。

构建具有新疆特色的各民族相互嵌入式社区是打破不同民族间居住隔离现状，促进各民族相互了解、尊重彼此生活方式、和谐共处的有效途径。

民族结构机制主要是在城市层面上，以社区为界限，考察各民族空间分布和居住分异情况，其缺点是无法对小于社区的空间单位进行考察，在实际调研中，仍存在以小单位空间为界限的族际隔离，例如，在社区内，以小区为界的族际隔离或以单元楼栋为界的民汉分割。为弥补这一不足，提出空间结构调节机制。空间结构调节机制是在社区民族结构已符合标准的基础之上，在小区或单元楼层面，进一步对社区各民族居民居住空间结构提出要求，理想的居住格局是各民族交错而居，互为比邻，正如王希恩（2016）提出的"拼盘"和"马赛克"式的居住融合结构。民汉互嵌的空间结构是衡量多民族互嵌式社区是否达到形式互嵌的最终标志，对构建多民族互嵌式社区具有重要意义。

三、互嵌式社区居住空间交往互动机制

互嵌式社区居住空间交往互动机制是指居住空间在各民族不同交往行为过程中，能够表现和发挥出的各种具有推动和促进各民族良好互动的功能和作用。

基于交往与空间理论，扬·盖尔（2002）通过简化人与人之间各种接触形式，归纳出不同的接触程度，认为人与人之间的交往互动分为"被动式接触、偶尔的接触、熟人接触、朋友接触、亲密朋友接触"五种程度类型：（1）被动式接触，即视听接触，这类接触不需要任何心理和情感上的认同，就如大街上听到路人大声交谈或看到一处引人围观的杂耍活动一样。针对被动式接触，居住空间需要提供良好的环境，才不至于发展不良被动接触，如因空间拥挤致使陌生人发生碰撞而产生口角。（2）偶尔的接触，这类接触基于彼此认识，即具有轻度的心理和情感认同，因某些目的不同的活动在相同空间内有了交集。针对偶尔接触，居住空间需要为其进一步建立其他程度的接触，如可供休憩的场所，供人们停留并进行交谈。（3）熟人接触，此类接触表明人们彼此间有一定的了解，具有较好的心理和情感认同，因某些目的相同或不同的活动在不定或特定的空间进行交集。针对熟人接触，居住空间需要为其保持已建立起来的接触，如功能设施齐全，供人们完成有目的的活动或无目的的逗留。（4）朋友接

触,此类接触基于较深的心理和情感认同,人们能够交换更多内部有用的信息,居住空间需要为其了解外界各种信息提供辅助,如交通便利、排除干扰等。(5)亲密朋友接触,此类接触只有在心理和情感认同达到相当高的程度才会发生,此阶段人们能够相互启发,产生新的认同,居住空间需要为每一次接触顺利进行提供舒适的环境。针对以上人们不同类型的接触,基于居住空间视角,提出三种交往互动机制,即不良交往互动抑制机制、交往互动供给机制和交往互动辅助机制,并总结出社区居民不同接触类型相对应的交往互动机制,详情如表6-1所示。

表6-1 社区居民接触类型及其对应交往互动机制

接触类型	发生条件	交往互动机制
被动式接触	无须任何心理和情感上的认同就可发生,和陌生人都会发生	不良交往互动抑制机制
偶尔接触	基于彼此认识,即具有轻度的心理和情感认同,因某些目的不同的活动在相同空间内有了交集	交往互动供给机制
熟人接触	彼此间有一定的了解,具有较好的心理和情感认同,因某些目的相同或不同的活动在不定或特定的空间进行交集	交往互动辅助机制
朋友接触	基于较深的心理和情感认同,因某些目的相同或不同的活动在不定或特定的空间进行交集	
亲密朋友接触	只有在心理和情感认同达到相当高的程度才会发生	

(一)不良交往互动抑制机制

不良交往互动抑制机制在多民族互嵌式社区居民日常交往活动中主要发挥降低上述不良交往互动发生的作用。不良交往互动与良性互动对立,表现在多民族互嵌式社区各族居民间的交往行为中。狭窄的居住空间必然加大肢体碰撞的概率,雨后遍布水洼的道路因行车产生的泥点必然会溅在行人身上,面积过小的广场、数量有限的健身器材等设施必然会引起各族居民的抢占。通过改善居住空间环境抑制和防范社区居民间不良互动的发生，有助于民族间团结，营造和谐的社区氛围，并且有效减少社区调解员的工作负担和压力，节约社区人力成本。

（二）交往互动供给机制

交往互动供给机制在多民族互嵌式社区居民日常交往活动中主要发挥保持已建立起来的接触、增加各民族居民接触概率的作用，并制造良好的空间环境延长人们逗留的时间，增加交往互动的程度。交往互动供给机制一般发生在偶尔接触阶段，因为该阶段的人们彼此间具有轻度的心理和情感认同，因某些目的不同的活动在相同空间内有了交集，这种情况下发生轻度不良交往互动，人们会彼此给予理解，相互包容，不至于发展为严重的群体冲突或斗殴事件。当人们出于不同目的在某个空间发生交集，即偶遇时，良好的居住空间环境不但可以保证此次活动的顺利进行，还能为下一次活动的发生奠定基础，而社区干净卫生、舒适的休憩场所（如花园座椅、凉亭等）能够增加人们在此驻足交谈的概率，随着人们逗留时间的增加，新的交往内容也会有所增加，交往程度也会随之加深。

（三）交往互动辅助机制

交往互动辅助机制在居住空间、社区居民日常交往活动中主要发挥助力和推动作用，通常发生在社区各族居民已经具有一定的心理和情感认同的熟人及以上接触阶段。因为在这些阶段的接触，人们有着较深的心理和情感认同，彼此能够交换内部有用信息，相互启发，并产生新的认同。这个时候居民间的关系已经达到能够自主化解或转变不良交往互动行为的水平，也不再需要居住空间为其创造新的交往互动机会，因为人们会根据时间、环境、地点和需要为自己或他人创建新的交往互动。但并不是说，居民达到熟人及以上接触阶段后就不再需要居住空间了。彼时，居住空间仍然发挥着重要作用，即为每一次接触提供舒适的环境，保障居民间顺利完成交往互动活动，为其了解外界各种信息提供辅助，如交通便利、排除噪声干扰等。

第二节　文化融合视角下多民族社区关系构建机制

文化融合是指具有不同特质的文化相互吸收、融化、学习而趋于一体化的过程，原来渊源不同、性质不同、价值取向不同的文化，经过相互接近、彼此协调，在内容和形式、性质与功能以及价值取向、目标取向等方面不断被修正，发生变化，特别是为了共同适应社会的需要，往往渐渐融合，组成新的文化体系。而多民族社区文化融合则是通过对中华民族优秀文化的学习，逐渐形成对中华文化的认同，这与费孝通先生提出的"多元一体格局"理论有相得益彰之效。社区内不同族群、不同文化之间及包括经济政治在内的交流、摩擦乃至对立冲突都是以文化交流为前提，又以文化交流的形式表现出来，通过对中华文化的学习、认同等，可以有效地应对社区问题和居民需求，促进社区发展。通过对不同族群间的行为意愿、情感意愿及族群间通婚率三维度的分析及评价，印证了多民族社区文化的融合要历经交往—交流—融合（整合或交融）的过程，不可能一蹴而就；各民族居民持续性的行为交往在某种程度上会促进彼此在价值认同的过程中产生积极的认知与更深层次的互动往来，如族群间的通婚是文化融合的最优形式的表达。通过深层次挖掘影响多民族社区文化融合的因素，提出多民族社区治理的构建机制。

一、影响多民族社区文化融合的因素

前者已经通过多民族社区居民的行为意愿及情感互嵌程度对不同类型社区的文化融合度进行测评，得到的调研数据略微主观，为弥补问卷调查法的不足，对多民族社区内部采用 P-S-P-L 调研法（Public Space - Public Life Survey，即公共空间—公共生活调研法），该方法旨在通过对社区居民的言语、行为及公共空间活动等观察、了解和掌握不同族群居民在公共空间及公共交往中的社交网络的深度和泛度，进而从小尺度范围内为构建和谐社区提供思路。族群间文化融合依赖于个体间的公共空间、私人空间的行为互动及关系距离，戈登（1964）

从族群融合过程中的自变量和因变量两个方面来讨论族群相互融合的因素,把互动过程的变量分为人们彼此之间的成见、挫折—侵犯机制、自身地位的"失意感""通过冲突实现目标的概率""冲突的调节响应机制"。本研究依据戈登的族群融合的互动变量分析影响深层文化融合的因素。

(一)空间的分异,弱化的吸引力

空间的分异指的是居住空间与娱乐空间的分异,居民的住所与活动场所的距离太远及一些活动场所的半封闭性、半排他性,使得不同族群居民难以进行有效的活动。在走访调研的社区,普遍存在公共性场所不足或被私人占据、娱乐场所难以满足不同族群居民的有效需求,如社区提供的棋牌室、阅览室等休闲场所一般设置在社区服务中心,与居住小区距离远且开放时间短,活动之前还需要申请,复杂的程序使得居民望而却步。一些居民也反映社区休闲娱乐的地方一般都不开放,想进去很不容易,一般少数民族去的地方我们不去,我们娱乐的地方他们也不来,能共同娱乐的场所、活动也不多,只能在小区内部散散步。此外,由于地理位置及时令的差异,户外公共空间活动时间短,室内公共空间活动室的建设很有必要,如在晚八点的水磨沟区某个室内活动室已经人山人海了,而来活动的居民来自不同的辖区,可见室内活动室的缺乏,如图6-1所示。

图6-1 水磨沟区某室内活动场所

（二）族群间交往仍存在"心理距离"

社区内部分异显现，少数民族活动较少，从整个区域格局中，不同族群"大杂居，小聚居"，族群间居住格局较为合理；社区层面的族群分异应该更加重视，有的小区，有几栋单元楼居住的几乎全是少数民族，剩下的单元楼全是汉族居民，极大地影响了不同族群间的互动交流。而一些不稳定事件的发生，扩大了各民族间的不信任关系，各民族间的社会距离和心理距离逐渐拉大。在汉嵌民社区中，汉族居民和其他少数民族居民交往、交流的频率较低，普遍缺乏一种归属感。通过对不同族群居民的行为路径进行归纳，发现汉族居民的生活踪迹较为复杂：汉族居民以单元楼为中心，以"熟人关系"为脉络，交往范围、交往空间不断由同族群向其他族群方向延伸，交往的方式繁多且频率不断增强；少数民族生活踪迹较为简单：以家庭为中心，以"同族居民"为半径，交往范围、交往空间以定点、集聚方式为主，交往方式单一，同族交往频率较高。目前，从整体的局势来看，政府比较重视对"行为"的引导，其主要目标是对不同民族居民行为的引导，强化彼此之间的关系，以缓解群众的焦躁情绪，不断强化的引导措施在某种程度上似乎拉大了这种交往的社会距离。

（三）任务式目标，工作不被理解

社区居民说："我们也很理解社区工作人员的做法，但是我们有时候也需要自己的时间和空间，上了一周的班，周末时间想陪家人出去走走，由于社区工作人员要入户调查，不得不取消计划，社区给我们居民的感觉就是'事事都想管，事事管不好'，久而久之就对社区的事务漠不关心了，社区举办的活动就不想参加了。""如通过'结亲戚'的方式，我们到少数民族的家庭帮助他们解决一些生活上的困难（给予他们一些生活物品、财力支持），他们觉得这是我们的工作，必须完成，"社区工作人员说，"也可能是因为一些风俗习惯的差异，使得我们之间的关系有点平淡。""理解—厌烦—漠不关心—拒绝参加"这一过程正是一种消极的自我保护的体现。

二、多民族社区文化融合机制构建

多民族社区文化融合机制构建，在某种意义上表明了当前多民族社区建设的一种路径探索和行动回归。本研究基于社区问题与需求回应的现实基础，以及互嵌式社区建构理论与族群关系理论，在行为、关系、空间理论层面找到多民族社区文化融合机制构建的理论响应。嵌入式理论强调构建环境基础，保持公共空间内部行为的"可持续性"，"多元一体格局"理论认为"个体抑或是群体行为的可持续性"在于强化彼此间的"一体性"，行为或空间的塑造都在于共建和谐的族群关系，使其形成强烈的价值认同。社区公共空间辅助机制则为族群文化的交往（接触）奠定了空间基础，行为促进机制则为族群文化的交流（认知）提供了相互包容的尺度调适，而关系的联结机制则对社区内部行为规范（整合）提供了路径支撑，如图6-2所示。

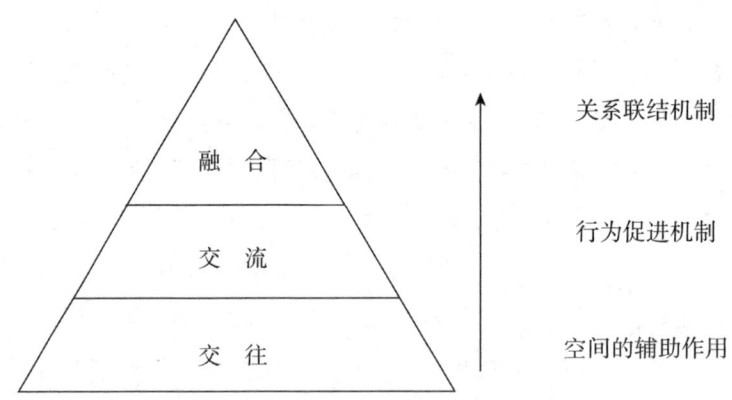

图6-2 多民族社区文化融合过程及构建机制

（一）多民族社区公共空间辅助机制

公共空间环境主要是指居民生活的社区公共空间，公共空间的功能性设置直接影响着社区内部文化融合的走向，多民族社区如果与传统城市社区（同质性较高）内部公共空间的功能性布局一致，直接会影响到少数民族居民持续、有效地参与公共空间生活的意愿。公共空间环境的构建机制主要有两方面：一是利用公共空间的吸引力提高社区内不同族群的互动频率，强化社区居民对彼此的认知；二是空间的社会化形塑，这一形塑旨在利用社区公共文化空间的凝聚力，塑造不同民族对中国传统优秀文化的认知。通过对现代生活方式的一种宣传，将社区现代生活的理念和优秀的文化因子融入其中，柔性而有效地改变不合理的个体行为，让公共空间生活成为铸牢中华民族共同体的动力。

1. 强化公共空间的吸引力

社区内部的公共空间或居住区见面机会和日常活动为不同族群间的交流创造了条件，从低强度的接触（视听接触）—居民间偶然的接触（碰面或打招呼）—熟人之间保持一种已建立起来的联系（相互留信息）—朋友间相互讨论并产生信息的互换—亲密朋友间的娱乐性活动、社会性活动（从活动中获得启发）；然而在多民族社区的公共空间中，缺乏这种低强度的接触形式，使得深层次接触的机会寥寥无几。调研发现多民族社区的生理性功能设施的布置远超过娱乐性功能设施，有的小区甚至连生理性功能设施的布局还未完善，居民宁愿待在家中也不愿意出来。如果能够优化居住区的公共空间布局，强化公共空间的吸引力，为户外公共空间的活动创造适宜的条件，从而激活居民的潜在活动需求，强化不同族群之间低强度的接触、交流。

2. 公共空间的社会化形塑

为了使邻里间的接触和各种形式的公共空间活动向深层次发展，就必须存在一种意义的共同点，如共同的经历、共同的兴趣或共同的问题等，而居民的外在行为活动必然涉及一定的空间，而对公共空间的社会化形塑则会强化这种彼此间的互动过程。多民族社区公共空间的社会化形塑的过程将打破社区内部活动空间的分异以及小空间内"集群"的现象。走进小区的公共活动空间你就会发现不同族群间的居民"扎堆聚集"，汉族居民在活动场所的这边，维吾尔居民在活动场所的那边，活动空间和活动界限较为鲜明，这种情况不利于族群之间接触交流。

首先，改善户外空间的质量。无论是自发性、娱乐性的户外活动都特别依赖户外空间的质量，当条件不佳时，一些极具魅力的活动就会消失，如在一些小区中，道路两边、小区广场都停满汽车，被私人所占据，对广场舞、儿童间的活动都会产生影响，户外空间的人少了，产生活动的人就少了。

其次，公众性场所的开放性。大多数社区提供的棋牌室、阅览室等休闲场所一般设置在社区服务中心，与小区单元楼距离太远，有的甚至只在特定的时间点开放，居住区与公众娱乐区的分异，使得居民们很少进入。

最后,强化公共空间的层次性、针对性。不同阶层、不同群体、不同年龄段的居民对于娱乐的需求是不同的。儿童们更希望参与趣味性的活动,青年人更热衷于热情奔放的活动,中年人则期待娱乐性较强的活动,老年人则更喜欢参与健体类活动。相对于汉族居民来说,少数民族更热衷于舞蹈,而公共空间千篇一律的功能性布置则弱化了这种社会特性。

(二) 多民族社区行为促进机制

社区作为居民生活行为、消费行为、休闲行为、交往行为的主要场域,这意味着社区里行为构建的主要内容指向家庭的维系和邻里关系的可持续性。人的行为方式、思维逻辑在一定程度上属于文化的外在表现形式,社区内不同族群的语言体系、语言风格尽管表达方式不一,但是在语言背后所表达的"蕴意"却不尽相同,这是实现文化融合的内在基础。而有些民族在生活习俗方面有着比较严格的限制,这些生活习俗就限制了他们与其他族群更广泛的交往,有些习俗与其自身传统文化浸染有关,如饮食方面,民族间各自的饮食习惯不同。基于不同的生活习俗习惯,根据彼此间在语言和生活习俗等方面所具有的共线性程度和近似程度,各个民族间的交往态度有近有疏,无疑会影响民族间深层次的文化交融。当然,多民族社区对于行为的构建是要强化不同族群彼此之间自然存在的亲和力,不仅要关注自己的"小家",更要重视"邻里、单元、社区"这个大家庭,重视个体与社区、个体与邻里、不同族群间、家庭与社区的行为塑造。

1. 语言的逐步规范

语言是一个族群传统文化的载体,也是族群间相互交流的工具,语言间的相互学习是族群交流的必要条件,无论是个体还是群体在社会化的过程中,语言作为交流工具在竞争中逐渐融合。语言作为交流的媒介,培育通用的话语体系,大力推行"国家通用语言文字教育",正是现阶段时代发展的要求,不懂国家通用语言文字很难融入文化融合的潮流之中,同时也折射出语言、文化与经济、社会内在的联系。要坚持正确的语言学习态度,无论是汉语还是其他民族语言一律平等,学习汉语并不是遗忘自己的民族语言,而是现在经济的发展、文化的融合、时代潮流的要求必须掌握通用的语言才能够实现自我价值与社会价值的提升。在天山区的宽北巷社区,少数民族同胞的汉语水平还是有待提高的,语言体系不通畅,使得社区文化认知还停留在浅层的邻里之间,并未完全融入社区的大家庭中。

2. 规范差异化行为

《中华人民共和国宪法》规定中华人民共和国公民有宗教信仰自由。宗教行为则是宗教信仰者内在的观念和情感的外在表现。在日常交流与互动的过程中,少数民族与主体族群在风俗、语言、心理结构和价值观上的差异,使得少数民族价值理念或思维观念不同,宗教文化与风俗习惯的界限较为模糊,对一些行为的解释重视度不够,导致一些民众产生认知上的偏差,为此,有必要理清规范信仰表达的私人空间和公共空间的边界,引导信仰主体有序表达"情感诉求",调动信仰主体自觉适应人文环境和时代发展要求,移风易俗,理性而又合法地融入中华文化之中。

3. 促进行为主体间互动

行为主体之间的互动机制不仅仅是指个体与个体之间的行为认知,更是个体与社区、群体与社区之间的互动交流。个体通过相互交往可使双方相互包容,社区层面通过解释来规范行为的可延续性。无论是生理性行为(衣食住行),还是娱乐性行为都将直接或间接地显示两个民族之间的整体性关系。德国社会学家西美尔认为社区的性质和特点主要是由社区环境和居民心理经验发展出来的,也可以说是环境因素与社区居民互动的结果。在走访调查几个社区后,发现社区内部行为的多元性主要体现在汉、维、哈等多种的行为规范相互渗透及多种风俗惯例的交互熏染,从居民的公共空间活动路径归纳上发现居民对社区活动参与积极性不高,青壮年及少数民族居民较少地参与娱乐活动,少数民族很少愿意去。活动主体的缺失,参与度的降低,有些活动虽举办但已失去了其存在的意义,居民难以在正常的交往中了解彼此间的习俗,很难对社区文化及中国传统优秀文化产生强烈的认知。居民之间存在心理上不了解、不参与、低认同就会影响对中华民族共同体的认同。

(三)多民族社区居民关系联结机制

不同于关系密切性的农村社区、同质性较高的城市社区,族群社区从人文属性上看，社区内不同民族的多元构成、不同风俗规范的冲突与融合、异质的生活习俗等给基层治理带来严峻的挑战，再加上不同族群间的"向群性"交往习惯，对于社区内不同的族群居民而言，面对陌生的环境、陌生的邻里，短期内社区族群关系如果不能有效建立，那么个体就难以融入社区，会形成自我封闭或半封闭的人际交往模式。当前多民族社区治理实践尚处于浅层联动治理（外在化、强制性）阶段，事实表明，无论采用何种社区治理方式，特别是通过不同民族间文化交流来加强各民族间心理的沟通和理解，使得族群关系向着更深层次发展，否则"族群间鸡犬之声相闻，却不相往来"的现象会以各种形式呈现，小单元空间内的交往分异会逐渐扩大，族群间社会关系逐渐淡化。这里的关系逻辑外延性不仅仅是相对静态的邻里交往关系，更包含个人与社区、族群与社区、不同阶层等动态关系，说明社区文化融合要注重"关系的联结"，结构的融入。

1. 公共性事务的关系联结

社区公共性事务的处理使得不同民族的居民利益融合在一起。个人为了某种动机采取"理性或非理性"的方式实现自己的目标，如果目标实现的概率较大，采取的方式可能会温和一些，如果目标实现的概率较小，从而就会激起本民族与其他民族相互联动共同实现这个目标。如在万豪家园小区，这个小区的物业服务标准有待提高，有一位汉族居民与维吾尔族居民在为住户门口卫生归属问题而争吵不休，经过社区工作人员的劝解，两家达成轮流值日的协议；而在一些基础设施老旧的社区，如清海寺小区，小区居民对供暖问题有很大的意见，认为小区的供暖设施没有以前温度高，需要对其设备进行检修，每次居民向物业及小区提出建议时，小区都说马上检修，保证大家的供暖，然而等了半个月，没有见任何动静，然后小区住户便联合起来向小区提意见，很快小区的供暖就恢复如初了。正是由于族群间的互动行为，实现了大家的目标。然而在异质性较大的社区中，为实现既定目标及利益，不同的族群采用什么样的方式、采用什么样的策略势必会影响到其他族群，如果成功实现既得目标，冲突则会停止；反之，冲突则会升级，这就需要我们从行为主体对其行为逻辑进行规范。

2. 个人与组织间关系联结

在社区单元范围内不仅是个体关系的联结,更是个人与组织之间的关系互动。在社区中无论是个人还是群体在自身利益需求实现的过程中,实行策略和实施方式难免会影响他人或群体的既得利益,在利益竞争的过程中无疑会造成个体或群体间的冲突,社区组织在利益的维护和保障中起到了缓冲的作用,如果社区组织没有一个调节响应机制或调节响应时间错位,将会对个人及群体间的关系产生恶劣的影响,如果在事件爆发前或爆发中制止,冲突的影响在一定程度上会减小,如在管理过程中事先反馈、事中反馈;如现阶段对民族社区的治理注重民族事务治理理论与实践相结合,通过民族工作治理经验政策化的深入实践,实现民族事务治理体系和治理能力的现代化,形成了一套适合多民族社区发展的治理模式——"网格化治理模式+访惠聚模式",其治理模式是根据社区具体情况,按照一定的属性将辖区划分为单元网格,通过任务导向的工作机制,责任到人,运用现代数字化、信息化手段,对单元网格的摸排,及时主动发现社会隐患并服务居民,提高基层治理的能力。由于能够精准快速地定位并处理居民之间的冲突,较大规模的冲突难以形成。正是由于不同族群个体与社区各种组织的有机联系,才保证了社区各项事务的顺利执行,通过组织这个利益交互点,使得不同族群的利益得到最大限度的保障。

第三节 经济行为视角下的乌鲁木齐多族群融合机制构建

多族群经济行为融合是构建多族群和谐社会的重要因素。个人经济行为是一般性社会行为,其逻辑基础是人在所处的社会结构、社会规范中产生的有限理性行为,受到自利和社会双重属性的影响。任何经济主体作为社会中的特定成员,其经济行为会受到特定社会环境、文化及社会网络关系的影响,个人经济行为本身是遵循特定规律的行为,是基于特定目的而产生的,通常伴随着非经济目的的实现,它被嵌入各种不间断的社会关系与社会结构中。乌鲁木齐是多族群共同生活的城市,族群间经济交往建立在互惠的基础之上,是建立和谐关系的基础，是城市多族群团结的必要条件。

结合本次调研分析以及相关理论，基于经济行为视角提出三种族群融合机制，分别从客观影响因素、主观影响因素以及族群经济关系三方面提出。客观环境的构建为族群经济交往提供互动场所，族群主观认知与情感意愿对个人经济行为进行指引，多族群经济交往的频率与互动质量影响族群的经济关系，从而影响族群的社会关系融合。客观环境的变化依托于政府助推政策与城市规划的改变，主观影响因素主要是族群个人的认知、情感态度对经济行为选择的影响，依赖于人的有限理性，行为经济学的镶嵌理论与社会经济学的结构化理论均指出人的行为选择依赖于社会结构的变化，因此，人的经济行为与社会结构及社会关系是相互作用、相互影响的。族群之间深层次的经济交往促进族群的经济关系融合与经济水平发展，对社会的长治久安与民族和谐关系的维系起关键性作用。

一、经济行为—结构融合机制

在考虑城市社会多族群融合性问题时，必须要有"全局"眼光，从大背景、大环境的改变付出努力，单单只靠微观的族群经济行为交流、交往实现融合是不够的。从2014年构建互嵌式社会与社区结构理念提出开始，乌鲁木齐开始构建互嵌式社区。多族群融合是乌鲁木齐社会稳定、民族团结的重要因素，是城市社会发展的目标之一。通过对乌鲁木齐市各个区的研究分析，民族特色美食餐馆较多分布于街道，少数民族群体相对较多，换句话说，街道的商业规划布局使人们形成路径依赖，在既定的环境下适应既得利益约束的存在，并且沿着既定选择不断强化。在城市经济发展过程中，族群经济交往依赖于经济结构，合理的经济结构影响并可以改善族群间的经济分工与合作。基于助推理论，政府对城市族群融合需要采取相关经济政策措施，以改变这种格局，从而促进城市经济健康发展。基于经济行为视角的多族群融合机制框架如图6-3所示。

（一）商业设施嵌入性建构机制

随着城镇化的发展，旧城改造、棚户区改造的政策，乌鲁木齐城市空间结构重构成为促进城市多族群经济融合难得的机遇。从经济视角看，为促进多族

<<< 第六章 构建多民族互嵌式社区的机制分析

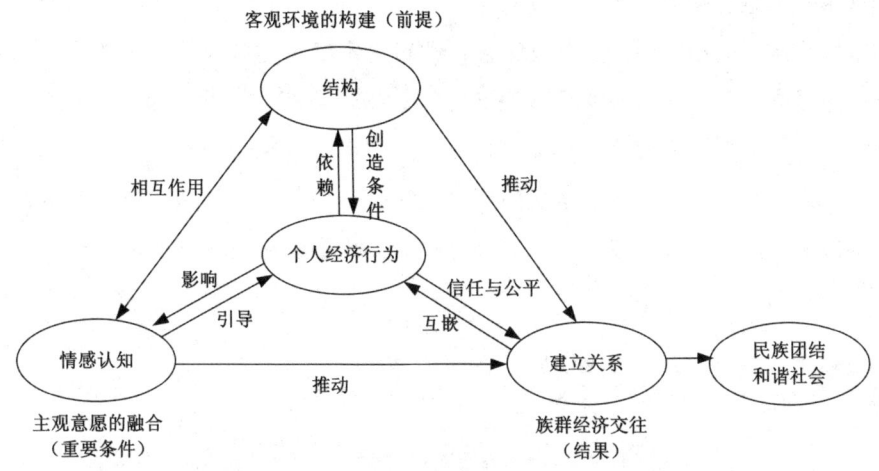

图 6-3 基于经济行为视角的多族群融合机制构建

资料来源：作者结合相关理论构建融合机制而绘制。

群拥有更多的交流、交往机会，政府在商业规划布局方面实施自由式父爱主义，既捍卫个体自由，又影响个体选择，使多族群的经济行为在既定的经济大环境中潜移默化的改变，为族群之间提供更好的经济交往、交流平台。人们日常活动的区域主要为居住区和工作区周边，在进行一般性经济交易时，通常就近选择，那么商业格局的规划便十分重要。城市居民的空间集聚逐渐向市场型转变，商业地区的繁华度和交通便捷度会影响新疆流动人口居住地区的选择，从而商业场所的规划影响着居民的生活方式。

结构化理论指出，社会结构的构成是一个过程，是由人的行为选择与经济活动构成，具有行动与结构的二重性。助推是温柔的力量，重在潜移默化地改变客观条件，同时影响个人行为选择。政府对商业设施实行族群融合性布局，合理分配民汉商户比例，在重视消费者特性、需求，商业环境分析等因素的基础上，同时将族群融合因素视为重要因素，这对促进乌鲁木齐族群经济融合有很大的帮助。摸清现状，通过实际调研对乌鲁木齐市各地区商业区或商业街的现状进行统计与梳理，建立数据库，既可以为寻求政策建议奠定基础，也可以为构建多族群融合商业区的理论研究奠定基础。政府对商业的助推型布局成为推动多族群融合的重要方式，政府采取补贴贷款等方式，鼓励多族群商业服务与基础设施互嵌型发展。商业设施融合性布局不仅满足各族群消费的需求和商家的市场需求，更期望能够缩短族群之间的物理距离，拉近心理距离，在商业规划设计方面尽可能错落分布，均衡分布。制定示范性融合商业设施的相关标准，明确意义，加大宣传，争取国家政策支持，使其发展与城市发展共进，以多族群的经济融合带动城市多族群社会融合。族群经济行为——结构融合机制如图6-4所示。

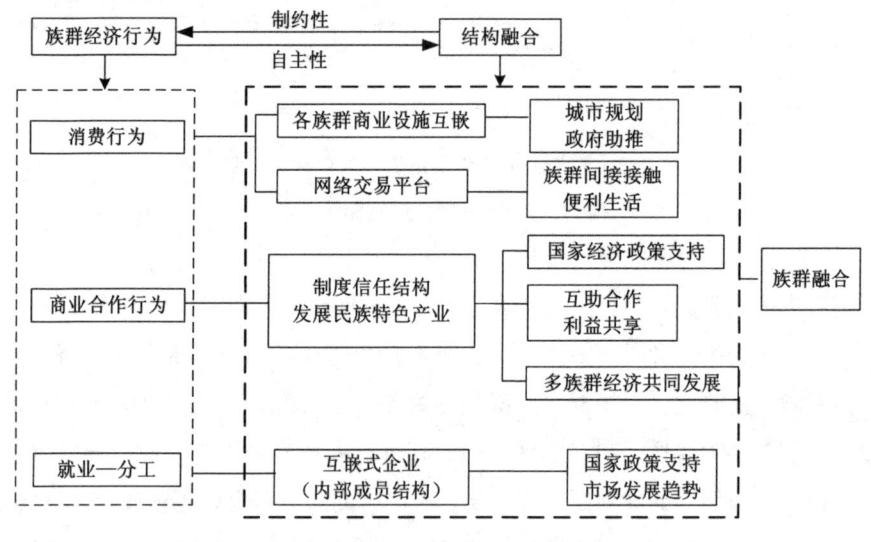

图6-4 族群经济行为—结构融合机制

（二）网络经济交往结构的融合机制

随着互联网平台的迅速发展，线上交易成为新的消费模式，多族群对其他族群商品的了解可以通过网络购买而获得，这种方式极大方便了个人生活，微信支付以及支付宝支付的普及也方便了族群之间的经济交易。族群接触理论集中关注不同群体之间的接触交往对族际关系的影响，相关学者发现族群直接接触与间接接触在降低族群偏见的作用上没有显著差异。网络的发展可以极大扩展族群接触的范围，毫无疑问在族群间接接触（网络购买）之后开展直接接触，将会极大促进整个接触过程的顺利进行。线上交易随处可见的美团外卖、大众点评网等 App，可以观测到其他消费者购买商品或服务后的反馈情况，这样可以使消费者间接地了解和认识不同类型或族群的商家及他们不同类型的商品，而长期线上交易成功对商家的商品或服务产生的个人偏好，使日后消费者在现实生活中光顾商家生意的可能性也会大大增加，对同类商品的认知更深。网络经济交往结构增加了多族群经济交往的可能性，为经济生活的活跃开拓新的机遇，赋予各族群更多的创新领域，成为一支促进族群经济融合的新力量。

(三) 规范性社会的制度信任机制

制度信任是指城市中的各族群对整个社会的规章制度、核心价值观以及相信城市中的个人会去遵循这种规范与制度的信任，是一种基于大环境、大社会视角下的信任。城镇化的发展为乌鲁木齐市带来了更多流动人口，他们脱离了曾经以亲缘或地缘为基础的"强关系交往圈"，进入新的"弱关系"环境。最初可以依托的信任则是来自整个社会的规范、社会的制度以及核心价值观。规范性的社会信任基于其强有力的规范与准则，使各族群在经济交往中可以得到保障，减少交易过程的不确定性，使得多族群间的经济交往有规律、有秩序地进行。大规模的社会信任结构环境为小规模族群的社会交往、经济交往提供了平台与支持。在社会关系网分析中强调弱关系的重要性，认为在微观层次，小规模的互动可以影响大规模的结构形态。高度的规范性制度信任为城市多族群在心理上建立较高的安全护栏，从侧面推动并促进多族群融合性经济或社会交往，并逐渐上升到情感交往，为多族群在城市的融合性发展奠定良好基础。规范性社会的制度信任机制对多族群的经济交往带来极大可能性，成为多族群形成良好经济交往循环系统的前提。

(四) 民族特色产业利益共享机制

在市场经济背景下，族群无论是个体还是企业在同其他族群发生经济关系时，新的社会分工模式要求族群之间相互配合与协作，才能利益共享，实现双方共同发展。在历史经济发展进程下，各族群产业结构发展不平衡，族群经济水平存在差距是少数民族经济发展相对滞后的重要原因。美国社会学家阿历翰德鲁·波特斯 (Alejandro Portes, 2000) 认为少数民族群体融入主流社会的商业途径是"建立经济性、文化性、生活性兼具的综合型市场框架"。在经济全球化背景下，市场经济高度开放，很难找到一种经济是孤立的，以保持距离的方式与其他企业进行交易，传统的民族企业的固有发展模式已经不适合这个时代。通过发展多族群企业之间的合作与交流，利用市场经济的"联结功能"，使多族群在经济交往中相互包容，取长补短，使族群关系的形成逐渐转变为自然的经济合作互助交往。国家的"一带一路"倡议，使乌鲁木齐迎来新的发展机遇，城市现代化带来的开放性使乌鲁木齐产业结构逐渐转型，促使其打造人文城市，发展民族特色文化产业，最终实现物质文明与精神文明协调发展。共享性民族文化产业是各族群结合自身历史、文化、资源形成特色产业，根据市场多族群需求进行商品或服务的需求共性化调整，获得市场竞争力。城市多族群的经济融合建立在经济利益引导的基础之上，因此，应鼓励支持共享性民族文化产业的发展，在促进多族群经济获利的同时，实现族群融合性发展。

转变民族产业结构对发展多族群经济是良好的机会，政府鼓励各民族利用自身资源与优点，以商业化形式与其他民族交往、交流，加深彼此的交流与了解，推进城市市场化、产业化、现代化。民族产业的发展进程应根据市场的需要，沿着中华文化共性的趋势发展，集创新体验、丰富生活体验于一体，改变传统民族商业的封闭属性。只有被多族群共同接受的民族产品，才会有更好的市场发展潜力，经济才能得到良好发展。民族特色产业之间的合作与利益共享，间接地为促进经济融合与城市多族群社会融合做出贡献。

二、经济行为—情感认知融合机制

第二次中央新疆工作座谈会上，习近平总书记要求并重申"各民族要相互了解、相互尊重、相互包容、相互欣赏、相互学习、相互帮助"。经济活动是人类社会文化中一个重要的组成部分，生活中的个人并不是完全理性的"经济人"，具有多样性、复杂性的形式和意识表达，主要的经济行为是消费行为。在消费决策模式中，商品的外在因素与消费者的内在因素在个人行为选择过程中影响甚至有时决定行为决策。在消费过程中消费者是商品信息的处理者，行为地理学早期研究在解释消费者行为时指出，认知的、主观的变量可能要比客观变量重要。个人在进行经济选择之前会在大脑中形成体系，会受到对商品或商家的客观感知的影响，同时也会产生消费偏好，主要受到个人认知能力、消费行为意愿情况以及行为选择的影响。而多族群消费差异的重要原因之一是民族群体在相处模式、生活方式、社会认知等方面存在着明显区别，从差异中寻求一致性，促进现代多元一体化成为多族群共同的价值追求。经济行为——情感认知融合机制如图6-5所示。

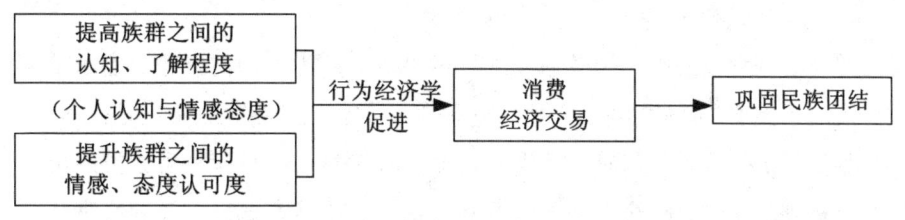

图6-5 经济行为—情感认知融合机制

（一）多族群"认知+利益"融合机制

族群作为"社会人"的集合体，在与其他族群经济交往过程中会产生个人认知、情感、态度等心理活动。一个族群对其他族群的认知了解水平越高，越容易与对方产生经济交易行为，反之，如果族群之间认知不深或了解不够，越容易封闭自身经济行为，减少经济交往活动。在族群认知方面，各族群独有的风俗习惯是族群生活与交往的重要部分，对族群经济行为选择与经济交往行为产生或现或隐的作用，因此，在经济交往中，各族群尊重彼此的生活习惯，包容彼此的风俗差异是培养族群认知融合的重要途径，也对促进族群间的经济交往产生重要影响。

在经济交往活动中，能够感知到物质结构，却无法判定场景背后隐含的结构维度，比如，潜在的社会经济结构、族群的或其他的关系在该场景中发生的活动与交互作用，但这些因素确实影响我们的行为选择。问卷中询问各族群在与其他族群行为主体交易时存在的障碍情况，整理后发现语言交流、沟通困难是被选择最多的选项。语言沟通困难影响族群经济交往能力但并不是族群经济交往的决定因素，只要能够正确、客观认知其他族群，尊重彼此的风俗习惯，通过语言学习实现沟通交流，族群之间的相对陌生感会因彼此的包容逐渐消弭。

族群在对彼此认知了解薄弱的前提下，一般很少主动去接受和选择陌生的商品或经济互动，因此，建立多族群有机文化团结意识、经济团结意识，这种认同感并不是追求同化，而是试图建立多族群之间的内在关联，缩短族群间彼此认知距离，以共生的形态确保多族群经济融合、协调发展，促进城市民族团结，形成族群利益共同体，实现和谐共处、共同发展的目标。

（二）多族群"情感+利益"融合机制

曾有心理学家提出"情感启发式"的概念，认为人们的好恶决定了他们的世界观。一旦加入情感因素，结论对论证的主导作用便会最大程度地凸显出来。在多族群经济交往中，如何调试族群心理与时代发展相适应是多族群经济交往的心理基础。族群经济交往心理是各族群认知、情感意识等一系列心理活动的产生过程，它从内心层面折射各族群关系的变化。本研究问卷在调研个人内在因素时，发现消费态度是影响族群经济融合的重要因素，行为的主观意愿对经济行为最终决策产生重要影响。

族群经济交往的态度是比较持久的族群心理结构，是受到外界刺激以及自身反映的中介因素。在族群经济交往中，族群态度与情感意愿融合也逐渐体现在经济交往的方方面面，特色商品成为各族群交往的核心，比如，在饮食消费方面，少数民族的传统美食如馕、烤包子、徽子等深受汉族同胞的喜爱；米粉本是桂林美食，但在新疆被各族群接受并开设大大小小的连锁分店。在服饰方面，新疆的冬季寒冷漫长，羊绒毛衣、皮衣的保暖性在服装市场大受欢迎。旅游消费最能体现各族群文化特色，也最能体现多族群之间经济交往的过程。众多层面均表现出族群之间的经济交往融合，因此，族群间的经济交往使各族群谋求共同利益，实现"情感+利益"的共同发展。

族群间的经济交流与交往是多族群情感交流的重要途径，也是影响族群彼此交往关系与交往程度的基本要素。随着时代的变化以及教育水平的逐渐提高，青少年群体更具有包容性，能够与不同族群进行交流、交往。社会与社区宣扬多族群融合、共同发展的理念，改变族群间对彼此的片面认知，增加族群之间的熟悉感，有益于多族群和谐关系的建设与维系。

三、经济行为—关系融合机制

多族群之间的差别主要体现在族群自身特点以及与其他族群相处关系方面。族群自身特点包括风俗、语言、生活习惯、行为规范等,与其他族群相互关系方面则主要体现在日常生活中的邻里交往、工作过程中的同事交往、个人社交圈内的交往或者日常生活中的经济行为交往。镶嵌理论提出个人和企业的经济行为受到社会关系与社会结构的影响,这种社会关系是持续性的,建立在信任的基础上,信任可以防止欺诈,人总是厌恶欺诈行为,因此,信任与公平是经济交往得以延续的重要因素。族群接触是开展多族群交往的必要条件,族群融合关系的形成与发展需要经历从接触与磨合—信任与开放—接纳与认可—互嵌与融合的过程。从心理学与行为经济学的角度讲,人与人之间的和谐关系,是以需求和互惠为动力的良好关系交往。经济行为——关系融合机制如图6-6所示。

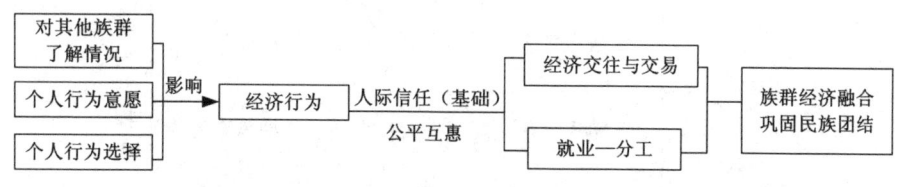

图6-6 经济行为—关系融合机制

(一)建立多族群人际信任关系机制

关系一直是中国社会备受关注的特质,正如费孝通所言,中国是一个差序格局的社会,因为关系疏远、亲近不同而形成了由内到外的层次关系圈层,不同层次的关系适用于不同的互动规范。增加多族群之间的互动与交流是构建信任关系的第一步,族群心理意识认可对提升多族群融合关系尤为重要。经济行为是个人日常生活行为重要的部分,经济行为的频繁程度可以反映经济交易的满意度,是人际交往的重要方式。信任是一个社会性过程,是多族群关系融合的活化剂,多族群的信任关系必须建立在打破族群偏见与片面认知的基础之上。不同族群之间问题的发生,都源于彼此之间片面的认识和浅薄的关系。首先,建立多族群信任关系的前提需要提供彼此交往的机会和场所，使各族群有接触的机会；其次，需要通过彼此的接触相互了解，在差异中寻求彼此的共性；最后，需要深化多族群融合意识，将城市共同的社会价值观——多民族融合意识传达到市民心里，以纠正多族群彼此认知信息上的错误，消除族群间的偏见与陌生感。现实中我们看到原本没有私人关系的经济行为者之间因为有共同或者相关的经济行为而相互沟通、熟稔，甚至成为生活中的朋友，这种关系是建立在双方相互欣赏与认可之上的，是具有共同的经济利益关系而强化了私人关系网络。社会人在维系私人关系网络的过程是需要成本的，如果不是经济行为带来相互对等的经济利益，很难实现社会信任关系的长久发展。因此，多族群融合可以从族群的经济交往关系中产生，在交往中让情感升华。个人经济交往社会层级网络结构如图6-7所示。

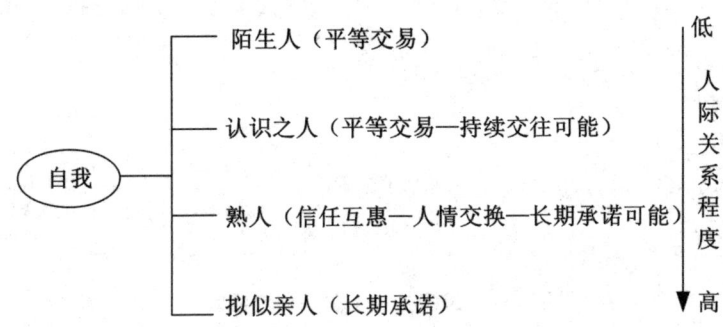

图6-7　个人经济交往社会层级网络结构

在对乌鲁木齐多族群经济融合问卷中发现，多族群购买不同商品的心理选择存在差异，在购买一般生活用品时，大部分人的意愿会选择与其他族群进行交易，但在选择购买贵重物品时，选择与其他族群进行交易的人数相对较少，这是源自个人信任感与风险感的认知与选择。经济交往频繁，交往程度越深的人，彼此信任感越高。族群之间经济交往的层级关系表现为：与陌生人经济交往属于最低层次的社会交往，基本属于不即不离的联系；与认识之人的平等交易，往往会产生交易的反馈状况，综合对经济行为外在因素感知与内在因素衡量而选择下一次的交易行为；与熟知的其他族群之间的经济交易则不仅仅限于经济交易，还涉及情感交流，多族群彼此长期交易会为族群间长期交往带来更大的可能性。多族群之间增加经济交往活动，加深彼此信任感，是实现多族群社会关系融合的重要步骤。

（二）民族互嵌企业分工合作机制

随着经济发展现代化，各族群经济发展需求的多样性，要求企业的生产结构和经营模式需要面向和接纳更多类型的需求以适应市场的变化。基于行为经济学理论，当行动者从事生产、分配或消费活动时，其动机混合有经济目的和社会目的，经济目的是纯粹的获取利益，而社会目的则是在遵守社会规范的前提下，获得其他的满足感，多民族经济共同发展是乌鲁木齐经济发展的目标与趋势，民族互嵌式企业的发展可以模糊族群边界。亚当·斯密（Adam Smith, 1962）曾得出结论，正是分工的出现提高了社会产量，实现了社会各阶层的普遍富裕。民族互嵌式企业为各族群之间的经济交往提供交流场所，同时解决社会就业问题，企业内民族成员的合理比例充分协调族群关系，可以使企业在生产、交换、分配等方面更科学、合理化，和谐的合作关系可以自然而然地为民族关系的良性发展奠定经济基础。

国际大巴扎曾经是少数民族聚集地区，时至今日，经由乌鲁木齐政府的投资与整改，国际大巴扎相比之前更具经济活力和多族群融合特性。大巴扎内商业营销模式展现了各民族的特色，包含各类民族美食、服饰、手工艺品等，吸引众多族群来此消费。各民族将自身资源转化为商业营销模式为此处带来别样生机，很多少数民族商家的普通话讲得比汉族人还要标准，少数民族可以听懂汉族商家地道的"新疆普通话"，很多商铺汉族商家与少数民族商家分工合作，实现双方互惠。民族特色手工艺品区，由销售者身兼乐器弹唱表演，独特的文化表演方式吸引消费者驻足。新疆少数民族活态化的组成赋予商品更丰富的价值，是商业要素组合新的创新点。对于乌鲁木齐城市经济而言，多族群在商业发展过程的合理分工，不仅带来了经济增长，还促进了多族群融合，为实现和谐社会发展做出重要贡献。

（三）建立多族群经济互惠交往机制

多族群追求经济利益的同时，始于公平互惠的原则，人的自利性反映在追求自身经济利益最大化的"经济理性"，社会性反映则是个人自身经济行为与社会的规范与评价相一致，二者的交互作用在特定时空下的相容状态。乌鲁木齐很多商家店铺在招募员工时会考虑其他民族的加入，由于面临的消费群体有很大一部分是其他民族群体，因此，不同族群商家需要更多族群之间的社会分工合作，这不仅使商家获得经济利益，同时还为城市社会稳定就业贡献了微薄之力。多族群经济交往频率增加，交往程度加深，在此过程中不仅满足各族群自身的生产生活需要，提高了自身素质技能，也加深了彼此之间的了解，获得经济利益，还为多族群相互融合与共同进步奠定了深厚的基础。实践证明，建立以互惠平等为基础的利益共享机制，事关各民族切身利益的经济活动能得以保持与延续，并在实践中逐步发展为稳定和谐的关系。族群间经济交往主要包括市场上的商品交易、资本流动、技术转让、分工合作等多种形式。经济交往能力是族群经济关系强弱的影响因素之一，公平互惠性的经济融合在现实中屡见不鲜，这种方式不仅为彼此带来经济效益，良好稳定的合作影响族群间的生活关系。多族群可以通过分工合作的融合性实现彼此的经济利益与社会利益，在相处过程中熟悉了解，从而逐步实现关系的融合与升华。

在市场经济条件下，受经济利益的内在驱动，各族群之间因为经济交往和人口流动形成的直接和间接交往正逐渐寻常化，族群经济交往的深度与质量渐渐改变了族群经济关系。族群之间的日常经济交往，使得各族群彼此了解，逐渐达成双方熟悉与信任的关系，客观地促进多元化交往，不但有经济往来结成经济关系，甚至发展为良好社会关系。可以说对经济利益的追求能改善族群之间的社会交往。

多族群经济行为的结构融合主要体现在四个方面，多族群商业设施规划布局方面的互嵌融合性布局，商业环境方面可以使族群商家互嵌均匀性分布，从环境上改变族群经济行为选择，增加族群之间经济交往的可能性；互联网发展带来的网络交易平台促进了多族群之间的间接经济交易，为增加彼此认知开辟了新的渠道；规范性社会经济交往信任机制为多族群经济交往提供了制度方面的保障，促进族群之间的良好合作关系；民族特色产业利益共享重在对传统民族产业结构的转化，以适应现代化经济发展，共享利益结构是族群良好经济关系维系的重要前提。多族群经济行为——情感认知的融合则分为"认知+利益"机制以及"情感+利益"机制，社会人的有限理性体现出个人发展经济活动不是完全理性的，个人认知能力与情感也会影响经济行为最终的决策。多族群经济行为——关系融合则主要架构于结构与情感认知融合的基础之上，族群经济关系源于族群经济交往能力，多族群的经济交往建立在人际信任的基础之上，科学合理地分工合作为多族群带来经济利益与精神满足，公平互惠原则是族群经济交往的基本原则。基于以上条件的经济交往将会形成稳定的经济关系，为多族群融合奠定坚实的基础。

基于经济行为视角构建多族群融合机制需要各方力量共同努力，多族群在经济上相互接近，寻找共性发展是多族群经济关系拉近的必然过程。

第七章

多民族互嵌式社区的优化路径

第一节 居住空间视角下多民族互嵌式社区的优化路径

一、多民族互嵌式社区优化的前提

扬·盖尔曾说"相聚在同一空间"是人与人之间所有的交往活动的必要前提。不同族群只有在长期共同生活和交流互动中，才能对彼此的文化、生活方式更加了解并相互尊重，从而和谐相处。构建多民族互嵌式社区当然也需要这么一个必要提前——多民族均匀分布居住的空间结构，即形成各民族按照一定比例均匀居住在同一个社区的居住融合格局，达到形式互嵌。它是构建多民族互嵌式社区的空间基础和前提条件，只有在完成多民族居住融合格局的前提下，不同族群才能在同一空间朝夕相处，彼此了解，形成较深层次的心理和情感认同，最终达到真正的互嵌——内涵互嵌。

二、多民族互嵌式社区优化的原则

（一）整体性原则

社区作为城市最基础的社会单元，为人们提供了衣食住行各方面的服务，社区居住空间也是城市居住空间的一部分，如同城市社会肌体一个个承担执行功能的细胞，社区自身也是一个完整的系统，该系统里包含了能够提供居民日常生活所需的一系列要素，例如，教育、卫生、医疗、就业、消费等功能设施，其中任何一项要素的缺失都会影响居民生活的质量。整体性原则是构建多民族互嵌式社区时应遵循的首要原则，是社区居民能够开展日常活动的保障基础，它强调社区完整的功能，齐全的系统要素。

（二）环境优先原则

社区环境包括自然环境、人工环境和社会环境三种，任何人类活动都不应以牺牲环境为代价，党的十九大报告中也同样提到"坚持人与自然和谐共生"，自然环境是后两者的基础。多民族互嵌式社区的构建，首先，要以保护自然环境为前提，在充分利用自然环境的同时，尽可能避免对自然环境造成破坏；其次，应做到自然环境与人工环境相结合，但人工环境的创造应以保护自然环境为前提，如出于美观的考虑，以人工制造的木桩造型的桌椅替代真的木桩，以人工制造的草皮替代真的植物草皮等；最后，要注重维系社会环境的良性发展，在实际调研过程中，社区居民对社会环境也有着较高的需求，良好的社会环境不仅有益于人们的身心健康，还能使人愉悦，舒缓工作和生活压力，降低负面的个人情绪，减少邻里冲突。因此，在构建多民族互嵌式社区时，环境应当优先纳入考量范畴之中。

（三）混合利用原则

混合利用原则指的是多民族互嵌式社区构建过程中需要遵循将社区功能和居民居住有机结合的原则。社区功能旨在为居民各项日常活动提供服务和便利，社区功能越齐全，居民生活环境质量相应提高，对社区居住空间环境满意度越高，例如，社区幼儿园为社区儿童提供学前教育，服务半径不宜大于300米，所以大多社区幼儿园的选址就在社区中部，而不是社区外围，父母在上下班的途中就能顺便抵达幼儿园完成接送孩子这一活动；如果社区内部没有幼儿园或幼儿园超出服务半径，则会给许多家庭带来不便，从而产生不满情绪。因此，社区功能应当尽可能地贴近居民居住区，或有机交叉，或嵌入居民居住区当中，而不该以明晰界限作为划分，并与之割裂。

(四)以人为本原则

以人为本的原则要求在构建多民族互嵌式社区时,要考虑人的行为模式与心理趋势,居住空间环境是为人服务的,不是强迫人去适应环境,而是要求环境迎合人的需要。在此基础之上,尽可能地利用社区居住空间环境对社区居民进行引导,发挥居住空间交往互动机制的作用,辅助人与人之间的交往活动,创造新的交往活动,并抑制不良交往互动的发生。此外,还要考虑不同民族、不同年龄以及特殊人群对居住空间的需求,使居住空间充满人性化,例如,老年人需要安静的环境进行晨练(图7-1),儿童需要安全的游戏空间,年轻人需要适当的运动场所等;特殊人群,如行动不便的残疾人需要坡道或扶手辅助其行动等。

a

b

图7-1 老年人需要安静的环境进行晨练

三、多民族互嵌式社区优化路径

扬·盖尔根据人们不同程度的接触,将人们的户外交往活动划分为三类,即必要性活动、自发性活动和社会性活动。通过观察发现户外交往活动与户外居住空间之间存在一定联系。必要性活动在各种条件下都会发生，日常工作和生活事物都属于这一类活动，必要性活动的发生与户外居住空间没有过多的关联性，即便居住空间没有提供便利的环境，必要性活动依旧会发生，参与者没有选择的余地，例如，即便下雨天社区道路湿滑，人们还是会去上班。同样的情况下，自发性活动就会受到很大影响，自发性活动除了参与者本身具有参与意愿，还需要时间允许、地点合适等条件，如散步、遛狗等。相比于必要性活动，居住空间对自发性活动的影响较大，例如，上述雨天社区道路湿滑时，自发性活动多半会取消，可以说自发性活动依赖于居住空间这一物质条件。社会性活动是一种依赖于他人参与的活动，包括儿童游戏、相互打招呼、跳广场舞等，社会性活动也是一种"连锁性活动"，即通过改善前两种活动的条件来促进社会性活动，可以说居住空间的构成对社会交往的质量、内容和强度存在间接影响。综上，将社区居民交往活动与居住空间及其质量关系归纳如下，参见表7-1。

表7-1 居民户外交往活动与居住空间及其质量间关系

活动类型	发生条件	与居住空间的关系	与居住空间质量的关系
必要性活动	无论居住空间的好坏，社区居民都会发生的活动。例如，上学、上班、购物等活动	影响较小 关系不大	居住空间质量不理想时，只会发生必要性活动
自发性活动	只有在社区居民具有参与意愿的前提下，并且不受时间和地点限制的情况才产生的活动。例如，散步、户外健身、遛狗等活动	影响较大 存在依赖关系	正相关关系
社会性活动	由他人参与引导的活动。例如，游戏、打招呼等	影响较大 存在间接关系	正相关关系

加强城市规划人文思想。目前，城市规划主要以产业为主导，以经济为主宰，经济规划更为浓烈，这主要受发达地区城市规划思潮的影响，而新疆作为多民族集聚的城市，文化的多元化势必影响居住选择，形成居住分异。这需要

在城市规划中注重人文规划，从各民族聚居行为入手，以文化主导价值观为引领，以经济交往为手段，以多民族融合为目标，加强文化景观的凝聚和融合作用，最终形成多民族居住融合态势，采取点（家庭）—面（社区、街道、城市）居住融合模式，特别是在少数民族聚居区的开发改造方式上应注重文化融合、经济融合、社会融合、居住融合。

实施社会规划。社会规划作为与"经济规划""物质（环境）规划"等相并列的规划概念，其根本区别在于，社会规划是以人为中心的（people-focused），即把"人"及其"社会性"纳入规划中；是对所有当地居住或工作人群的社会需求和希望的调查和回应过程，是关于地方社会/社区事务的协作式规划过程，并对各种影响社区福利的活动进行整合。由于相关"社会性"问题的复杂性和社会系统的开放性，决定了社会规划始终保持为一个具有很强开放性的系统。社会规划的核心思想可以界定为：以社会优先权的调整为根本内在动力，社会层面的内容为主要关注重点，通过规划制定、实施、评估的循环上升和互动参与过程，最终实现社会全面发展与社会公正，并确保社会目标被理解并整合、规划到的各个层面。其主要通过优化公共资源（教育、医疗、交通、社会服务等）为主要手段，使空间、资源、人三者形成效率与公平的最大优化，使经济、社会、文化在空间格局呈现可持续性、公平性、均衡性。

基于以上交往与空间的相关理论，我们知道居住空间和人与人之间的活动息息相关，同时我们也可以将这种关系充分利用在多民族互嵌式社区的构建上，因此，给出以下几点关于多民族互嵌式社区构建的对策。

根据民族比例和构成，确定不同"嵌入式居住模式"。以汉族为主体民族城镇（汉族人口比例超过50%），采取汉族主动融入少数民族聚居区的"嵌入式居住模式"。通过居住分流机制引导汉族人口有序、自然地迁入少数民族聚居区，如通过收购少数民族住房，发放租金、房价补贴等经济手段。以少数民族为主体的城镇（单一少数民族人口比例超过50%），采取少数民族主动融入汉族聚居区的"嵌入式居住模式"。通过就业和商业分流机制引导少数民族有序、自然地迁入汉族人口集聚区，如在汉族集聚区发展少数民族商业，通过无息、补贴贷款和租金补贴的方式鼓励中小微民族企业进入汉族集聚区，增加该区域少数民族就业人口,进而引导少数民族人口迁入。

发挥保障性住房的融合机制,合理确定入住民族比例。合理安置公租房小区民汉人口比例,引导外来人口入住民汉混合式小区,避免形成单一民族小区,加强民族融合。对于已入住的公租房小区通过退出循环机制调节民汉人口比例,对于新建或在建未分配的公租房小区严格执行民汉适当比例的标准分配入住。棚户区拆迁安置中,确定民汉人口比例,采取民汉混居模式安置。鼓励商业化形式,进行棚户区改造,鼓励民族房地产企业参与棚户区改造,鼓励流动少数民族人口入住混合居住小区。

(一)将各族人群带到活动中去——步行空间

人们绝大多数的日常活动,都发生于实际参与活动的地点以及去该地点的途中,通过实际调查,这一点也得到了验证,在对乌鲁木齐市典型社区进行的问卷调查中,社区道路是社区各族居民活动发生多、遇见邻里概率仅次于小区单元门口的地点,如表7-2所示。步行不仅仅是一种交通方式,也是社区居民的一项必要性活动,更是各种活动串联起来的纽带,步行所到之处都有可能发生活动,如与熟人偶遇、驻足交谈。步行需要空间,步行的重要性决定了社区步行空间在构建多民族互嵌式社区中的重要地位,社区步行空间主要包含了社区交通和路径以及一些可供人们行走的空地。社区居民不受阻碍,自由行走是对步行空间的基本要求,而确保人们步行过程中既能够对所遇干扰具有一定忍耐,空间既紧凑又具有回旋的余地,还要有丰富的趣味体验则是对步行空间更高层次的要求。前者是所有社区道路和步行空间应当达到的最基本要求,后者则为社区居民交往互动提供了更优质的居住空间环境。

表7-2 社区居住空间互动性概率分布

互动节点	单元楼出入口	道路	楼梯间	社区出入口	商超	花园广场	停车场	活动室
互动概率排序/%	0.24	0.21	0.15	0.13	0.09	0.09	0.07	0.02
互动效率排序/%	0.22	0.20	0.14	0.13	0.11	0.11	0.07	0.03

因此，多民族互嵌式社区的步行空间构建应包含以下几点：

1. 社区步行空间整体景观

多民族互嵌式社区的步行空间整体景观应注重不同民族的偏好，城市公共交通主干道所追求的工整、严谨、简洁等要素在社区内部并不适用，反而显得枯燥呆板。社区步行空间整体景观首先体现的是卫生和畅通，其次是温馨和舒适，让各民族居民游走其中，不禁放慢脚步，驻足停留。

2. 社区道路的尺寸

社区道路的尺寸决定了社区居民对步行空间的直接体验，尺寸过小，容易发生推搡和碰撞，增加了各民族间不良交往互动的概率；尺寸过大，不符合有效用地理念，还会给人以空旷落寞之感。

3. 社区步行距离

步行距离分为实际距离和感觉距离。从人的体力考量，多数人有能力并且有意愿行走的距离是有限的，而老人和儿童则要适当缩短行程，感觉距离比实际距离更能影响人们的出行感受，相等距离下，看上去笔直、单调的小道要比稍有曲折、有景观的小道要枯燥和漫长，如图7-2所示。因此，多民族互嵌式社区中，具有不同功能的居住空间之间的实际距离间隔不应过长，同时可以利用感觉距离增加步行空间的趣味性和适当延长不可避免的实际距离。

4. 社区步行路线

盖尔曾说"人们步行时都爱抄小道"，如图7-3所示。如果目标可望而不可即，多数人是不愿意绕远道的，而是选择直接到达目的地。到达目标的路程一览无遗，步行就会变得枯燥，而目标就在眼前却不得不绕行则令人感到扫兴和不悦。所以针对远距离的目的地，社区路线的设计应避免人们视线对其可即，同时又要保证方向正确；对近距离目标，社区路线的设计应遵循短接原则，使目标可望而可即。社区道路应将其他居住空间（健身器材场地、小广场、凉亭等）进行有机串联，而不是机械化地将其进行连接，避免单独设计路线造成居住空间区域隔离，即场所专用，道路不专用。

5. 社区道路路面

步行空间对路面铺砖的材料有着敏感的要求，例如，鹅卵石一般只用于花

<<< 第七章 多民族互嵌式社区的优化路径

a

b

图 7-2 社区步行道路实际距离和感觉距离

a

b

图 7-3 盖尔:"人们步行时都爱抄小道。"

园小径中，而不用于社区主干道，这是因为会增加步行的难度。恶劣的路况对步行不利，不能保障行人的安全，容易打消人们户外活动的念头或放弃一些原本计划好的活动，不利于增加居民间的交往和互动。在实际访谈中，多数老人表示冬天因道路结冰易摔倒，从而选择整个冬天待在家中，不会出行。在保证社区道路路面平整的基础上，可以进一步对道路进行装饰，如使用具有民族风情图案的地砖等。

6. 特殊的社区道路

轮椅、购物车、行李箱、婴儿车对社区步行交通空间有着特殊的要求，这类社区道路需要比一般道路更宽的尺寸，如果社区地势有较高的差距，还要求斜坡的设计，以辅助社区居民的出行。

（二）将人群留下来——休憩空间

尽可能多地创造各族居民间的活动，有利于增加各民族间的接触，而活动质量的提升更能推动各民族间的相互了解，将居民间的被动接触和无目的的偶尔接触深化为朋友及以上的接触活动。活动时间和次数是衡量活动质量的两点要素，人们因为必要性活动经过或停留于居住空间，利用社区景观设施、座椅和凉亭等休憩空间能够减缓人们的脚步，吸引人们在此逗留，以便创造更多新的交往互动活动；对于自发性活动，社区的景观设施和休憩场所的主要作用在于延长活动时间，让原本有意愿在此逗留的人们进一步加强交流，增进情感，通过连锁性活动推动居民间的社会性活动。多民族互嵌式社区的休憩空间可以主要从以下几点设计：

1. 座椅和长凳

提及社区休憩空间，就必须优先为人们安坐小憩做出适当的安排，良好的座椅布局能够增加居住空间的吸引力，只有创造良好的条件让人们坐下来，才有可能让人们较长时间地在逗留下来，如果社区居住空间没有提供座椅、长凳，或是座椅、长凳的条件太差，人们只会侧目而过，即便逗留，时间也十分短暂。座椅和长凳的布局也应有所考究，比如，座椅和长凳的数量应当能够满足社区居民需求，座椅朝向小区道路比朝向花圃或草坪更容易增加人们交流的机会。除此之外，座椅和长凳的外观设计也可以考虑不同民族不同年龄段人群的审美，例如，小孩子喜欢颜色艳丽的卡通图案，而老人则喜欢坐在舒适有阳光的地方闲聊。

2. 台阶和花坛沿边等

现实情况中，除了社区专门设置可供休憩的座椅和长凳以外，还有很多"辅助座位"为人们提供休憩场地，例如，台阶、花坛沿边、矮墙、石墩等，在座椅和长凳不够的情况下以应一时之需，如图7-4所示。一方面它们可供人们坐下来休息交谈，另一方面它们本身就是很好的观景点。

a　　　　　　　　　　　　　　　b

图7-4　台阶和花坛沿边充当"辅助座位"

3. 立面和支持物

能够让人们逗留和休息的不仅仅是座椅，还有各种各样无规则的立面和支持物，例如，凉亭、廊柱、树木、门洞等，这些立面和支持物在小范围内限定了休息场所。寻求安全感的本能让人们倾向于聚集在立面和支持物下，因为立面和支持物具有较好的观察活动的视野，同时又可以提供保护。凉亭、廊柱等建筑的设计也可以结合不同民族的特色，这样的凉亭不仅给小区景观增添了乐趣，也让少数民族居民多了一份亲切感和归属感。

(三) 拉近人们的距离——柔性边界、儿童场所效益

1. 柔性边界

利用居住空间拉近各族居民的距离并非不可能，通过利用私密空间和居住空间的过渡区域，即柔性边界，能够巧妙拉近各族居民之间的距离。柔性边界是一个既非完全私密又非完全公共的区域，表现为外向的包容与贯通，内外的双向交流，给人友善、平易的感受。柔性边界作为相邻异质空间之间的媒介，能够有效地解决邻里间的矛盾与冲突，并使不同的空间能够通过它的作用相互联系、相互融合。没有柔性边界时，如果居民不属于或不熟悉这个完全私密空间，那么只有发生必要活动时才会频繁进出一门之隔的完全私密空间和完全居住空间，滞留活动极少。柔性边界在完全的私密空间和完全的居住空间中起到了过渡的作用，使一墙之隔或一门之隔的社区空间划分不那么绝对，使居民及其活动在两者间回旋，使生理上和心理上都更加轻松自如，从而拉近居民间的距离，增加交往互动的频率。

建筑边缘的凹凸界面。凹凸界面在建筑学上有一个学术语——阴阳角，以墙为例，"阴角"指的是凹进去的墙角，"阳角"则是凸出来的那一段墙角，阴阳角结合便形成了日常生活中常见的凹凸界面。社区建筑的凸面将建筑向外延伸至居住空间，形成一个非正式的休憩空间，供居民在此聚集、徘徊，并延长逗留时间，而活动的自我强化作用则吸引建筑内部的人们出来透气并发生交往互动。社区建筑的凹面可以给人提供很好的视野范围，还能遮挡人的后背，给人一种依靠感，人们在这里可以同他人自由地交谈或驻足停留。

透明界面。社区居住空间的透明界面包括透明材质，如玻璃橱窗、落地窗等形成的界面。透明材质使人们的活动视线不受拘束，方便人们观察室内外空间环境，将若干个失落的、无相关关系的空间转变为具有关联、相互作用的积极空间。例如，三山社区的宏大西小区的老年活动中心，玻璃材质的大窗，能够使室外的居民看清室内正在发生的活动，并吸引着室外的居民参与其中，也能够使室内的居民看到室外的情况，透明界面使两者相互连接。

镂空的景观。社区居住空间中很多景观设施既能够起到划分功能区域的作用，又能起到美观、休憩的作用，如凉亭、廊架以及带有镂空窗的廊墙，如图

7-5 所示。镂空的景观和透明界面的作用一样,即对社区居住空间做了划分,又通过人们的视觉感官来连接不同功能的居住空间。

2. 儿童场所效应

孩子的世界是没有边界的,没有种族边界、年龄边界,更加没有社会阶层的边界,孩子彼此间很容易融合,很容易玩耍打闹到一起。大人们因为照看幼小子女的缘故,也常常被拉入同一个空间,进行被动的、偶尔的接触,完成社会性活动。此外,通过观察,我们发现有着年龄相仿的子女的父母之间,总有许多说不完的关于孩子的话题,因为他们有着相同的育儿烦恼和亲子乐趣。我们将这种由儿童活动引发的交流互动称之为儿童场所效应。儿童场所效应有着明显拉近各民族居民间距离的作用。儿童场所效应发生的条件首先应满足儿童活动的各项需求,例如,平整的广场,松软的沙坑,可供游戏的设施,可供休息的座椅、台阶等,儿童逗留的时间越长,大人们相应陪伴的时间也越长,大人们坐在座椅上,一边照看孩子,一边相互交流经验,彼此了解,互相拉近距离,极有可能因为孩子而成为亲密的朋友,如图7-6所示。因此,社区居住空间需要合理构建儿童游戏的场地,利用儿童场地效应来激发更多居民间的交往互动,拉近居民间的心理距离。

图7-5 镂空景观

图7-6 儿童效应场所

3. 社区语言景观

语言景观最早由Landry和Bourhis(1997)提出,他们认为"公共设施如路牌、广告牌、街名、地名、商铺招牌以及政府楼宇的公共标牌上的语言共同构成一个地区或城市群的语言景观"。根据 Landry 和 Bourhis 的观点，语言景观主要包括两大功能，即象征功能（Symbolic Function）和信息功能（Informative Function）。其中，语言景观的象征功能传递较为主观的社会语言感知，通过语言景观映射出语言权势与社会身份和地位，属于语言景观的隐性功能；语言景观的信息功能是指语言景观可以提供某地区语言团体的社会语言信息，帮助人们了解这个语言群体的地理边界和构成以及该社区内使用语言的特点，属于语言景观的显性功能。

警示类语言景观表现的是语言景观的信息功能，具有一定约束、警告和预防意外发生的作用，主要用于提示社区居民该居住空间具有特殊情况无法正常使用或有条件使用，如"此处施工，请绕行""此处有高压电箱，切勿靠近""大小门过安检，请出示身份证"等。

文化类语言景观。景观是生活的场景，是教育的设施，是意义的载体。文化类语言景观在社区居住空间中所承担的作用主要表现在三个方面：营造社区文化氛围，即塑造区域文化；宣传社区文化精神，即传播区域文化；发展并传承社区文化，即强化区域文化。对于社区居民来说，文化类语言景观是一种熟悉感、亲近感，而对于外来居民来说，文化语言景观是了解、知晓、认同该社区的载体。社区居住空间可以通过文化景观传递区域文化特点，让人们在潜移默化中接受区域文化。

通知、公示类语言景观。通知、公示类语言景观通常属于自上而下的官方标牌（Top-Town Signs，即政府标牌），社区居住空间中的官方语言景观标牌通常是政府组织的产物，是地位和威权的象征，能反映出近期党和国家较为重视和热议的政策，此外，还包括与社区居民生活息息相关的行政手续指南等。通知、公示类语言景观具有传达和引导作用，通常具有正确的价值导向和严肃规整的措辞用语。

第二节　文化融合视角下多民族互嵌式社区优化路径分析

社区作为一个群体互动实体,强调多元合作、多元治理,从社区治理的历史实践上来看,学者讨论的社区治理模式,诸如社区网格化治理、整合型治理、协同治理等,其假定的前置逻辑是遵从国家或政府主导,而其他治理方式大都是通过政府权力配置或整合资源过程中视情形而定采用一些刚性制度或工具,其职能主要是政治性的,政治职能又服务于经济目的。文化与社区的结合首先表现在文化与人的密切关系上。例如,生活习惯的问题,它既是一个私人生活惯性,但也涉及多民族社区居民风俗习惯适应的问题;文化与社区的关系还有更加内在的一面,即文化与社区具有内在融合性,即通过对不同民族的居民文化教育,发挥中华文化的"润化作用",铸牢民族共同体意识。社区文化的建构显然不应缺乏这个维度,而"文化融合"的过程是从交往—交流—融合缓慢发生的,每个维度所需求的治理框架和完善路径也不同,因此,要针对具体类型的社区提出差异化的治理路径。

立足文化融合理论,以"嵌入社区"理论及"多元一体格局"理论为支撑,着重分析文化融合度较低、文化融合度中等、文化融合度较高的社区(源于前者多民族社区文化融合度测评及实地调查),如表7-3所示。

表7-3　不同文化融合度社区特征

融合度等级	具体特征	小区
文化融合度较低的社区	1. 空间布局散乱,基础设施陈旧; 2. 不同族群居民间互动频率低,联系少; 3. 社区组织运行超负荷,工作人员不足	幸福花园小区
文化融合度中等的社区	1. 娱乐设施稍欠完善,引用力较低; 2. 不同族群居民间相互打招呼,相互拜访; 3. 社区组织运行合理,工作人员走访入户	农大小区、农科院小区、永昌小区等

续表

融合度等级	具体特征	小区
文化融合度较高的社区	1. 娱乐空间分布合理，设施完备，经常有人使用； 2. 居民间相互打招呼、经常性的交流； 3. 社区组织人员完备，工作人员压力相对较小	团结东路小区、建中小区、青海寺小区等

资料来源：根据实地调查整理所得。

嵌入式社区理论强调"软环境"和"硬环境"的构建，软环境包括组织机构的嵌入、人员下沉等，"硬环境"主要指社区基础设施的完善，要进一步生成深层多元文化融合（多元主体平等、多元文化包容），我们有必要针对不同类型的民族社区提供差异化的路径策略。如文化融合度较低的社区首先要从社区的组织环境和物质环境提出具体路径，然后再着重调适社区居民行为、关系，从而加强不同族群居民的文化认同，实现文化认同，如图7-7所示。

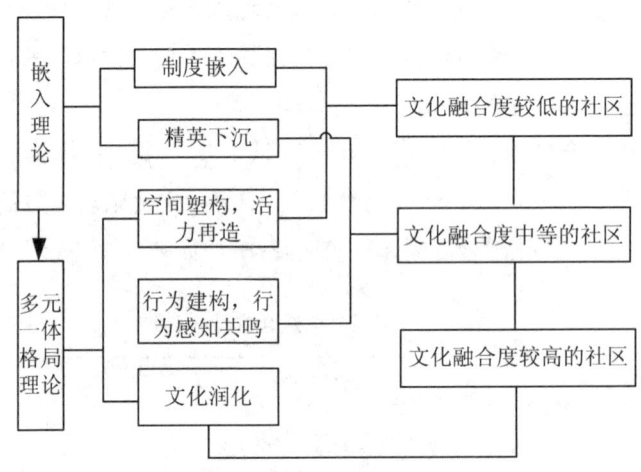

图7-7 多民族社区优化差别化路径

一、多民族社区治理的"内部环境"建设

从历史的角度看,多民族社区治理经过长期的发展,不断适应社会生产的需要,逐渐形成多元联动的治理模式。政府与社会的关系经历了指挥与服从、管理与管理之间的关系,现正往多元主体互动与合作的治理关系转变,相应地在社区实践层面,社区与社会的管理经历了共治、管理、合作的过程。多民族社区治理模式所展现的态度和格局,是其人文属性、文化属性、经济属性、地域属性等因素的复杂结合体,其复杂性决定了乌鲁木齐市多民族社区治理应以安全性为基础,发挥政府的主导作用,依靠政府指导,通过街道—社区居委会—社区其他组织发展社区各项事业,推进社区内部组织环境建设。

(一)制度嵌入:多民族社区治理的组织框架

根据社区治理主体和参与者承担的角色不同,可以将社区治理分为社区自治、政府主导、政府引导—社区分工合作,而多民族社区的异质性则要求政府与社区组织的分工与合作,这种治理模式意味着治理主体的多元化,政府不再是唯一的治理主体,各种专业性的组织也进入社区,参与社区治理;社区的治理机构由科层制向扁平化方向发展,提高了基层社区的服务能力。嵌入式社区理论强调有形物质的嵌入,也强调无形的嵌入,而制度的嵌入源于卡尔·波兰尼(Karl Polanyi)的嵌入性概念;而"访惠聚"工作队的嵌入,是遵从"协同治理"的理念,对于社区组织来说给基层组织增添了活力,对于社区治理制度而言,促使制度自下而上得到改善,能够满足组织运行的需要。多民族社区组织运行结构如图 7-8 所示。

(二)精英下沉,协同治理

通过对民族地区工作治理经验政策化的深入实践,实现民族事务治理体系和治理能力的现代化,形成了一套适合多民族社区发展的治理模式——"网格化治理模式+访惠聚模式"。市—区—街道(驻区单位、驻区干部等)、非政府组织(公益性社区组织、民办非企业机构等)、社区内部的协作组织等(业主大会、业主委员会、物业公司等)以其不同的职能要求对社区多元协作治理的形成做出一定的贡献,具体框架如图 7-9 所示。如"访惠聚"队长作为网格党总

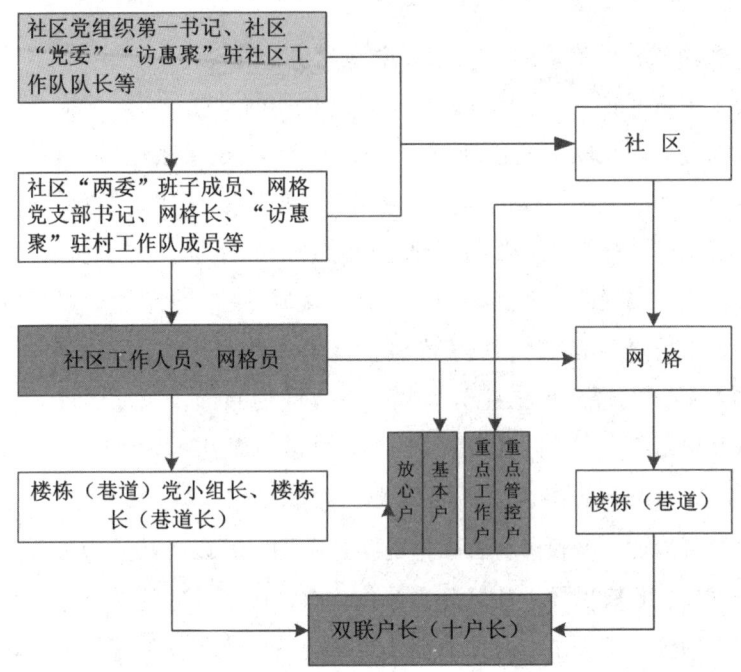

图 7-8　多民族社区组织运行结构

支书记，工作队成员作为网格长或网格员协助社区做好各项工作，重点掌握辖区内常驻和流动人口底数、实有房屋底数、社区社情民意、社区安全隐患，形成定时上报、指挥派遣、处置反馈、任务核查、事件评价公示结果的精细化工作机制。"精英下沉"在多民族社区治理中意味着其下沉人员自身的"专业性"及其人员结构的"合理性"，如果非专业性人员的下沉会给基层组织运行带来沉重的负担，通过专业性人员嵌入社区组织中，则会给基层组织注入新的活力，带来新的工作方法、工作经验，协助基层社区开展精细化治理。

二、多民族社区文化融合的共建路径

白关峰（2016）认为，社会心态是人们对社会面貌、社会发展和人际关系等现实状况的反映，可以反映出对未来生活的倾向性，因此，对居民社会心态的研究可以强化对社会群体利益期望的把握，最大限度地凝聚发展共识。从理

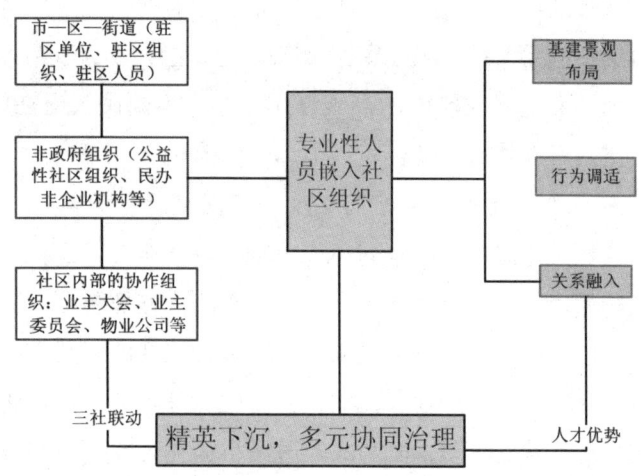

图 7-9　精英下沉，多元协同治理

论层面来看，社区治理有两个发展阶段：浅层治理（外在化、强制性的政策手段）和深层治理（内生动力、柔性尺度）。当前，我国的社区治理实践尚处于浅层联动治理（外在化、强制性）阶段。事实表明，无论采用何种社区治理模型，基层政府都必须通过一定的规章制度来规范人的社会行为，而规章制度的制定必须要体现各族群的共同价值追求，否则，各种形式的摩擦和冲突将不可避免。遵循浅层治理的方式，规章制度将作为一种实现目标的手段，需要的时候要求下级无条件执行，不需要的时候就高高束起。在这种背景下，社区缺乏长效发展空间，社区运转模式僵化，缺乏自生能力。多民族社区的治理或是发展应该从行为的管控转向社会心态的建设，强调对社区共同文化的认同，对中华文化的认同。社区问题源于文化失调，当人们从一个熟悉的空间进入一个陌生空间，会产生文化震惊，主要体现在对异质文化的好奇；当某一群体携带自身文化进入社区中，这种文化特质不能习惯现有的生活模式，就会产生文化失调现象，主要表现为个人心理上的烦闷与不安，久而久之，这种不安的情绪就会因摩擦产生冲突，为了消除这种不安情绪，就需要对文化进行调适。而文化的调适需要对多民族社区居民的行为逻辑、关系逻辑、空间活动逻辑重新梳理，使之满足大众的需求。通过探索"访惠聚+模式"的内涵与外延，促进不同民族人际关

177

系的交融，使得社区组织—居民实现良性互动。"访住户"重塑行为认知，作为拉动不同族群交往的手段；"惠关系"，实现良性交融，作为联结不同民族往来的纽带；聚空间，发挥文化空间的凝聚作用，作为不同民族交往的空间保障，行为、关系、空间三者共辅共成。

（一）空间塑构：改善公共空间环境，实现社区活力再造

国外学者认为，任何形式的空间环境很难促进社会关系的持续性进程，但是这并不否认物质环境以及功能性、社会性的空间能够抑制社会网络的进一步发展，可以通过创造适宜性的条件鼓励交往。多民族社区公共空间环境在一定程度上影响着居民的交流、交往，住宅、公共设施等具有不同功能性设施的安置，促进了居民的日常性活动，而老式的居民小区在公共环境的构建及基础设施的配备程度并不完善，相对来说该小区居民的外部性活动较少，不利于居民的良性交往。此外，不同民族的居民由于具有风格迥异的民族习俗、风俗习惯、生活方式，致使其价值理念与其他族群有较大的不同，"聚空间"通过对居住小区的公共空间的改良、改善，赋予其文化色彩，发挥社会主义核心价值的影响力，充分发挥文化空间的凝聚作用，在居民小区的道路两旁投放报亭、报栏等文化标识性强的功能性布置，形成特有的文化景观。在小区公共空间的布置上要以中华优秀传统文化为导向，宣传"正面思想"，使不同民族的居民能够停留下来休憩、娱乐，塑造更多的公共性互嵌空间，进而缓和当前社区内部分异的现象，营造空间活力；社区应该积极组织文化联欢会、民族舞蹈等多种形式的文化娱乐活动，使不同民族的居民在活动中不断地交流认知，构建良性的互嵌式生活环境，而非"空间上的"镶嵌，打破族群之间的心理隔离，提高人际交往频率，构建和谐的社区关系。

（二）行为构建：重塑行为认知，促进行为感知共鸣

符号互动理论把社会看作个体之间日常互动的产物，社区作为社会的投影，也不可避免地受到其社会性的影响，语言、习俗、文化等都可以看作是一种符号，符号间的互动交流就必须对其予以统一的构建，对于多民族社区内部异质的"符号"，须以重塑，使不同民族之间能相互互动，行为的重塑是相互的，社区工作人员及社区居民的行为逻辑能够彼此认同，才能促进"行为意愿上"的

融合。多民族社区的行为机制构建的背后是其多种行为规范、风俗习惯共性和个性的结合，更是对中华文化的道路自信、文化自信的认同；不同族群居民可以通过一定的行为相互交流和互动，作为文化因子内涵丰富的多民族社区应积极探索"访惠聚+"模式，依托社区文化的塑造作用，在入户调查的时候，探索"行为共性"，包容"个性合理需求"，与不同民族居民在无意中培育良好的行为认知。访住户与社区内不同民族的居民"结亲戚"，交叉联结各族群众，汉族干部走访维吾尔族、哈萨克族、回族等家庭，少数民族干部走访汉族家庭，不同族群层层互动，打破族群壁垒，访惠聚工作人员要与不同族群的居民"打成一片"，可以与其共进晚餐，以细微的饮食风俗为切入点，以点带面，了解相互间的文化行为习性，对其生活习性进行价值筛选，承认合理的生活习俗，利用自身社区"文化资本优势"加以引导宣传，讲好社区故事；注重各族居民认同和实际效果，积极邀请社会文化组织机构在社区开展中华传统文娱活动，延续民族生活记忆，提倡现代化的生活方式，构建多元化的生活格局，以微行动带动群体行为的重塑，实现共性的融合，促进行为感知共鸣。

（三）关系纽带：以"文化润化"为主线，实现良性交流交融

多民族社区内部关系的分异主要因素是一些群体性事件的发生导致双方产生疏离感。对不同族群的行为踪迹分析，笔者认为要打破双方交往的藩篱，必须要发挥中华文化的"润化"作用，将社会主义核心价值体系建设任务定为重中之重，以现代文化为引领，不断在基层形成广泛的社会价值认同，使不同族群的人们能够超越血缘、地缘、语言、风俗等差异，从传统文化中挖掘出能够适应现代生活的有机成分，实现传统与现代的有机结合。丹麦建筑学家扬·盖尔在 *Life between Buildings* 一书中说道，人和活动是最引人入胜的因素，从低强度的被动式的视听接触到偶尔的接触再到熟人、朋友、亲密的朋友，信任感逐渐在活动中建立，开展好社区特色活动，增进社区居民间的交往与信任，提高社区内部交往频率。"惠关系"，通过及时发现、培养、推荐社区道德模范，发挥其"润化"作用，树立良好形象，增进社区工作人员与居民的关系，拉近不同民族间居民的距离，增强其对中华传统文化的认同感，以点带片，提高居民的参与意识，开展各种有利于族群交流、交往的活动，增强社区居民的参与度。

三、多民族社区构建的实现路径

提升文化融合，构建城市文化体系，应秉承求同存异的文化理念，既尊重少数民族传统的文化习惯，又需摒弃落后的、负面的、隔离的文化诟病。城市文化体系的构建需结合经济社会发展的现状，并根据多元文化的特点，形成统一的、特色性较强的、适合时代发展的城市文化体系，其最终目标是形成城市文明体系。

创新物业管理，注重文化融合。嵌入式居住模式不同于传统的居住模式，传统的居住区物业管理注重设施设备和物业的经营管理，嵌入式居住区由于其多元的文化背景，要求物业管理企业更加注重人文呵护，侧重对居者的身心健康和生活状态的关怀。以文化融合为背景实施差异性管理，在小区设施和管理方式方法中加入文化要素，特别是民族团结文化要素，如物业服务人员民汉比例的配备，物业服务人员的民汉礼节培训等；扩大民汉公共活动空间，鼓励民汉业主共同参与社区活动，增强各民族间的交流，让各民族业主有归属感和融合感。

对于文化融合度较好的社区，要发挥好党和政府的引导作用，要坚持社区文化教育与"访惠聚"精英下沉相结合。文化是其共性和个性的结合，但不同的文化可以相互交流和互动。文化具有一定包容性、可塑性，作为文化因子内涵丰富的多民族社区，更要强调中华文化的润化作用。社区文化教育不仅要培育良好的语言沟通体系，还要对民族生活习俗、行为规范等进行价值筛选，合理吸收中华传统文化中积极因素进而实现整个社区文化的创新，促进社区文化的自我觉醒，使其能够自发地担负起教化社区居民、维护社区和谐，实现社区稳定。社区文化教育要与社区治理相结合，充分发挥文化教育的整合作用，利用社区德治、法治教育、风俗教育等多种形式和手段培育健康的社区风气，形成良好的社区习惯，促进社区居民之间的正常交流、交往，让他们感受到社区对他们的重视与关怀，让他们认识到自己是社区的一部分。这样有利于他们对社区产生亲切感、归属感，逐渐使他们融入社区这个整体中来，形成一个具有共同价值观的团体。

对于融合度较低的社区，强化其关系逻辑和空间辅助作用，强化居民的参与感。在城镇化的过程中,人口不仅实现了高度的转移集中,人们的生产方式、生活方式、风俗习惯、交往空间和交往范围都发生了急剧的变化,原来建立起来的信任关系和认同关系已经随着空间的转移不复存在,社区作为居民情感生活的共同体,重建居民间的信任关系至关重要。在强化文化基础设施建设的同时,多民族社区信任关系的培养,也可以在社区的日常事务工作中得到推广,以社区干部为纽带,积极进区入户,对优秀传统文化进行充分挖掘和宣传,开展各种有利于社区居民交流、交往的活动,使其逐渐产生对中华文化的认同,提高他们的文娱化参与感。从两个向度同时进行:一是普遍性的向度,主要体现在社区秩序的建构和对社区文化历史的延承,积极邀请社会文化组织机构在社区开展传统文娱活动,延续文化记忆;在普遍性的诉求之外,还应当有个性的向度,社区的个性可能来自其特殊的历史文化传承、社区的现代功能、社区的自然环境等因素,以及这些因素之间的整合,共性结合个性,交织现代社区文化特色。及时发现、培养、推荐社区先进人物,榜样的力量是无穷尽的,树立良好形象,增强其对中华文化的认同,提高居民的参与意识,使社区居民意识到自己是社区建设的一分子,积极参与社区的经济、政治、文化生活,通过对社区的大小事务的认知与参与,为社区长远发展建言献策,提高服务社区的能力,对构建和谐社区具有重大意义。

设计"操作性社区实验"方案,选取典型社区,通过"政府主导+社区参与+社会运作"模式构建文化互嵌式社区,即C-E-S-G社区治理模式(图7-10)。C模式主要由高校参与,为多民族社区发展提供发展规划,如通过知识性的学术讲座,把中华传统文化以无形的方式融入社区居民心中;E模式主要是引进非营利性企业参与社区服务项目的改造,通过对社区人文景观如公共空间的改良、文化景观的调适(包括社区内部的语言景观牌、建筑外观色彩的展示)来实现文化的绵长润化作用;S模式主要是公益性社会组织通过连接外部有益的文化资源,以社工或社区志愿者为纽带,对不同民族的社区居民进行心理干预、心理疏解,使其形成对社区文化、中华传统优秀文化高度的认同感;G模式则是发挥政府平台的支持作用,以社区居民的反馈为评价机制,督促各协作主体进一步发挥自己的优势,促进多民族社区治理格局的形成与完善。

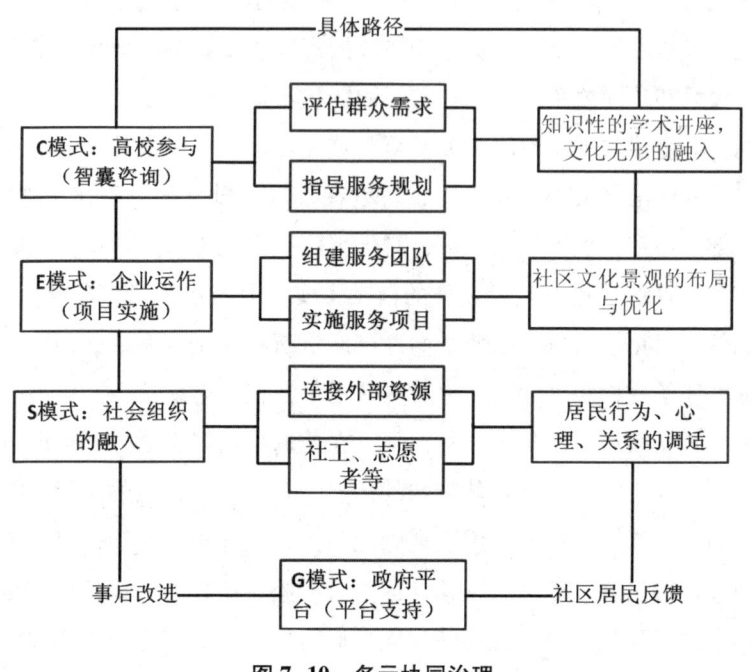

图 7-10 多元协同治理

第三节 基于经济融合视角的乌鲁木齐多民族互嵌式社区优化路径

多族群经济融合反映了族群间关系发展的进步方向，体现了族群演变的必然趋势。多族群经济融合的过程是族群之间经济上相互接近，彼此寻找共性的过程，而现实情况中，多族群经济发展存在差距，各族群需要更加开放的思想面向现代化的发展，以追赶城市经济发展的步伐。基于实地调研分析，多族群经济行为不仅受到外在因素与内在因素的影响，还受到客观商业环境的影响以及多族群经济融合机制的构建，结合实际情况现对乌鲁木齐多族群经济融合提出相关路径选择。

一、多族群经济融合发展的制约因素

(一) 居住分异阻断经济交流、交往

受历史、自然、文化的影响，乌鲁木齐在族群分布上是以小聚居形态分布的，由于聚居空间分异，族群之间缺乏有效的、深层次的、内涵式的交流，各自在各自的领域生活发展。参与分工与交易活动时，尽管有自身的比较优势，但经济发展水平不一，族群之间存在较大差异。在长期的民族经济发展过程中，少数民族居民受原有经济发展模式的影响，形成了固定经济交往的经济模式。随着技术进步与市场开放，自然资源的替代品出现，原本依靠自然资源发展的产业竞争力下降，经济获利能力也随之下降。多族群经济发展模式与民族产业结构亟待转变。

(二) 少数民族企业综合竞争力不强

经过几十年的发展，乌鲁木齐少数民族企业逐渐发展起来。但从市场经济竞争的角度看，仍有很多传统遗留因素阻碍其融入现代化经济的发展。一是部分少数民族企业主导的产业为传统性企业，生产设施陈旧，商品生产经营模式缺乏创新，不具备市场竞争优势，导致企业效益下滑。二是部分少数民族企业人才缺乏，在管理与生产分工方面技术欠缺，经营能力有限，科技技术水平略低，语言交流困难使得各族群经济往来存在沟通障碍。三是部分民族企业生产与经营结构单一，难以满足市场的需求。

二、基于经济行为视角的乌鲁木齐多族群融合优化路径

多族群经济融合的程度可以从各族群经济交往的规模与质量上得到反映，当前的市场机制不能自然地缩小多族群之间的结构性差异，族群之间的经济交往、合作与分工还需依赖政府扶持与政策支持。促进族群经济融合的思路可以推动各族群之间交往关系的结构变化，主要在教育、就业等方面改变族群之间的交流、认识方式，以民族经济融合为制定政策的新视角，引导多族群利用自身资源参与市场，适应现代化发展，以推动多族群经济融合。基于经济行为视角的多族群融合机制路径如图7-11所示。

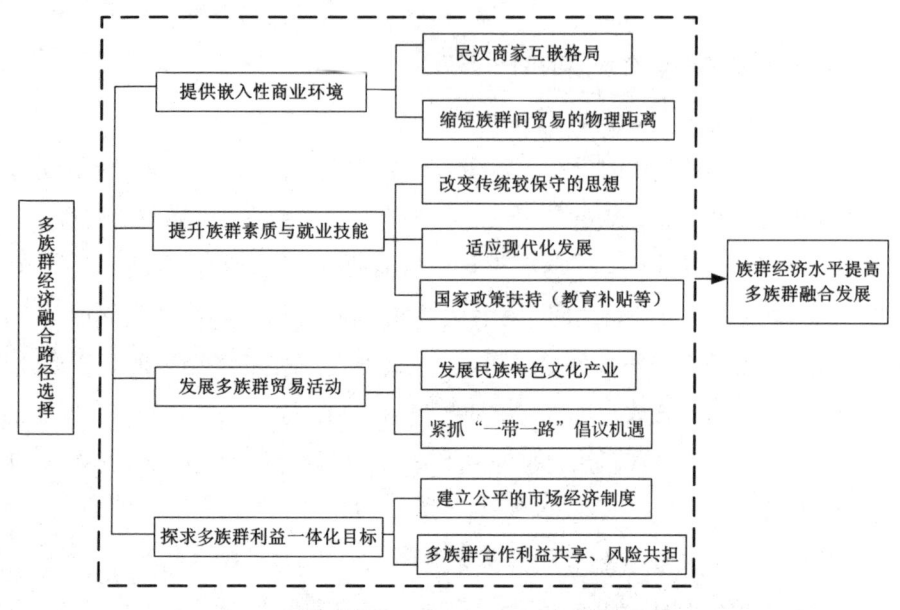

图 7-11 基于经济行为视角的多族群融合机制路径

（一）提供嵌入性商业环境，促进族群经济交往活动

普通消费者购物总是倾向于商业中心或者住宅附近的商区。在购买贵重耐用品时一般选择信誉好、品牌好、售后服务好的商业中心，日用品购买则倾向于在工作单位附近或者居住区附近，因此，消费行为决策方面消费者会优先考虑在通勤地域沿交通线购物。由街区餐馆分布状况可以看出，乌鲁木齐地区居住人口族群分布与商业分布状况大致匹配。

2014 年 5 月 26 日，中共中央政治局召开会议，会议上明确提出："推动建立各民族相互嵌入的社会结构和社会环境，促进各民族交往交流交融，巩固平等团结互助和谐的社会主义关系。"这一理念的提出，新疆各地纷纷推动建立民族互嵌社区，并取得显著成果。现如今乌鲁木齐在不断进步与发展，族群融合得到多方力量的支持。族群融合在乌鲁木齐政府与社区的共同努力下得到良好的发展，族群经济融合可以在居住结构互嵌的基础上发展民族商业结构的互嵌，即在多族群居民居住互嵌的基础上，实现商业结构互嵌。设在居住区周边的企业或其他商业服务行业可以雇佣商业周边的居民,周边居民也会因就近原则选择在附近工作,间接形成商业工作经济交往中的族群融合。多族群个人经济行为选择受到外在因素和内在因素的影响,促进多族群经济行为的融合,前提应该具备多族群融合相适应的族群互嵌性的商业环境与基础设施。

研究发现,少数民族较多的地区,餐馆布局主要以民族特色美食为主;汉族较多地区,则更多以川菜、饺子等中、西餐馆为主。事实上,每个族群都有自己的优势,在自己的传统产业上积累了丰富的经验,各族群的传统建筑、服饰、美食、节庆等都可以成为旅游业发展的资源。商业设施布局的嵌入和传统特色可以为族群在经济决策方面提供更多选择,个人的"经济人"思维会让人局限于现有的生存发展环境,当环境改变时人也会随之而改变。政府助推商业设施的族群商家互嵌性建构,可以潜移默化地影响多族群经济行为决策,为多族群的经济往来提供更好的交往空间场所。

(二) 提升各族群素质与技能,实现多族群经济共同发展

发展现代化社会的同时,经济发展不能仅强调经济发展指标,还需依托各项社会制度的发展与完善以及个人素质的提高与观念的转变。在现代化发展的背景下,现代化不仅体现在经济结构和宏观制度层面,也体现在个人的意识层面。而个人思想现代化的转变主要体现在三个方面。第一,网络媒体的传播,民众可以通过各种现代化渠道接触并了解现代化经济生活,改变自己的经济生活方式,增强自己适应现代化生活的能力。第二,发展现代化教育事业,提高各族群的素质与技能,从小感受民族大团结。学校除了教会学生科学与知识,更应该让学生理解和感受中华文化统一与多民族团结的信念,在共同学习的过程中感受多族群融合的集体性社会生活,增加族群彼此的了解,拉近心理距离。教育尤其对青少年的影响更为重要,语言学习不仅强化民族团结意识,还为各族群更好地与彼此之间的经济交流沟通打下基础。第三,越来越多的族群不再局限于原本的商业营销模式,在激烈的市场竞争体系下,谋求新的发展思路与观念,改变传统营销模式,成为民族特色产业发展的重要模式。

(三) 发展多族群贸易活动,提高族群经济关联度

经济交往是各族群的日常行为,商业活动建立在经济交往的基础之上。商

业活动与多族群环境的互动性产生的主要活动为民族贸易活动。民族贸易活动的发生主要依赖于民族经济环境与民族人文环境。民族经济环境为各民族之间的商业交易提供了交往平台，是各民族之间商业活动关系最密切的因素之一。民族人文环境则是从各民族的语言、社会习俗、服饰饮食、建筑特色等影响各民族的生产、消费和市场交易活动。国家"一带一路"的相关政策为乌鲁木齐带来前所未有的商机，使乌鲁木齐面向国际化发展，为乌鲁木齐民族特色文化产业的发展提供开放的市场。

国际大巴扎曾是少数民族经济贸易的集市，现如今在乌鲁木齐政府的资金注入与整改之下成为乌鲁木齐知名旅游胜地，是乌鲁木齐商业与旅游繁华的象征，成为各地游客来新疆后的"打卡"之地。多族群之间的经济融合在这里完全展现，是乌鲁木齐城市族群融合的缩影。民族贸易是乌鲁木齐市经济发展的必然活动，政府出台适应新形势的民族优惠政策，大力推进民族贸易的健康发展，对促进民族经济发展，巩固民族团结和社会稳定有不可忽视的重要意义。多族群的贸易活动不仅具有经济理性，还具有社会性的特征，关键作用之一体现在民族贸易既是民族社会发展的特定产物，又反过来对民族社会环境以及多族群良好关系的维系起优化作用。它可以增进各族群之间的关系，巩固民族团结，是促进多族群融合的重要凝聚力量。

（四）探求多族群利益一体化目标，密切族群间经济交往

格兰诺维特在1992年出版的《经济生活社会学》一书中曾经提出，个人的经济行为与他人互动所形成的社会网络关系中，人际关系网络中的某些因素，包括各种规则性期望、公平互惠原则、相互认可的精神性需求，都会对个人经济决策与行为选择产生重要的影响。

族群经济交往的根本动因是寻求共同利益，利益是社会生活的基础。族群经济利益是各族群生存、发展不可缺少的各种经济资源、条件和机会的总和。部分族群由于历史遗留等原因经济生产力水平相对薄弱，因此，发展与支持民族特色产业是解决各族群经济利益问题的重要途径。族群间的经济交往必须坚定地建立在各族群平等互惠发展的基础之上。现代化过程中，密切族群交往是族群经济发展的重要条件，因此，加强对当前规范的市场经济制度的监管，为

族群间公平、自由的交易提供制度保障。市场条件下，多族群公平互惠、相互合作的经济活动可以实现多族群利益一体化的目标。

多族群经济交往可以满足本族群的生活需要，还能加深族群之间的了解，学习对方的生产技术，优势互补，促进本族群经济结构的转变，推动族群分工的形成与利益一体化。发展民族特色产业，成立各种民族经济协会，完善购销网络，以流通为纽带，以市场为平台，将各民族特色产业结合起来，充分利用企业、中介或者协会等建立起利益共享、风险共担的合作共同体，拓展贸易渠道，提高经济效益。在"一带一路"相关政策指引下，乌鲁木齐民族特色产业的发展迎来了春天，充分利用自身的独特资源发展现代服务业，不仅可以带动城市经济增长，也可以提高各族群经济发展水平。随着多族群经济交往的深化，谋求共同经济利益，最终促进中华民族和谐发展。

结　论

　　运用调查问卷的方式取得乌鲁木齐市典型社区居住空间环境及各族居民交往情况的第一手资料，通过模糊综合评价、"融合指数"等主要方法对多民族互嵌式社区形式互嵌和内涵互嵌进行测评，论证了居住空间对构建多民族互嵌式社区，对促进各民族间相互融合具有重要作用。以居住空间为视角，对多民族互嵌式社区构建进行探究，认为多民族互嵌式的构建主要从三个方面进行，即居住空间环境、形式互嵌、内涵互嵌。三者具有紧密的逻辑关系：首先，居住空间环境是构建多民族互嵌式社区的载体；形式互嵌是构建多民族互嵌式社区的前提条件，没有形式互嵌，各民族间无法进一步交往、交流、交融，无法达到内涵互嵌，居住空间环境也就变得无意义了；内涵互嵌是构建多民族互嵌式社区的最终目的，是衡量各民族间交流交往交融的重要标志。其次，形式互嵌没有好的居住空间环境，各民族间混居于同一空间，易产生不良互动，各民族间互嵌仅止于形式，难以达成内涵互嵌；没有内涵互嵌的多民族社区只能称之为民族社区。通过对乌鲁木齐市典型社区居住空间环境、形式互嵌、内涵互嵌进行测评，有助于探讨多民族互嵌式社区的空间规划、利用以及完善策略的建立，基于此，总结了以下几点研究发现。

　　运用访谈式调查问卷的方式取得乌鲁木齐市典型社区居民行为意愿倾向、情感互嵌、通婚状况等方面的数据，通过基于因子分析—AHP 的多民族社区居民行为意愿融合度、情感互嵌融合度测评、通婚现状等主要方法对多民族社区文化融合度进行测评，认为文化之间的融合有助于族群之间的交流、交融，更有助于对中华民族共同体意识的认同。以文化融合为研究视角，以多民族社区为研究对象，认为多民族社区的治理要充分发挥好文化润化的作用，即居民行为间的调适、关系之间的融入、空间的辅助作用。三者具有紧密的逻辑关系：首先，空间环境的改善能够增加不同族群居民的接触机会，有了接触就为下一步关系的构建奠定了基础；居民行为间的融合是构建多民族社区和谐族群关系的基础，行为之间如果没有接触、适应或包容，那么深层次的互信交融就无从谈起；而情感互嵌则是族群间良好交流、交融的体现，族群之间的通婚现象更是族群融合的重要特征。其次，如何实现激发多民族社区治理的内生动力，我们需要对不同类型的多民族社区进行文化融合的测度与评价。基于此，总结了以下几点研究发现。

通过发放调研问卷方式获取的乌鲁木齐多族群经济行为选择的资料。运用主成分回归分析法从个人经济行为影响因素分析经济融合度，以街道餐馆为例，运用"融合指数"对乌鲁木齐市七区经济融合进行测评，论证多族群经济融合情况，并认为族群间经济融合可以促进多族群社区融合。从个人经济行为视角，对乌鲁木齐多族群融合提出三个融合机制，分别是以空间结构（商业区规划等）、情感认知（族群之间的了解）以及经济关系（经济交往程度）为中心结合行为经济学、社会经济学、行为地理学、心理学等相关理论而提出，旨在从个人经济行为出发，以微观行为影响宏观经济融合，以个人经济行为的族群融合促进多族群共同发展。经济行为—结构融合是多族群经济融合的前提条件，客观环境与氛围的融合可以使族群之间实现经济往来与合作。经济行为—情感融合，主要是从多族群之间相互了解、相互包容的关系，族群之间交往增进情感交流，不止于形式，更注重精神层面的交流。族群之间只有交流、交往，了解彼此才能寻找到相互吸引的特质，实现内心深层次的交流，实现族群真正意义上的融合。经济行为—关系融合旨在建立多族群之间的信任关系，基于族群之间的接触、交流与交往，逐步建立彼此信任的经济交往关系，为促进族群之间长期的社会交往奠定基础。

基于问卷分析发现，多族群在经济交易过程中，外在因素中商品或者服务的质量是影响族群间经济相互来往的重要因素，可见商品的客观特性对族群的消费行为选择十分重要。内在因素中，族群的消费态度是影响族群经济融合最重要的因素，各族群间的态度一般受族群消费认知状况的影响，从而产生个人偏好影响个人经济行为选择。在内在因素分析中，个人行为选择融合度处于中度融合，说明族群之间的经济关系以及彼此认知程度有待提高，族群之间的经济关系仍需继续加强，但随着市场开放，族群之间认知了解度逐渐增加，族群经济融合已成为不可抵挡的趋势。

（1）乌鲁木齐市各典型社区居住空间环境普遍都能够达到构建多民族互嵌式社区的基本要求。通过模糊综合评价法，对各典型社区居住空间环境进行测评发现，新建小区由于成立时间较短，各项社区设施尚未到位，测量结果不太理想，除自建房和散户区居住空间基础差以外，乌鲁木齐市各典型社区居住空间环境均能达到3分以上，即基本达到构建多民族互嵌式社区的条件。

（2）乌鲁木齐市各典型社区形式互嵌方面距离理想中的形式互嵌标准还有一定差距，主要表现为民族居住结构分布不均，民汉比例失调等方面。天山区汉族人口极少，少数民族（以维吾尔族为主）聚集，沙依巴克区、经开区等市区汉族人口居多，少数民族占比极少。民族居住结构分布不均，民汉比例失调的问题不仅表现在乌鲁木齐市各市区层面上，同样在社区层面上也得到了反映。

（3）乌鲁木齐市各民族间内涵互嵌方面表现出差异性。汉族居民与除本民族以外的其他少数民族居民互嵌融合指数偏低；维吾尔族、哈萨克族和回族与除本民族以外的其他民族居民间融合指数较好，其他民族与除本民族以外的其他民族居民间融合指数较好。

（4）多民族社区居民行为意愿满意度在0.5左右，可以在某种程度上解释为多民族社区居民在一系列具体行为上存在文化差异，较多的是通过饮食文化、家居服饰文化、语言文化、风俗习惯、出行方式反映出来，而这些深层挖掘更是不同族群行为规范的差异。

（5）情感互嵌分值较高：多民族社区居民情感互嵌满意度在0.6左右，相对于行为意愿满意度分值偏高，表明多民族社区居民在邻里关系、交往态度、互信能力、价值认同、居民参与等深层次的"价值认同"有着广泛的社会基础，这就为以后族群关系的发展空间和发展潜力奠定了文化基础。

（6）从通婚样本数据的分析来看，只有沙依巴克区的盛世嘉园小区的通婚率较好，而幸福花园、团结东路小区、青海寺小区、农科院小区、武警医院等十个小区（镇）民汉通婚率为0，占调查小区的56%。从族群通婚的构成来看：汉—回通婚率较高，汉—维通婚率较低，汉—哈、回—哈、回—维通婚的也有，但是较少。

（7）客观调查发现，乌鲁木齐市七区的经济融合度也各不相同，尤其属天山区、水磨沟区经济融合度相对较低。主要原因是个人经济行为会影响商业结构的布局。因此，构建城市多族群商业设施融合性分布是实现族群经济融合的基本前提。

（8）在城市发展中政府的政策与多族群彼此信任关系的发展对多族群融合过程起重要作用。商业设施的布局是经济融合的平台与基础。构建和谐社会是中国特色社会主义的本质要求，个人在认识事物的过程中能力是有限的，追求经济利益是多族群共同的目标，为实现共同目标而产生的互惠与合作是构建和谐社会的经济要素。良好的族群间经济交往不仅会给双方带来物质上的满足，还为未来经济合作埋下伏笔。各族群偏好的共性化发展对族群市场需求发出挑战，市场结构随着各族群需求逐渐共性的变动不断调整营销策略或方案，这个过程也是各族群共同发展逐步实现的过程。

基于以上研究发现，从居住空间角度出发，提出以下几点意见。

（1）形成各民族按照一定比例均匀居住在同一个社区的居住融合格局，即建立多民族互嵌式社区构建的前提条件——形式互嵌。只有在完成多民族居住融合格局的前提下，不同族群才能在同一空间朝夕相处，彼此了解，形成较深层次的心理和情感认同，最终达到真正的互嵌——内涵互嵌。

（2）居住空间环境要遵循多民族互嵌式社区构建的基本原则。包括整体性原则、环境优先原则、混合利用原则、以人为本原则。整体性原则是构建多民族互嵌式社区时应遵循的首要原则，是社区居民能够开展日常活动的保障基础，强调社区完整的功能，齐全的系统要素。社区环境包括自然环境、人工环境和社会环境三种，自然环境是后两者的基础。混合利用原则要求社区功能应当尽可能地贴近居民居住区，或有机交叉或嵌入居民居住区当中，而不该以明晰界限作为划分，并与之割裂。以人为本的原则要求考虑人的行为模式与心理趋势，不是强迫人去适应环境,而是要求环境迎合人的需要。

(3)利用人们交往活动特点和居住空间关系,构建多民族互嵌式社区居住空间。通过营造良好步行空间和休憩空间,增加各民族居民交流概率和交往程度;利用柔性边界和儿童场所效应为各民族居民创造更多的活动,增进情感交流;运用语言景观实现各民族间信息公平,抑制不良互动的发生。此外,为了推动国家通用语言文字的规范化、标准化及其健康发展,使国家通用语言文字在社会生活中更好地发挥作用,促进各民族、各地区经济文化交流,应倡导公共场所使用国家通用语言进行交流。

(4)对于文化融合度较好的社区,要坚持社区文化教育与社区治理相结合。社区文化教育要与社区治理相结合,充分发挥文化教育的整合作用,利用社区德治、法治教育、风俗教育等多种形式和手段营造健康的社区风气,形成良好的社区习惯,促进社区居民之间的正常交流、交往。

(5)对于融合度较低的社区,开展各种有利于社区居民交流、交往的活动,增强社区居民的参与度。提高不同族群间的参与感,逐渐产生文化自信,要逐渐培养其对传统文化及其中华文化自信,提高他们的文娱化参与感,促进族群间的文化交流。

(6)设计"操作性社区实验"方案,选取典型社区,通过"政府主导+社区参与+社会运作"模式构建文化互嵌式社区,铸牢共同体意识。

此外,还存在诸多不足。一是测量方法仍需更加精准化,用于的测量方法能够测量出较为宏观的数据,但无法做到精准测量;二是社区数据有所缺失,虽然现有数据同样能够反映目前乌鲁木齐市多民族互嵌式居住空间环境、形式互嵌、内涵互嵌情况,但部分社区数据的缺失仍是一个遗憾;三是研究基于个人经济行为的外在因素与内在因素对经济融合度进行测量,问卷问题不够全面,难以包含经济行为的方方面面,因此,在反映经济融合度方面仍有欠缺;四是在测量乌鲁木齐街道餐馆布局状况时,基于人力、物力的不足,街道数据不够全面和完整,难以精确反映乌鲁木齐市各个地区的经济融合度。

未来的展望:关于多民族互嵌社区构建的研究视角较为丰富,研究空间较大,本研究仅从居住空间视角进行阐述,未来的研究展望可以从文化视角、经济视角等方面进行深入研究。关于多民族社区构建的研究视角较为丰富,研究空间较大,本研究仅从文化融合视角的基础理论进行阐述,未来的研究展望可以从社区的公共文化、社区内部的族群通婚状况等方面进行深入研究。关于多族群融合性发展,研究空间与视角很多,仅从个人经济行为视角进行阐述,未来可以从宏观经济融合、民族产业经济融合等角度进行深入研究。

附录1 典型社区互嵌性测评调查问卷
（内涵互嵌部分）

一、社会特性

1. 您的性别（　　）；民族（　　　）

2. 您的年龄（　　　）

3. 您的户籍为（　　）户口

  A. 农业   B. 非农业

4. 您的籍贯（　　　）省（自治区、市）

5. 是否本地户籍（　　）

  A. 是   B. 否

6. 您的教育程度（　　）

  A. 小学以下   B. 小学   C. 初中

  D. 中专   E. 高中   F. 技校

  G. 大专   H. 本科   I. 研究生及以上

7. 您的家庭类型（　　）

  A. 父母及其未婚子女所组成的家庭类型

  B. 父母和一代已婚子女生活在一起

  C. 父母和两代或两代以上已婚子女组成的家庭

  D. 单亲家庭   E. 重组家庭   F. 丁克家庭

  G. 单身   H. 空巢老人

<<< 附录1 典型社区互嵌性测评调查问卷（内涵互嵌部分）

8. 您家庭人口数（   ）

    A. 1　　　　　　　B. 2　　　　　　　C. 3

    D. 4　　　　　　　E. 5　　　　　　　F. 5 以上

9. 您的婚姻状况（   ）

    A. 已婚　　　　　　B. 未婚　　　　　　C. 其他

10. 您现在从事的行业（   ）

11. 您的家庭成员中有以下哪种民族构成（   ）（多选）

    A. 汉族　　　　　　B. 维吾尔族　　　　C. 哈萨克族

    D. 回族　　　　　　E. 其他民族

二、交往态度

1. 您和其他民族同胞交往的态度是？（   ）

    A. 非常愿意　　　　B. 较愿意　　　　　C. 一般

    D. 不太愿意　　　　E. 非常不愿意

2. 您的小孩上学的班级是否为民汉混合班级？（   ）（若家中没有小孩，2—4题可不填）

    A. 是　　　　　　　B. 不是

3. 您的小孩和小区（农村社区）内其他民族小孩玩耍的情况是？（   ）

    A. 从不一起，只和本民族玩耍

    B. 经常一起玩耍

    C. 偶尔一起玩耍

4. 您对您的小孩和其他民族小孩玩耍的态度是？（   ）

    A. 非常支持　　　　B. 较支持　　　　　C. 任其自由

    D. 不太支持　　　　E. 不支持

5. 您家里的老人和小区（农村社区）内其他民族老人交往的情况是？（   ）（若家中无老人，本题和下一题可不填）

    A. 从不一起，只和本民族交往

    B. 经常交往

C. 偶尔交往

6. 您对您家老人和其他民族老人交往的态度是？（   ）

    A. 非常支持　　　　B. 较支持　　　　C. 任其自由

    D. 不太支持　　　　E. 不支持

三、交往主动性及频率

1. 您与同民族邻居见面通常是由谁先打招呼（   ），和其他民族邻居见面通常是由谁先打招呼（   ）

    A. 我和他（她）都会打招呼

    B. 多数情况下是我先打招呼

    C. 总是我先打招呼

    D. 总是他（她）先打招呼

    E. 多数情况下是他（她）先打招呼

    F. 不熟悉，所以不打招呼

2. 您邀请同民族邻居外出购物、游玩的频率是（   ），邀请其他民族邻居外出购物、游玩的频率是（   ）

    A. 1次/周　　　　B. 1次/月　　　　C. 1次/2个月

    D. 1次/季度　　　E. 1次/半年　　　F. 1次/一年

    G. 从没有过

3. 您邀请同民族邻居到家中做客的频率是（   ），邀请其他民族邻居到家中做客的频率是（   ）

    A. 1次/周　　　　B. 1次/月　　　　C. 1次/2个月

    D. 1次/季度　　　E. 1次/半年　　　F. 1次/一年

    G. 从没有过

四、交往程度

1. 您知道您邻居是什么民族吗？（   ）

    A. 知道，_____族　　　　　　　B. 不知道

<<< 附录1 典型社区互嵌性测评调查问卷（内涵互嵌部分）

2. 您知道您邻居的家庭人口数吗？（　　）

  A. 知道，_____人　　　　　　　　B. 不知道

3. 您知道您邻居的职业吗？（　　）

  A. 知道，_____职业　　　　　　　B. 不知道

4. 您了解您邻居的爱好吗？（　　）

  A. 知道，_____爱好　　　　　　　B. 不知道

5. 您有您邻居的联系方式吗？（　　）

  A. 有（电话、微信、QQ、其他）　　　B. 没有

6. 您会向您的邻居借用日常用品吗？（　　）

  A. 经常借用　　　B. 偶尔借用　　　C. 从没有借用过

7. 您会向您的邻居倾诉心事吗？（　　）

  A. 经常倾诉　　　B. 偶尔倾诉　　　C. 不会倾诉

8. 您和您邻居的关系是？（　　）

  A. 亲密朋友　　　B. 普通朋友　　　C. 陌生人

9. 您与同民族邻居交往最多能达到的程度是（　　），和其他民族邻居的交往最多能达到的程度是（　　）

  A. 遇到困难，会主动向其求助或主动提供帮助

  B. 时常邀请彼此到家中做客

  C. 生活或工作琐事，会向邻居抱怨或寻求帮助

  D. 如果时间不紧迫，相遇后会驻足下来相互攀谈

  E. 仅限于见面打个招呼

  F. 几乎没有交往

10. 您与同民族邻居交往内容最多可达到的程度是（　　），和其他民族邻居交往内容最多可达到的程度是（　　）

  A. 会谈论彼此较为私密的话题

  B. 会谈论自己的情绪，包括情绪宣泄

  C. 会谈论各自工作、家庭状况、孩子教育等问题

  D. 会谈论一些社会新闻或社区内发生的事件

E. 只谈论眼前所见之物和事

五、交往地点

1. 您所在的社区中，按碰面概率排序，以下地点你会如何排序？（　　）（只排出前3个即可，欢迎补充）

   A. 单元楼门口　　　B. 楼梯间　　　　C. 停车场

   D. 社区门口　　　　E. 小区道路上　　F. 小区商超

   G. 小区花园、广场　H. 社区活动室　　I. 其他

2. 您所在的公寓楼中，按逗留时间长短排序，以下地点你会如何排序？（　　）（只排出前3个即可，欢迎补充）

   A. 单元楼门口　　　B. 楼梯间　　　　C. 停车场

   D. 社区门口　　　　E. 小区道路上　　F. 小区商超

   G. 小区花园、广场　H. 社区活动室　　I. 其他

各民族典型社区互嵌性测评调查问卷
（居住空间环境部分）

一、小区公共服务完整性及通达性测评

1. 您家距离小区（农村社区）托儿所或幼儿园多远？（　　）（若没有托儿所、幼儿园，本题和下一题不作答）

   A. 100米以内　　　B. 200米左右　　　C. 300米左右

   D. 400米左右　　　E. 500米及以上

2. 您对您所在小区（农村社区）供孩子接受学前教育的学校（托儿所、幼儿园）服务的满意度是？（　　）

附录1 典型社区互嵌性测评调查问卷（内涵互嵌部分）

  A. 满意   B. 较满意   C. 一般

  D. 较不满意   E. 不满意   F. 不在此接受教育，不知道

3. 您家距离社区（农村社区）卫生服务中心或卫生站多远？（　　）（若无社区卫生站，本题和下一题不作答）

  A. 100米以内   B. 200米左右   C. 300米左右

  D. 400米左右   E. 500米及以上

4. 您对您所在小区（农村社区）供家人看病就医的社区卫生服务中心（或卫生站）服务的满意度是？（　　）

  A. 满意   B. 较满意   C. 一般

  D. 较不满意   E. 不满意   F. 没有去过，不知道

5. 您通常什么时段去社区卫生服务中心（或卫生站）呢？（　　）（可多选，若上一题选F，本题不作答）

  A. 8：00—10：00   B. 10：01—12：00   C. 12：01—14：00

  D. 14：01—16：00   E. 16：01—18：00   F. 18：01—20：00

  G. 20：01—22：00   H. 22：00以后

6. 您家距离市场（菜市场、大型商场等）多远？（　　）（若无市场，本题和下一题不作答）

  A. 300米以内   B. 600米左右   C. 900米左右

  D. 1200米左右   E. 1500米及以上

7. 您对您所在小区（农村社区）附近的市场服务的满意度是（　　）

  A. 满意   B. 较满意   C. 一般

  D. 较不满意   E. 不满意   F. 没有去过，不知道

8. 您通常什么时段去小区（农村社区）附近的市场呢？（　　）（可多选，若上一题选F，本题不作答）

  A. 8：00—10：00   B. 10：01—12：00   C. 12：01—14：00

  D. 14：01—16：00   E. 16：01—18：00   F. 18：01—20：00

  G. 20：01—22：00   H. 22：00以后

9. 您家距离社区（农村社区）活动中心或老年活动室多远？（　　）（若无，本

题和下一题不作答）

  A. 100米以内   B. 200米左右   C. 300米左右

  D. 400米左右   E. 500米及以上

10. 您对小区内老年人活动场所（社区活动中心、老年活动室等）服务的满意度是？（ ）

  A. 满意   B. 较满意   C. 一般

  D. 较不满意   E. 不满意   F. 没有去过，不知道

11. 您家距离小区（农村社区）养老院、托老所多远？（ ）（若无养老院、托老所，本题和下一题不作答）

  A. 100米以内   B. 200米左右   C. 300米左右

  D. 400米左右   E. 500米及以上

12. 您对您所在小区（农村社区）养老院、托老所服务的满意度是？（ ）

  A. 满意   B. 较满意   C. 一般

  D. 较不满意   E. 不满意   F. 没有去过，不知道

13. 您通常什么时段去或送老人去养老院或托老所呢？（ ）（可多选，若上一题选F，本题不作答）

  A. 8：00—10：00   B. 10：01—12：00   C. 12：01—14：00

  D. 14：01—16：00   E. 16：01—18：00   F. 18：01—20：00

  G. 20：01—22：00   H. 22：00以后

14. 您家距离小区（农村社区）图书馆或阅读室多远？（ ）（若无图书馆或阅读室，本题和下一题不作答）

  A. 100米以内   B. 200米左右   C. 300米左右

  D. 400米左右   E. 500米及以上

15. 您对您家小区（农村社区）图书馆或阅读室设施的满意度是？（ ）

  A. 满意   B. 较满意   C. 一般

  D. 较不满意   E. 不满意   F. 没有去过，不知道

16. 您通常什么时段去小区（农村社区）图书馆或阅读室呢？（ ）（可多选，若上一题选F，本题不作答）

A. 8:00—10:00   B. 10:01—12:00   C. 12:01—14:00

D. 14:01—16:00   E. 16:01—18:00   F. 18:01—20:00

G. 20:01—22:00   H. 22:00 以后

17. 您家距离小区（农村社区）距离公交车站或 BRT 多远？（   ）（若无，本题和下一题不作答）

A. 300 米以内   B. 600 米左右   C. 900 米左右

D. 1200 米左右   E. 1500 米及以上

18. 您对您所在小区（农村社区）附近公交车站或 BRT 车站设施的满意度是？（   ）

A. 满意   B. 较满意   C. 一般

D. 较不满意   E. 不满意   F. 没有搭乘过，不知道

19. 您通常什么时段乘坐公交车或 BRT 呢？（   ）（可多选，若上一题选 F，本题不作答）

A. 8:00—10:00   B. 10:01—12:00   C. 12:01—14:00

D. 14:01—16:00   E. 16:01—18:00   F. 18:01—20:00

G. 20:01—22:00   H. 22:00 以后

20. 您家距离小区（农村社区）商超服务行业多远？（   ）（若无商超服务行业，本题和下一题不作答）

A. 300 米以内   B. 600 米左右   C. 900 米左右

D. 1200 米左右   E. 1500 米及以上

21. 您对您所在小区（农村社区）附近商超等服务业设施的满意度是？（   ）

A. 满意   B. 较满意   C. 一般

D. 较不满意   E. 不满意   F. 没有去过，不知道

22. 您通常什么时段去附近的商超消费呢？（   ）（可多选，若上一题选 F，本题不作答）

A. 8:00—10:00   B. 10:01—12:00   C. 12:01—14:00

D. 14:01—16:00   E. 16:01—18:00   F. 18:01—20:00

G. 20：01—22：00　　　H. 22：00 以后

23. 您家距离小区（农村社区）休闲场所（小广场、凉亭等）多远？（　　）（若无，本题和下一题不作答）

  A. 100 米以内　　　　B. 200 米左右　　　　C. 300 米左右

  D. 400 米左右　　　　E. 500 米及以上

24. 您对小区（农村社区）休闲场所（小广场、凉亭等）设施的满意度是？（　　）

  A. 满意　　　　　　　B. 较满意　　　　　　C. 一般

  D. 较不满意　　　　　E. 不满意　　　　　　F. 没有去过，不知道

25. 您通常什么时段去小区（农村社区）的休闲娱乐场所呢？（　　）（可多选，若上一题选 F，本题不作答）

  A. 8：00—10：00　　　B. 10：01—12：00　　C. 12：01—14：00

  D. 14：01—16：00　　E. 16：01—18：00　　F. 18：01—20：00

  G. 20：01—22：00　　H. 22：00 以后

二、小区居住空间舒适度测评

1. 您对您所在小区（农村社区）的绿化环境满意度如何？（　　）

  A. 满意　　B. 较满意　　C. 一般　　D. 较不满意　　E. 不满意

2. 您对您所在小区（农村社区）的户外噪声满意度如何？（　　）

  A. 满意　　B. 较满意　　C. 一般　　D. 较不满意　　E. 不满意

3. 您对您所在小区（农村社区）的卫生环境满意度如何？（　　）

  A. 满意　　B. 较满意　　C. 一般　　D. 较不满意　　E. 不满意

4. 您对您所在小区（农村社区）的道路通行满意度如何？（　　）

  A. 满意　　B. 较满意　　C. 一般　　D. 较不满意　　E. 不满意

5. 您对您所在小区（农村社区）的物业服务的满意度是？（　　）

  A. 满意　　B. 较满意　　C. 一般　　D. 较不满意　　E. 不满意

  F. 没有物业，不知道

6. 您家小区（农村社区）的座椅、凉亭、健身器材建设情况？（　　）
   A. 有，且够用　　　　　B. 有，但不够用　　　　C. 无

7. 您使用小区（农村社区）座椅、凉亭、健身器材的情况？（　　）（若上一题选C，本题不作答）
   A. 经常使用　　　　　B. 偶尔使用　　　　　　C. 一般
   D. 很少使用　　　　　E. 从不使用

8. 您所在的小区（农村社区），公共厕所建设情况？（　　）
   A. 有，且够用　　　　　B. 有，但不够用　　　　C. 无

9. 您使用小区（农村社区）公共厕所的情况？（　　）（若上一题选C，本题不作答）
   A. 经常使用　　　　　B. 偶尔使用　　　　　　C. 一般
   D. 很少使用　　　　　E. 从不使用

附录2 多民族互嵌式社区主观满意度指标权重打分表

各位专家您好!

我们是新疆农业大学在读研究生,为了完成国家社科基金项目"基于居住融合视角的新疆各族群相互嵌入式社区研究课题"(编号:16BMZ089),我们组织了此次调研活动。感谢您在百忙之中抽出时间参与本次问卷调查。我们向您保证,该问卷所获得的数据仅用于项目研究,不作他用,不会泄露您的个人信息。

指标分类	具体指标	幼儿园	社区卫生站	社区老年活动中心	社区附近养老机构	社区图书室、阅览室	社区附近公交车站或BRT车站	社区内商超设施	社区附近大型市场、商场	社区休闲场所(小广场、健身器材等)	社区整体绿化环境	社区整体噪声情况	社区整体卫生环境	社区整体道路交通	社区整体物业服务
主观满意度	幼儿园	—													
	社区卫生站		—												
	社区老年活动中心			—											
	社区附近养老机构				—										

灰色区域为重复打分区域,可不用填写

附录2 多民族互嵌式社区主观满意度指标权重打分表

续表

指标分类	具体指标	幼儿园	社区卫生站	社区老年活动中心	社区附近养老机构	社区图书室、阅览室	社区附近公交车站或BRT车站	社区内商超设施	社区附近大型市场、商场	社区休闲场所（小广场、健身器材等）	社区整体绿化环境	社区整体噪声情况	社区整体卫生环境	社区整体道路交通	社区整体物业服务
主观满意度	社区图书室、阅览室					—									
	社区附近公交车站或BRT车站						—								
	社区内商超设施							—							
	社区附近大型市场、商场								—						
	社区休闲场所（小广场、健身器材等）									—					
	社区整体绿化环境										—				
	社区整体噪声情况											—			
	社区整体卫生环境												—		
	社区整体道路交通													—	
	社区整体物业服务														—

评分准则	相对重要程度	评分	说明
	同等重要	1	两者对目标贡献相同
	略微重要	3	纵向列表中指标贡献明显略大，反之贡献略微小，则填1/3
	明显重要	5	纵向列表中指标贡献明显较大，反之贡献明显小，则填1/5
	绝对重要	7	纵向列表中指标贡献绝对大，反之贡献绝对小，则填1/7
	—	2,4,6	上述两个相邻比较判断的中值，反之填写倒数，即1/2;1/4;1/6（贡献相同与略大间中值为2，贡献略大与明显大间中值为4，贡献明显大于绝对大间中值为6）

专家姓名： 　　　　　　单位： 　　　　　　职称：

附录3 互嵌式社区居住空间环境客观记录打分表

时间：＿＿年＿＿月＿＿日；调查地点＿＿＿＿＿区＿＿＿＿路＿＿＿街（村）＿＿＿小区（队）社区坐标（　　　　　　）

小区基本信息部分		
小区名称		占地面积
具体地址		
民族构成	该小区共有　　户，其中汉族　　户，少数民族　　户，其中汉族　　人，维吾尔族　　人，哈萨克族　　人，回族　　人，其他民族　　人	

小区居住空间环境记录部分				
内容	有无	是否超出服务半径	一级权重值	权重标准
幼儿园或托儿所				
卫生站等医疗设施				
老年活动中心等				
养老机构				
图书室、阅览室				有（是）= 1
公交车站或BRT车站				无（否）= 0
商超设施				
大型市场、商场				
休闲场所（小广场、花园、健身器材等）				

附录3 互嵌式社区居住空间环境客观记录打分表

续表

小区基本信息部分			
	测量内容	分值	评分标准
社区内绿化环境，绿化面积	绿化率__%		<5%=1分；6%—10%=2分；11%—15%=3分；16%—20%=4分；>20%=5分
社区内噪声情况	dB		<30dB=5分；30—40dB=4分；41dB—50dB=3分；51dB—60dB=2分；>61dB=1分
社区内垃圾回收点（垃圾桶、垃圾箱等）			<100m=5分；101—200m=4分；201—300m=3分；301—400m=2分；>400m=1分
社区内整体道路交通情况：有无障碍物、尺寸			无障碍=5；有，但无专人维护=3；无=0
社区内物业服务：有无专人维护			有，且有专人维护=5；有，但无专人维护=3；无=0
社区内信息宣传栏，语言景观情况			消防车道4m；景观道路1—2.5m；执行单向行驶道路4m；双向行驶道路7m
门禁准入条件：门禁卡、身份证、无			无=1；门禁卡准入=2；身份证=3；登记=4
社区工作人员每月调解纠纷数量			0起=5分；1起=4分；2—3起=3分；4—5起=2分；5起以上=1分

附录4　多民族社区文化融合现状调查问卷

时间：＿＿＿年＿＿＿月＿＿＿日；调查地点＿＿＿＿＿区＿＿＿＿＿路＿＿＿＿＿街（村）＿＿＿小区（队）问卷编号（201711）

第一部分　基础信息部分

一、社会特性

1. 您的性别（　　）；民族（　　　）

2. 您的年龄（　　　）

3. 您的户籍为（　　）户口

　　A. 农业　　　　　　　　B. 非农业

4. 您的籍贯（　　　　）省（自治区、市）

5. 是否是本地户籍（　　　）

　　A. 是　　　　　　　　　B. 否

6. 您的教育程度（　　　）

　　A. 小学以下　　　　B. 小学　　　　　C. 初中

　　D. 中专　　　　　　E. 高中　　　　　F. 技校

　　G. 大专　　　　　　H. 本科　　　　　I. 研究生及以上

7. 您的家庭类型（　　　）

　　A. 父母及其未婚子女所组成的家庭类型

B. 父母和一代已婚子女生活在一起

C. 父母和两代或两代以上已婚子女组成的家庭

D. 单亲家庭　　　　　E. 重组家庭　　　　　E. 丁克家庭

F. 单身　　　　　　　G. 空巢老人

8. 您家庭人口数（　　）

A. 1　　　　　　　　B. 2　　　　　　　　C. 3

D. 4　　　　　　　　E. 5　　　　　　　　F. 5 以上

9. 您的婚姻状况（　　）

A. 已婚　　　　　　　B. 未婚　　　　　　　C. 其他

10. 您现在从事的行业（　　）

11. 您的家庭成员中有以下哪种民族构成（　　）（多选）

A. 汉族　　　　　　　B. 维吾尔族　　　　　C. 哈萨克族

D. 回族　　　　　　　E. 其他民族

第二部分　调查信息部分

二、文化融合现状

饮食文化：

1. 您喜欢其他民族的饮食吗？（　　）

A. 非常喜欢　　　　　B. 比较喜欢　　　　　C. 无所谓

D. 不喜欢　　　　　　E. 非常不喜欢

2. 其他民族的饮食中最吸引你的是（　　）

A. 样式　　　　　　　B. 制作方法　　　　　C. 味道

D. 风土人情　　　　　E. 食材

3. 您平时愿意到其他民族同胞开设的服务场所（超市、服装、餐饮等）消费吗？（　　）

A. 非常愿意　　　　　B. 比较愿意　　　　　C. 无所谓

D. 不愿意　　　　　　E. 非常不愿意

4. 您平时愿意和其他民族同胞共同就餐吗？（　　）
   A. 非常愿意　　　　　B. 比较愿意　　　　　C. 无所谓
   D. 不愿意　　　　　　E. 非常不愿意

5. 您在和其他民族同胞就餐时，会主动尊重对方的饮食习惯吗？（　　）
   A. 非常愿意　　　　　B. 比较愿意　　　　　C. 无所谓
   D. 不愿意　　　　　　E. 非常不愿意

服饰建筑：

1. 您喜欢其他民族同胞的服装服饰吗？（　　）
   A. 非常喜欢　　　　　B. 比较喜欢　　　　　C. 无所谓
   D. 不喜欢　　　　　　E. 非常不喜欢

2. 您愿意购买具有民族特色的服装服饰吗？（　　）
   A. 非常愿意　　　　　B. 比较愿意　　　　　C. 无所谓
   D. 不愿意　　　　　　E. 非常不愿意

3. 在盛大的民族节日活动中，你愿意穿着民族服饰和他们欢庆佳节吗？（　　）
   A. 非常愿意　　　　　B. 比较愿意　　　　　C. 无所谓
   D. 不愿意　　　　　　E. 非常不愿意

4. 您愿意把自己的民族服装与其他民族服装设计相结合吗？（　　）
   A. 非常愿意　　　　　B. 比较愿意　　　　　C. 无所谓
   D. 不愿意　　　　　　E. 非常不愿意

5. 您愿意在自己的家居设计中既保持自己的民族特色，又融入其他民族文化吗？
   （　　）
   A. 非常愿意　　　　　B. 比较愿意　　　　　C. 无所谓
   D. 不愿意　　　　　　E. 非常不愿意

语言文化：

1. 您了解其他少数民族的文化吗？（　　）
   A. 很了解　　　　　　B. 比较了解　　　　　C. 一般
   D. 不太了解　　　　　E. 很不了解

2. 您了解其他少数民族的语言吗？（　　）

  A. 很了解   B. 比较了解   C. 一般

  D. 不太了解   E. 很不了解

3. 您可以熟练掌握几门语言？（　　）

  A. 1 种   B. 2 种   C. 3 种

  D. 4 种   E. 更多

4. 您支持自治区政府推行的国语教育吗？（　　）

  A. 非常支持   B. 比较支持   C. 无所谓

  D. 不太支持   E. 很不支持

5. 您觉得国语教育对你了解其他民族语言帮助大吗？（　　）

  A. 非常明显   B. 比较有作用   C. 一般

  D. 作用不大   E. 没有一点作用

6. 您认为开设的国语教育实际效果如何（　　）

  A. 非常明显   B. 比较明显   C. 一般

  D. 效果不大   E. 没有效果

7. 您支持您的孩子学习其他民族的语言吗？（　　）

  A. 非常支持   B. 比较支持   C. 无所谓

  D. 不支持   E. 非常不支持

节日风俗：

1. 您了解哪些民族节日风俗（　　）（多选）

  A. 汉族   B. 维吾尔族   C. 哈萨克族

  D. 回族   E. 蒙古族等

2. 您是否愿意了解其他民族的节日习俗（　　）

  A. 非常愿意   B. 比较愿意   C. 无所谓

  D. 不愿意   E. 非常不愿意

3. 您平时通过什么方式了解节日习俗？（　　）

  A. 网络媒体   B. 文化书籍   C. 朋友讲述

  D. 社区宣传   E. 其他

4. 您愿意了解其他民族的节日文化活动吗？（　　）

  A. 非常愿意   B. 比较愿意   C. 无所谓

  D. 不愿意   E. 非常不愿意

5. 您愿意观看其他民族的文化活动吗？（　　）

  A. 非常愿意   B. 比较愿意   C. 无所谓

  D. 不愿意   E. 非常不愿意

6. 节假日期间，您所在的小区会举办一些民族文化节之类的活动吗？（　　）

  A. 总是   B. 较多   C. 偶尔

  D. 较少   E. 从不

7. 您愿意到城郊多民族文化的风景名胜区旅游吗？（　　）

  A. 非常愿意   B. 比较愿意   C. 无所谓

  D. 不愿意   E. 非常不愿意

8. 您愿意您的子女了解其他民族的文化节日活动吗？（　　）

  A. 非常愿意   B. 比较愿意   C. 无所谓

  D. 不愿意   E. 非常不愿意

社会习俗：

1. 您在本社区的生活还适应吗？（　　）

  A. 很适应   B. 比较适应   C. 一般

  D. 不太适应   E. 非常不适应

2. 您对其他民族同胞的民族习俗了解吗？（　　）

  A. 非常了解   B. 比较不了解   C. 一般

  D. 不了解   E. 非常不了解

3. 您与社区中的其他民族同胞关系如何？（　　）

  A. 相处融洽   B. 比较融洽   C. 一般

  D. 关系不融洽   E. 敌对

4. 您愿意和其他民族同胞一起庆祝彼此的传统节日吗？（　　）

  A. 非常愿意   B. 比较愿意   C. 无所谓

  D. 不愿意   E. 非常不愿意

5. 您周围有没有汉族和少数民族通婚的现象?( )
   A. 有　　　　　　　　B. 没有　　　　　　　　C. 不知道
6. 您支持汉族和少数民族之间的通婚吗?( )
   A. 非常支持　　　　　B. 比较支持　　　　　　C. 无所谓
   D. 不支持　　　　　　E. 非常不支持
7. 您觉得其他民族同胞的生活习惯对您自己的生活产生的影响大吗?( )
   A. 影响非常大　　　　B. 影响较大　　　　　　C. 一般
   D. 影响较小　　　　　E. 无任何影响
8. 您对社区举办的"结对子"活动满意吗?( )
   A. 非常满意　　　　　B. 比较满意　　　　　　C. 无所谓
   D. 不满意　　　　　　E. 非常不满意
9. 您认为多民族社区文化融合对社区未来发展是否重要?( )
   A. 非常重要　　　　　B. 比较重要　　　　　　C. 无所谓
   D. 不重要　　　　　　E. 非常不重要

交通方式:

1. 在公共交通工具上,您愿意其他民族同胞坐在你相邻的座位上吗?( )
   A. 非常愿意　　　　　B. 比较愿意　　　　　　C. 无所谓
   D. 不愿意　　　　　　E. 非常不愿意
2. 如果有其他民族同胞需要您起身让座的情况,您会起身吗?( )
   A. 非常愿意　　　　　B. 比较愿意　　　　　　C. 无所谓
   D. 不愿意　　　　　　E. 非常不愿意
3. 在乘车期间,您愿意与您周围的少数民族主动交流吗?( )
   A. 非常愿意　　　　　B. 比较愿意　　　　　　C. 无所谓
   D. 不愿意　　　　　　E. 非常不愿意
4. 迷失交通方向时,您愿意向您周围的其他民族同胞询问路线吗?( )
   A. 非常愿意　　　　　B. 比较愿意　　　　　　C. 无所谓
   D. 不愿意　　　　　　E. 非常不愿意

第三部分　　情感互嵌部分

邻里关系：

1. 您愿意与其他民族共同生活在一栋楼里吗？（　　）
   A. 非常愿意　　　　B. 比较愿意　　　　C. 无所谓
   D. 不太愿意　　　　E. 非常不愿意

2. 您了解您周围的邻居吗？（　　）
   A. 非常了解　　　　B. 比较了解　　　　C. 无所谓
   D. 不太了解　　　　E. 非常不了解

3. 您认为邻里间的交往有意义吗？（　　）
   A. 非常有意义　　　B. 比较有意义　　　C. 一般
   D. 意义不大　　　　E. 毫无意义

4. 您如何评价您所在的小区邻里间的关系？（　　）
   A. 非常和睦　　　　B. 比较和睦　　　　C. 一般
   D. 不太和睦　　　　E. 非常不和睦

5. 您愿意您的子女与其他民族同胞的子女做朋友并一同玩耍吗？（　　）
   A. 非常愿意　　　　B. 比较愿意　　　　C. 无所谓
   D. 不太愿意　　　　E. 非常不愿意

6. 当您的行为影响到其他民族同胞的生活时，您是否愿意接受他们的建议？（　　）
   A. 非常愿意　　　　B. 比较愿意　　　　C. 无所谓
   D. 不太愿意　　　　E. 非常不愿意

7. 当您受到其他民族同胞的传统习俗的感染，生活习惯有所改变时，您愿意接纳这种改变吗？（　　）
   A. 非常愿意　　　　B. 比较愿意　　　　C. 无所谓
   D. 不太愿意　　　　E. 非常不愿意

8. 您同邻居之间的交往仅限于？（ ）

    A. 见面打招呼   B. 借用东西   C. 在住所附近聊天

    D. 到彼此家坐坐   E. 一同出行（上班、购物、送子女上学）

交流与互动：

1. 您有几个时常联系的其他民族同胞朋友？（ ）

    A. 0个   B. 1—2个   C. 3—4个

    D. 5个以上

2. 您如何评价您所在的小区不同民族同胞间的日常交流？（ ）

    A. 冷漠，无交流   B. 有交流，不多   C. 有交流，较多

    D. 友善，常交流

3. 您所在的社区会组织一些以"民族团结"为主题的互动活动或趣味比赛之类的吗？（ ）

    A. 经常组织   B. 偶尔组织   C. 不知道

    D. 很少组织   E. 没有组织过

4. 您所在的社区，不同民族同胞间日常交流方式主动性如何？（ ）

    A. 单元楼下或小区里，遇见了就会聊两句

    B. 定期在社区俱乐部或在小区娱乐场所聚在一起进行交流

    C. 只有在家庭缴费或处理物业时才与社区工作人员和一同处理事务的邻居交流几句

    D. 主动打电话给一起参加活动或一同外出的邻居，相约一起去并进行交流

    E. 没有主动交流过，社区里遇见了也不认识

互信能力：

1. 您对所在的社区服务不满时，愿意与其他民族一起交流并为自己维权吗？（ ）

    A. 非常愿意   B. 比较愿意   C. 无所谓

    D. 不太愿意   E. 非常不愿意

2. 家里有事人手不够的时候，您愿意向邻居请求帮助，让其帮您照看老人或小孩？（   ）

    A. 非常愿意   B. 比较愿意   C. 无所谓

    D. 不太愿意   E. 非常不愿意

3. 您在小区生活中遇到的问题或困难时，您愿意向社区工作者请求帮助吗？（   ）

    A. 非常愿意   B. 比较愿意   C. 无所谓

    D. 不太愿意   E. 非常不愿意

4. 您是否会因为在日常生活和工作中与个别其他民族同胞发生矛盾，从而对其有意见吗？（   ）

    A. 是   B. 否

5. 无论在民族政策中还是在社区服务中，您认为不同民族间是否被公平对待？（   ）

    A. 公平   B. 较公平   C. 一般

    D. 较不公平   E. 不公平

居民参与：

1. 您所在的社区会组织一些以"民族团结"为主题的互动活动或趣味比赛之类的吗？（   ）

    A. 经常组织   B. 偶尔组织   C. 不知道

    D. 很少组织   E. 没有组织过

2. 您平时参加社区组织的活动（如民族团结互动活动、志愿者等活动）吗？（   ）

    A. 经常主动参加   B. 有时主动参加   C. 社区要求时会参加

    D. 从不参加

3. 您在近一年的时间里，当过几次社区志愿者？（   ）

    A. 0次   B. 1—3次   C. 3—6次

    D. 7次以上

4. 您日常生活中对社区公共安全措施（如门禁、安检）的态度是？（   ）
   A. 积极配合　　　　　　B. 被动配合　　　　　　C. 不配合
5. 您会经常和邻居们讨论社区发布的一些与小区居民生活有关的消息吗？（   ）
   A. 非常愿意　　　　　　B. 比较愿意　　　　　　C. 无所谓
   D. 不太愿意　　　　　　E. 非常不愿意
6. 在社区生活中，您是如何看待居民参与这件事的？（   ）
   A. 居民参与有利于表达业主诉求，会参加
   B. 居民参与是件好事，时间不冲突的情况下会参加
   C. 有选择地参加，与自身利益有关的话会去参加，反之不参加
   D. 居民参与具有目的性，不是要业主出钱就是要业主出力，不会参加

居民满意度：

1. 您对您所在社区的治安满意情况？（   ）
   A. 满意　　　　　　　　B. 较满意　　　　　　　C. 一般
   D. 较不满意　　　　　　E. 不满意
2. 您对您所在社区的物业满意情况？（   ）
   A. 满意　　　　　　　　B. 较满意　　　　　　　C. 一般
   D. 较不满意　　　　　　E. 不满意
3. 您对您所在社区的文化建设工作满意情况？（   ）
   A. 满意　　　　　　　　B. 较满意　　　　　　　C. 一般
   D. 较不满意　　　　　　E. 不满意
4. 您对您所在社区的公共设施满意情况？（   ）
   A. 满意　　　　　　　　B. 较满意　　　　　　　C. 一般
   D. 较不满意　　　　　　E. 不满意
5. 您对您所在社区的居委会提供的服务和帮助满意情况？（   ）
   A. 满意　　　　　　　　B. 较满意　　　　　　　C. 一般
   D. 较不满意　　　　　　E. 不满意

附录5 多族群经济行为融合状况调查问卷

尊敬的先生/女士：

感谢您参与新疆农业大学管理学院硕士毕业论文的问卷调查，本次调查问卷为匿名问卷，且仅供科研使用，请根据您本人的实际情况回答问题，耽误您宝贵的时间，非常感谢您的协助！

个人情况：

1. 您的性别（   ）

    A. 男　　　　　　　　B. 女

2. 年龄（   ）

3. 您的族别（   ）

    A. 汉族　　　　　　　B. 维吾尔族　　　　　C. 回族

    D. 哈萨克族　　　　　E. 蒙古族　　　　　　F. 满族

    G. 其他

4. 您的户籍_____省_____市_____区（县）若您不是乌鲁木齐本地人则填写第5题

5. 您在乌鲁木齐居住的时间（   ）

    A. 出生地　　　　　　B. 不到1年　　　　　 C. 1—3年

    D. 4—6年　　　　　　E. 6—8年　　　　　　F. 9年及以上

6. 您的文化程度（   ）

    A. 文盲　　　　　　　B. 小学　　　　　　　C. 初中

    D. 高中　　　　　　　E. 大学专科　　　　　F. 本科

G. 研究生及以上
7. 您的婚姻状况（　　　）
　　A. 已婚　　　　　　　　B. 未婚
8. 您的月收入水平（　　　）
　　A. 2500元及以下　　　　B. 2501—4000元　　　　C. 4001—6000元
　　D. 6001—8000元　　　　E. 8001—10000元　　　　F. 10000元以上
9. 您的职业（　　　）
　　A. 工人　　　　　　　　B. 管理人员　　　　　　C. 科教文学工作者
　　D. 服务业工作者　　　　E. 公司职员　　　　　　F. 学生
　　G. 民营企业主　　　　　H. 农民　　　　　　　　I. 医生
　　J. 离退休　　　　　　　K. 失业　　　　　　　　L. 其他（请说明）

消费认知	非常同意	比较同意	中立	不太同意	完全不同意
1. 馕多以发酵的面为主要原料，不怕干且可以存放					
2. 黑走马舞蹈是由一人单独跳，也可以双人对跳或多人集体表演					
3. 艾特莱斯绸不只单色调种类，还有多色调的类型					
4. 舞龙舞狮是汉族祈求平安和丰收的民俗文化活动					
5. 少数民族的帽饰是生活礼仪中的需要，社交探亲等活动均佩戴					
6. 少数民族的地毯花样种类很多，可以做挂毯、靠毯和壁毯等					

消费方式特点：

1. 您的消费观念是（　　）

   A. 有钱则花，没钱则省　　　　B. 有计划消费

   C. 能省则省　　　　　　　　　D. 无计划消费

   E. 其他

2. 您每年购买其他民族商品占比最大的类别为（　　）

   A. 饮食类消费　　　B. 服饰类　　　　　C. 文娱类

   D. 学习类　　　　　E. 工艺品类

3. 以下您会在旅游过程购买的特色手工艺品有（　　）

   A. 小花帽　　　　　B. 地毯　　　　　　C. 皮影剪纸

   D. 民族乐器　　　　E. 民族印染　　　　F. 其他

消费态度	非常同意	较同意	中立	不太同意	完全不同意
1. 我认为民族美食的购买对我日常饮食消费很重要					
2. 我认为观看或参与民族文娱活动对丰富业余生活很重要					
3. 我认为很多民族手工艺品很有特色，值得购买					
4. 我闲暇外出消费时总去其他民族商家购买服饰或手工艺品					
5. 我会在其他民族商家那里购买生活用品					
6. 我会在其他民族商家那里购买贵重的物品					
7. 我会去朋友推荐的其他民族店铺消费					

您在购买民族商品时，下列因素对您的重要性程度为（对应选项打√即可）

	非常重要	重要	一般	不重要	非常不重要
商品独特性					
商品价格					
商品质量					
商品的实用性					
商品品牌效应					
商家的售后服务					
商家信誉					
广告或宣传					
周围人的推荐					
民族经济相关政策					
消费场所的安全与卫生					
消费场所的布局外观					
消费场所的交通便利性					
以往消费的经验					
个人偏好					

行为选择情况	总是	比较多	一般	比较少	基本不
1. 您平时购买其他民族美食（馕、烤包子、奶茶等）的情况					
2. 您平时购买其他民族服饰或手工艺品（小花帽、坎肩等）的情况					
3. 您平时购票观看其他民族文娱活动（歌舞表演等）的情况					
4. 您平常进超市购买日常生活物品时与其他民族商家交易的情况					
5. 您平常购买服饰或手工艺品与其他民族商家交易的情况					
6. 您平时的非商品性消费（教育、交通等）与其他民族交易的情况					

参考文献

中文文献

[1] 爱德华·泰勒. 原始文化 [M]. 连树声, 译. 桂林: 广西师范大学出版社, 2005: 1.

[2] 爱弥尔·涂尔干. 宗教生活的基本形式 [M]. 渠东, 汲喆, 译. 北京: 商务印书馆, 2011: 218.

[3] 安东尼·吉登斯. 社会的构成 [M]. 李康, 李猛, 译. 北京: 生活·读书·新知三联书店, 1998: 39.

[4] 安东尼·吉登斯. 社会学方法的新规则——一种对解释社会学的建设性批判 [M]. 田佑中, 刘江涛, 译. 北京: 社会科学文献出版社, 2003: 53.

[5] 本尼迪克特·安德森. 想象的共同体: 民族主义的起源与散布 [M]. 吴叡人, 译. 上海: 上海人民出版社, 2005: 6.

[6] 柴彦威. 城市空间与消费者行为 [M]. 南京: 东南大学出版社, 2010.

[7] 辞海: 缩印本 [M]. 上海: 上海辞书出版社, 1989: 1780.

[8] 德尔雅·I. 霍金斯, 罗格·J. 贝斯特, 肯尼思·A. 科尼. 消费者行为学 (原书第七版) [M]. 符国群, 等译. 北京: 机械工业出版社, 2000.

[9] 范磊. 新加坡族群和谐机制: 是吸纳多元族群社会的"善治"[M]. 长沙: 湖南人民出版社, 2016.

[10] 菲利普·科特勒. 营销管理 [M]. 梅汝和, 梅清豪, 张桁, 译. 上海: 上海人民出版社, 1999.

[11] 斐迪南·滕尼斯. 共同体与社会 [M]. 林荣远, 译. 北京: 商务印书馆, 1999.

[12] 费孝通. 文化与文化自觉 [M]. 北京: 群言出版社, 2010: 1-20.

[13] 费孝通. 乡土中国 [M]. 北京: 生活·读书·新知三联书店, 2013.

[14] 费孝通. 中华民族多元一体格局 [M]. 北京: 中央民族大学出版社, 1999: 117-130.

[15] 哈贝马斯. 交往行为理论 [M]. 洪佩郁, 等译. 重庆: 重庆出版社, 1994.

[16] 理查德·H. 泰勒, 卡斯·R. 桑斯坦. 助推: 事关健康、财富与快乐的最佳选择 [M]. 刘宁, 译. 北京: 中信出版社, 2009.

[17] 理查德·H. 泰勒. 助推 [M]. 刘宁, 译. 北京: 中信出版社, 2009.

[18] 马戎. 民族社会学——社会学的族群关系研究 [M]. 北京: 北京大学出版社, 2004: 164.

[19] 马戎. 族群、民族与国家构建——当代中国民族问题 [M]. 北京: 北京大学出版社, 1995.

[20] 桑德斯. 社区论 [M]. 徐震, 译. 台北: 黎明文化事业股份有限公司, 1982.

[21] 司马云杰. 文化社会学 [M]. 太原: 山西教育出版社, 2011: 25-57.

[22] 斯大林全集: 第2卷 [M]. 北京: 人民日报出版社, 1953: 294.

[23] 王明珂. 华夏边缘——历史记忆与族群认同 [M]. 台北: 允晨文化实业股份有限公司, 1997: 37-39.

[24] 吴文藻. 人类学社会学研究文集 [M]. 北京: 民族出版社, 1990: 146.

[25] 西美尔. 社会学: 关于社会化形式的研究 [M]. 林荣远, 等译. 北京: 华夏出版社, 2002.

[26] 夏建忠. 美国社区的理论与实践研究 [M]. 北京: 中国社会出版社, 2009: 3.

[27] 亚当·斯密. 国民财富的性质和原因的研究: 上卷 [M]. 郭大力, 王亚南, 译. 北京: 商务印书馆, 1972: 6-8.

[28] 扬·盖尔. 交往与空间: 第四版 [M]. 何人可, 译. 北京: 中国建筑工业出版社, 2002.

[29] 杨上广. 中国大城市社会空间的岩画演化 [M]. 上海: 华东理工大学出版社, 2006: 23.

[30] 于显洋. 社区概论 [M]. 北京: 中国人民大学出版社, 2006: 92-102, 106.

[31] 郑杭生. 民族社会学概论 [M]. 北京: 中国人民大学出版社, 2005: 61.

[32] 郑杭生. 社会学概论新修 [M]. 北京: 中国人民大学出版社, 2003: 125-129.

[33] 白关峰. 南疆维吾尔族农民社会心态分析———以和田、皮山两县为例 [J]. 民族论坛, 2016 (3): 19-22.

[34] 陈义勇. 城市社区居住空间活动量的影响因素 [J]. 深圳大学学报 (理工版), 2016, 33 (2): 180-187.

[35] 陈振国. 和合生一: 民族地区的社会和谐与文化融合——对新疆地区和谐社会建设的思考 [J]. 社会主义研究, 2012 (3): 24-28.

[36] 戴庆中. 混杂与融合: 少数民族生态移民社区文化重建图景研究 [J]. 贵州社会科学, 2013 (12): 139-143.

[37] 单菲菲, 王学峰. 城市化背景下城市多民族社区认同研究——基于甘肃省合作市 Z 社区的调查 [J]. 中南民族大学学报, 2014 (9): 27-31.

[38] 高永久, 刘庸. 城市化背景下西北少数民族文化的保护与开发利用 [J]. 西北民族大学学报 (哲学社会科学版), 2005 (6): 48-54.

[39] 顾慧君. 社会公共空间对于社区社会资本的影响——研究综述与理论解释 [J]. 观察理论界, 2010 (9): 186-188.

[40] 顾元吉. 试析不同历史时期民族经济关系表现形式 [J]. 齐齐哈尔大学学报 (哲学社会科学版), 2016 (11): 89-91.

[41] 郭恩章. 高质量城市居住空间的设计对策 [J]. 建筑学报, 1998 (3): 10-12, 65.

[42] 郝亚明. 西方群际接触理论研究及启示 [J]. 民族研究, 2015 (3): 13-24, 123.

[43] 郝亚明. 族际居住格局调整的西方实践和中国探索——兼论如何建立各民族相互嵌入式社区环境 [J]. 民族研究, 2016 (1): 14-26, 123-124.

[44] 郝云宏. 经济人理性行为假定的时空相对性 [J]. 经济学家, 2002 (2): 63-69.

[45] 黄匡时, 嘎日达. 社会融合理论研究综述 [J]. 新视野, 2010 (6): 86-88.

[46] 菅志翔. 中国族际通婚的发展趋势初探——对人口普查数据的分析与讨论 [J]. 社会学研究, 2016, 31 (1): 123-145.

[47] 姜禾. 新疆和田市推动民族互嵌式社区的实践与启示 [J]. 管理观察, 2015 (16): 22-24.

[48] 来仪. 城市民族互嵌式社区建设研究 [J]. 学术界, 2015 (10): 33-42.

[49] 来仪, 马晓玲. 我国城市民族互嵌式社区建设研究——以成都市为例 [J]. 西南民族大学学报, 2016 (11): 63-68.

[50] 李俊峰, 梁梦鸽. 芜湖市女性失地农民城市融合度评价 [J]. 安徽农业科学, 2017, 45 (22): 207-209.

[51] 李俊清. 边疆民族地区公共安全治理体系与能力现代化 [J]. 中国行政管理, 2014 (11): 52-55.

[52] 李俊清, 卢小平. 城镇化与新疆各民族互嵌式社会结构建设 [J]. 国家行政学院学报, 2016 (4): 35-40.

[53] 李培林. 理性选择理论面临的挑战及其出路 [J]. 社会学研究, 2001 (6): 43-55.

[54] 李培林. 社会冲突与阶级意识——当代中国社会矛盾研究 [J]. 社会, 2005 (1): 7-27.

[55] 李松，张凌云，刘洋，等. 新疆主要民族空间分布格局演变——基于1982—2010年人口普查数据 [J]. 人口研究，2015（7）：78-85.

[56] 李维. 习近平主持召开中共中央政治局会议 研究进一步推进新疆社会稳定和长治久安工作 [J]. 长安，2014（6）：4-5.

[57] 李昕阳，洪再生，袁逸倩，等. 城市老人、儿童适宜性社区居住空间研究 [J]. 城市发展研究，2015，22（5）：104-111.

[58] 李扬，张建军，等. 中国"新四化"融合发展水平的测度与评价 [J]. 统计与决策，2017（7）：129-133.

[59] 李志刚. 中国城市的居住分异 [J]. 国际城市规划，2008，4（1）：11-18.

[60] 刘心畅. 浅析我国的门禁社区 [J]. 建筑知识，2017（11）：1.

[61] 刘宜璇. 从文化景观地带性管窥甘肃地区多元文化融合 [J]. 美与时代（上），2015（10）：63-66.

[62] 刘战，解学文. 综合人假设：人性假设理论的新阶段 [J]. 东岳论丛，2015，36（3）：148-152.

[63] 娄馨. 马克思交往理论视阈下新疆多民族文化融合有效途径探析 [J]. 杨凌职业技术学院学报，2017，16（2）：14-16.

[64] 罗柳宁. 族群研究综述 [J]. 西南民族大学学报（人文社科版），2004（4）：5-16.

[65] 罗瑛. 族群相关概念及理论维度综述 [J]. 西北民族大学学报（哲学社会科版），2016（5）：34-39.

[66] M. G. 史密斯. 美国的民族集团和民族性——哈佛的观点 [J]. 民族译丛，1983（6）：4-19.

[67] 马戎. 族群关系变迁影响因素的分析（民族社会学连载之二） [J]. 西北民族研究，2003（4）：5-29.

[68] 马晓玲. 关于城市"民族互嵌式"社区的内涵思考 [J]. 中南民族大学学报（人文社会科学版），2016，6（1）：15-19.

[69] 马晓玲，洪舒蔓. 治理视角下城市民族互嵌式社区公共服务研究——

关于成都市浆洗街三个民族社区的调查报告[J]. 中南民族大学学报（人文社会科学版），2018, 38 (4)：57-61.

[70] 孟亚男."结构化"理论视野下经济行为的"嵌入性"分析——兼论"感性选择"和"理性选择"的融通转换[J]. 理论界，2011 (7)：31-33.

[71] 庞娟. 融合视角下城市非正规空间的包容性治理研究[J]. 探索，2017 (6)：146-152.

[72] 裴圣愚. 相互嵌入：民族社区环境建设的新方向[J]. 黑龙江民族丛刊，2015 (1)：111-115.

[73] 裴圣愚. 相互嵌入：民族社区环境建设的新方向[J]. 黑龙江民族丛刊，2015 (1)：111-115.

[74] 平维彬. 互嵌与交融：马克思主义交往理论视野下的民族互嵌式社区建设[J]. 江苏大学学报（社会科学版），2018, 20 (4)：29-33.

[75] 乔国存，康旭，包格乐. 城市民族相互嵌入的社会结构和社区环境建设实证研究——以浙江省两个社区民族工作为例[J]. 北方民族大学学报（哲学社会科学版），2018 (3)：61-67.

[76] 沙靖宇."经济人"假设的方法论批判及启示[J]. 领导科学，2017 (26)：52-54.

[77] 申欣旺，陈燕. 族群融合是新疆政策的最高目标——专访北京大学法学院教授强世功[J]. 南风窗，2010 (12)：16-18.

[78] 宋伟轩，徐旳，王丽晔，等. 近代南京城市社会空间结构——基于1936年南京城市人口调查数据的分析[J]. 地理学报，2011, 66 (6)：771-784.

[79] 孙钦忠. 对口援疆与新疆各民族互嵌式社会结构建设[J]. 云南民族大学学报（哲学社会科学版），2018, 35 (4)：119-124.

[80] 腾驰，乔志龙. 城镇化进程中的民族地区文化整合与社区和谐[J]. 贵州民族研究，2014 (2)：34-35.

[81] 王超. 少数民族聚居区与城市现代化协调发展问题研究——从西安"回坊"谈起[J]. 青海民族大学学报（社会科学版），2012 (2)：94-99.

[82] 王平，李江宏. 乌鲁木齐市多民族混合社区建设研究[J]. 中南民族

大学学报（人文社会科学版），2013，7（3）：10-15.

[83] 王世靓，王伯承. 公共性视野下的民族互嵌型社区探析 [J]. 西南民族大学学报（人文社科版），2017，38（12）：49-54.

[84] 王世靓，王伯承. 公共性视野下的民族互嵌型社区探析 [J]. 西南民族大学学报（人文社科版），2017，38（12）：49-54.

[85] 王希恩. 民族的融合、交融及互嵌 [J]. 学术界，2016（4）：33-44.

[86] 魏冰. 互嵌式治理：新疆多民族互嵌社区建设的有效选择 [J]. 西北师大学报，2016，1（53）：140-144.

[87] 魏冰. 互嵌式治理：新疆多民族互嵌式社区建设的有效选择 [J]. 西北师大学报（社会科学版），2016（1）：140-144.

[88] 吴建平. 组织与制度的嵌入性及其自然演化：论《教育思想的演进》对组织与制度变迁研究的启示 [J]. 社会，2006（5）：190-199.

[89] 吴义爽，汪玲. 论经济行为和社会结构的互嵌性——兼评格兰诺维特的嵌入性理论 [J]. 社会科学战线，2010（12）：49-55.

[90] 吴月刚，李辉. 民族互嵌概念刍议 [J]. 民族论坛，2015（11）：5-9.

[91] 闫丽娟，孔庆生. 民族互嵌性社区构建的理论与现实基础 [J]. 新疆师范大学学报（哲学社会科学版），2015，11（6）：86-93.

[92] 阎明. "差序格局"探源 [J]. 社会学研究，2016，31（5）：189-214，245.

[93] 杨鹍飞. 边疆民族互嵌型社区建设的困境及对策研究——基于新疆乌鲁木齐、和田和喀什等地的调查分析 [J]. 中南民族大学学报，2017（3）：34-39.

[94] 杨鹍飞. 边疆民族互嵌型社区建设的困境及对策研究——基于新疆乌鲁木齐、和田和喀什等地的调查分析 [J]. 中南民族大学学报（人文社会科学版），2017，37（2）：34-39.

[95] 杨鹍飞. 民族互嵌型社区：涵义、分类与研究展望 [J]. 广西民族研究，2014（5）：17-24.

[96] 杨鹍飞. 民族互嵌型社区建设的特征及定位 [J]. 新疆师范大学学报

(哲学社会科学版),2015,36(4):21-28.

[97] 杨清震.民族贸易与全面小康[J].中南民族大学学报(人文社会科学版),2003(5):10-12.

[98] 杨须爱.马克思主义民族融合理论在新中国的发展及"民族交往交流交融"提出的思想轨迹[J].民族研究,2016(1):1-13,123.

[99] 杨志.历史视域下的城市传播变迁与多元文化融合[J].传播与版权,2015(7):129-130.

[100] 姚珣,张明善,马晓玲.基于"结构—战略—治理能力"的城市民族互嵌社区治理机制研究[J].西南民族大学学报(人文社科版),2018,39(6):48-54.

[101] 应千飘.经济行动是社会行动的一种特定类型[J].江西社会科学,2003(2):146-148.

[102] 英成龙,雷军,段祖亮,等.1982—2010年乌鲁木齐市民族居住格局及其演变[J].中国科学院大学学报,2016,33(3):387-397.

[103] 臧得顺.从波兰尼到格兰诺维特:"社会人"对"经济人"假设的反拨与超越——兼议新经济社会学的最新进展[J].甘肃行政学院学报,2009(6):11-20,125.

[104] 臧得顺.格兰诺维特的"嵌入理论"与新经济社会学的最新进展[J].中国社会科学院研究生院学报,2010(1):108-115.

[105] 张会龙.论各民族相互嵌入式社区建设:基本概念、国际经验与建设构想[J].西南民族大学学报(人文社会科学版),2015(1):44-48.

[106] 张少春.互嵌式社区的多层面向及其扩展[J].中央民族大学学报(哲学社会科学版),2017,44(4):50-62.

[107] 张璎,朱世超.各民族嵌入式社区建设探析——以长沙市芙蓉区为例[J].民族论坛,2016(1):24-29.

[108] 张志泽,高永久.传统民族社区治理现代化视阈下的社会组织发展[J].贵州民族研究,2016(8):28-32.

[109] 赵福君,王党飞.汉维民族文化融合与演变——以新疆维吾尔自治

区为例[J]. 人民论坛, 2015 (36): 218-220.

[110] 赵巧艳. 民族社区分类与包容性社区文化建设的政策取向[J]. 大连民族学院学报, 2013 (2): 146-150.

[111] 赵巧艳. 民族社区分类与包容性社区文化建设的政策取向[J]. 大连民族学院学报, 2013, 15 (2): 146-150.

[112] 周俊利, 张书军. 城市民族散居区文化冲突与文化融合探析——以成都市为例[J]. 西南民族大学学报（人文社会科学版）, 2015 (11): 49-54.

[113] 陈延斌. 经济生活互嵌：实现多民族互嵌的重要方面[N]. 中国民族报, 2015-11-27 (7).

[114] 陈延斌. 经济生活互嵌：实现多民族互嵌的重要方面[N]. 中国民族报, 2015-11-27 (7).

[115] 黎橙橙. 以经济互嵌促进民族团结：文山州永通社区的经验值得借鉴[N]. 中国民族报, 2016-11-04 (8).

[116] 杨鹍飞. "混居"不是"互嵌"[N]. 中国民族报, 2015-02-13 (6).

[117] 范莉娜. 民族村寨居民文化适应及其对旅游支持行为意愿影响——以黔东南侗族村寨为例[D]. 杭州：浙江大学, 2016: 66-67.

[118] 蒋盛兰. 生态社区居住空间环境设计中的环境心理需求研究[D]. 北京：北京林业大学, 2016.

[119] 孔祥伟. 社区公共生活与居住空间的互动[D]. 南京：东南大学, 2005.

[120] 马喜梅. 族际通婚对滇西北多民族共生格局的调适与优化[D]. 昆明：云南大学, 2017: 20-21

[121] 赵国鹏. 民族互嵌视野下的餐饮企业内部族际互动研究[D]. 乌鲁木齐：新疆大学, 2017: 56-64.

[122] 过甦茜. 居民社会网络与住区公共空间的互动研究——以无锡三个小区的调研为例[C]//中国城市规划学会. 新常态：传承与变革——2015中国城市规划年会论文集. 北京：中国建筑工业出版社, 2015.

英文文献

[1] ANDERSON B. Imagined Communities: Reflections on the Origin and Spread of Nationalism [M]. London: Verso, 1983.

[2] ENGEL J F, KOLLAT D T, BLACKWELL R D. Consumer Behavior [M]. 3rd ed. New York: The Dryden Press, 1983.

[3] ENGEL J F, KOLLAT D T, BLACKWELL R D. Consumer Behavior [M]. New York: Holt, Rinehart & Winston Inc, 1968.

[4] ENTZINGER H, BIEZEVELD R. Benchmarking in Immigrant Integratio [M]. Rotterdam: Erasmus University, 2003.

[5] GEHL J. Life between Buildings [M]. 北京: 中国建筑工业出社, 2002: 20-60.

[6] GORDON M. Assimilation in American Life: The Role of Race, Religion, and National Origins [M]. New York: Oxford University Press, 1964.

[7] GORDON M M. Assimilation in American Life [M]. New York: Oxford University press, 1998: 70-82.

[8] GRANOVETTER M. Business Groups: The Handbook of Economic Sociology [M]. Princeton, NJ: Princeton University Press, 1994: 453-475.

[9] GRANOVETTER M. Getting A Job: A Study of Contacts and Careers [M]. Cambridge, MA: Harward University Press, 1974: 36.

[10] HOWARD J A, SHETH J N. The theory of buyer behavior [M]. New York: Wiley, 1969: 12-78.

[11] LIN N. Social Capital: A Theory of Social Structure and Action [M]. Cambridge: Cambridge University Press, 2001.

[12] MARTH F. Ethnic groups and boundaries: the social organization of culture difference [M]. Boston, MA: Little Brownand company, 1969: 11-17.

[13] NUNNALLY J C, BEMSTEIN I H. Psychometric Theory [M]. NewYork: McGraw-Hill, 1994.

区为例［J］.人民论坛，2015（36）：218-220.

［110］赵巧艳.民族社区分类与包容性社区文化建设的政策取向［J］.大连民族学院学报，2013（2）：146-150.

［111］赵巧艳.民族社区分类与包容性社区文化建设的政策取向［J］.大连民族学院学报，2013，15（2）：146-150.

［112］周俊利，张书军.城市民族散居区文化冲突与文化融合探析——以成都市为例［J］.西南民族大学学报（人文社会科学版），2015（11）：49-54.

［113］陈延斌.经济生活互嵌：实现多民族互嵌的重要方面［N］.中国民族报，2015-11-27（7）.

［114］陈延斌.经济生活互嵌：实现多民族互嵌的重要方面［N］.中国民族报，2015-11-27（7）.

［115］黎橙橙.以经济互嵌促进民族团结：文山州永通社区的经验值得借鉴［N］.中国民族报，2016-11-04（8）.

［116］杨鹍飞."混居"不是"互嵌"［N］.中国民族报，2015-02-13（6）.

［117］范莉娜.民族村寨居民文化适应及其对旅游支持行为意愿影响——以黔东南侗族村寨为例［D］.杭州：浙江大学，2016：66-67.

［118］蒋盛兰.生态社区居住空间环境设计中的环境心理需求研究［D］.北京：北京林业大学，2016.

［119］孔祥伟.社区公共生活与居住空间的互动［D］.南京：东南大学，2005.

［120］马喜梅.族际通婚对滇西北多民族共生格局的调适与优化［D］.昆明：云南大学，2017：20-21

［121］赵国鹏.民族互嵌视野下的餐饮企业内部族际互动研究［D］.乌鲁木齐：新疆大学，2017：56-64.

［122］过甦茜.居民社会网络与住区公共空间的互动研究——以无锡三个小区的调研为例［C］//中国城市规划学会.新常态：传承与变革——2015中国城市规划年会论文集.北京：中国建筑工业出版社，2015.

英文文献

[1] ANDERSON B. Imagined Communities: Reflections on the Origin and Spread of Nationalism [M]. London: Verso, 1983.

[2] ENGEL J F, KOLLAT D T, BLACKWELL R D. Consumer Behavior [M]. 3rd ed. New York: The Dryden Press, 1983.

[3] ENGEL J F, KOLLAT D T, BLACKWELL R D. Consumer Behavior [M]. New York: Holt, Rinehart & Winston Inc, 1968.

[4] ENTZINGER H, BIEZEVELD R. Benchmarking in Immigrant Integratio [M]. Rotterdam: Erasmus University, 2003.

[5] GEHL J. Life between Buildings [M]. 北京:中国建筑工业出社, 2002: 20-60.

[6] GORDON M. Assimilation in American Life: The Role of Race, Religion, and National Origins [M]. New York: Oxford University Press, 1964.

[7] GORDON M M. Assimilation in American Life [M]. New York: Oxford University press, 1998: 70-82.

[8] GRANOVETTER M. Business Groups: The Handbook of Economic Sociology [M]. Princeton, NJ: Princeton University Press, 1994: 453-475.

[9] GRANOVETTER M. Getting A Job: A Study of Contacts and Careers [M]. Cambridge, MA: Harward University Press, 1974: 36.

[10] HOWARD J A, SHETH J N. The theory of buyer behavior [M]. New York: Wiley, 1969: 12-78.

[11] LIN N. Social Capital: A Theory of Social Structure and Action [M]. Cambridge: Cambridge University Press, 2001.

[12] MARTH F. Ethnic groups and boundaries: the social organization of culture difference [M]. Boston, MA: Little Brownand company, 1969: 11-17.

[13] NUNNALLY J C, BEMSTEIN I H. Psychometric Theory [M]. NewYork: McGraw-Hill, 1994.

[14] PARK R E, BURGESS E W. Introduction to the Science of Sociology [M]. Chicago: University of Chicago Press, 1921: 873.

[15] POLANYI K. The Great Transformation [M]. Boston, MA: Beacon Press, 1958.

[16] SIMPSON G E, YINGER J M. Racial and Cultural Minorities: An Analysis of Prejudice and Discrimination [M]. New York: Plenum press, 1985: 296.

[17] SMITH A D. The Ethnic Sources of Nationalism, Ethnic Conflict and International Security [M]. Princeton, NJ: Princeton University Press, 1993: 28-30.

[18] SUTTLES D. The Social Construction of Communities [M]. Chicago, IL: University of Chicago Press, 1972.

[19] WATERS M C. Ethnic Options [M]. Oakland, CA: University of California Press, 1990.

[20] ZUKIN S, DIMAGGIO P. Structures of Capital: The Social Organization of Economy [M]. Cambridge: Cambridge University Press, 1990.

[21] GANS H J. Ethnic Invention and Acculturation: A Bumpy-Line Approach [J]. American Ethnic History, 1992 (1): 5-20.

[22] GANS H. Second Generation Decline: Scenarios for the Economic and Ethnic Futures of the Post-1965 American Immigrants [J]. Ethnic and Racial Studies, 1992 (2): 173.

[23] GRANOVETTER M. Economic Institutions as Social Constructions: A Framework for Analysis [J]. Act a Sociologica, 1992 (35): 3-11.

[24] HAGEDOORN J. Understanding the cross-level embeddedness of interfirm partnership formation [J]. Academy of Management Review, 2006, 31 (3): 670-680.

[25] JUNGER-TAS J. Ethnic Minorities. Social Integration and Crime [J]. European Criminal Policy and Research, 2001 (9): 5-29.

[26] LANDECKER W S. Types of Integration and Their Measurement [J]. The American Journal of Sociology, 1951 (4): 332.

[27] Matsudaira T. Measures of psychological acculturation: a review [J]. Transcultural Psychiatry, 2006, 43 (3): 462-487.

[28] PARK R E. Human Migration and the Marginal Man [J]. American Journal of Sociology, 1928 (6): 881-893.

[29] PARK R. Human Ecology [J]. American Journal of Socilogy, 1936, 17 (1): 1-15.

[30] SOJA E W. The Socio-spatial Dialectic [J]. Annals of Assocoation of American Gregraphers, 1985, 70 (7): 207-224.

[31] SUNSTEIN C R, THALER R H. Libertarian Paternalism Is Not an Oxymoron [J]. University Chicago Law Review, 2003, 70: 1160.

[32] THALER R H, SUNSTEIN C R. Nudge: Improving decisions about health, wealth, and happiness [J]. Constitutional Political Economy, 2008, 19 (4): 356-360.

[33] WARREN D I. Explorations in Neighborhood Differentiation [J]. The Sociological Quarterly, 1978, 19 (2).

[34] ZANE N, MAK W. Major approaches to the measurement of acculturation among ethnic minority populations: A content analysis and an alternative empirical strategy [J]. American Psychological Association, 2003 (2): 39-60.